Esther Freudenberg

richtig fette BEUTE

conception SEIDEL OHG

Bibliografische Information der Deutschen Nationalbibliothek
Die Deutsche Nationalbibliothek verzeichnet diese Publikation in der Deutschen Nationalbibliografie; detaillierte bibliografische Daten sind im Internet über http://dnb.ddb.de abrufbar.

Freudenberg, Esther
richtig fette Beute

Bibelzitate aus Luther-Übersetzung 1975

Covergestaltung: Lovelldesign
Bildnachweis: fotolia (Urheber: by-studi und teena137); photocase

Gesamtherstellung: concepcion SEIDEL OHG,
Satz- und Digitaldruckzentrum, Hammerbrücke,
08262 Muldenhammer

Best.-Nr.: 644.143
ISBN 978-3-86716-143-5

Inhaltsverzeichnis

Ich freue mich über dein Wort
wie einer, der große Beute macht.

Psalm 119,162

„Denn er hielt sich an den, den er nicht sah, so als sähe er ihn.“ Hebräer 11,27b

Orchesterfahrt

Mark lag im Bett. Er hatte gerade sein Abendgebet beendet, da hörte er aus dem Zimmer seiner Schwester Stimmen. Katie schien zu weinen. Das war nichts Ungewöhnliches. Sie brauchte nur eine Matheaufgabe nicht zu kapieren oder irgendwelchen anderen Stress zu haben, und schon flossen die Tränen. Es war Mark unbegreiflich, wie sie überhaupt ihren Schulalltag schaffte. Sechste Klasse war zwar nicht ganz so schlimm wie achte, fand er, aber Schule war doch Stress pur. Einmal hatte er sie gefragt, ob sie vor ihren Mitschülern auch immer gleich losheulen würde. Sofort war ihr das Wasser in die großen blauen Augen gestiegen.
„Ich bin doch kein Hund. Ich *heule* nicht!“, hatte sie mit zitternder Stimme protestiert und war aus dem Zimmer gegangen.
„Schon gut, schon gut!“, hatte Mark ihr genervt hinterhergerufen. Aber obwohl ihn ihre mimosenhafte Art manchmal aufregte, liebte er „die Kleine“ im Grunde sehr. Eigentlich war er nur eineinhalb Jahre älter, aber weil er viel größer und stärker war als die dünne Katie, spürte er einen gewissen Beschützerinstinkt seiner Schwester gegenüber. Was sie jetzt wohl wieder hatte? Er legte sein Ohr an die Wand und lauschte. Aha. Sie hatte Angst vor der Orchesterfahrt. Meine Güte, das waren doch nur zwei Nächte!
Er hörte, wie Mama zu Katie sagte: „Kiki, Jesus ist die ganze Zeit dabei. Das weißt du doch. Er hat versprochen, dich festzuhalten und dir zu helfen.“
Mark kannte diesen Vers. Er hing dick und fett bei Katie über dem Bett. Trotzdem schien sie ihn immer wieder zu vergessen. Er stellte sich vor, wie seine Schwester Hand in Hand mit Jesus in den Bus stieg, ihr Zimmer bezog, in den Speisesaal kam usw. Dann fiel ihm ein, dass das ja genauso auch für ihn galt.
Gut, dass diese Dinge aus der Bibel unsichtbar waren, fand er. Die anderen aus seiner Klasse würden sonst ganz schön gucken.

Von denen schien nämlich keiner an das zu glauben, was in der Bibel stand.
Mark hörte Katies Tür und dann Mamas Schritte im Flur. Hoffentlich war es jetzt gut.
Er war gerade am Eindämmern, da klingelte Katies Handy. Warum hatte sie das Ding nicht aus?! Das würde Ärger geben! Kurz darauf öffnete sich seine Zimmertür und seine Schwester steckte den Kopf herein.
„Was ist?", brummte Mark. Eigentlich wollte er schlafen.
Katie schlüpfte hinein und schloss die Tür. Mit angezogenen Beinen setzte sie sich auf sein Bett. „Ich bin mit Jette in einem Zimmer!", teilte sie ihm ängstlich mit.
„Na und?" Mark war immer noch verstimmt.
„Sie hasst mich! Das halte ich nicht aus!", flüsterte Katie verzweifelt.
Mit einem Seufzer stützte Mark sich auf einen Ellenbogen. „Woher weißt du das denn überhaupt?", erkundigte er sich. „Heute Morgen stand die Zimmereinteilung doch noch gar nicht fest."
„Lara hat mich eben angerufen. Frau Wirt hat die Liste auf IServ gestellt." Katie war kurz davor zu weinen.
„Das kommt davon, wenn man sein Handy nicht ausmacht!", wies ihr Bruder sie zurecht.
Schuldbewusst sah Katie ihn an. „Aber was mache ich denn jetzt?" In ihrer Stimme hörte er so was wie beginnende Panik.
Mark überlegte kurz. Er musste jetzt irgendetwas Kluges sagen, um sie zu beruhigen. Schon allein, damit er endlich schlafen konnte. Wenn er sie anraunzte, würde das alles nur schlimmer machen. Er sah in das besorgte Gesicht seiner Schwester. *Wie ein verschrecktes Kaninchen, das ängstlich auf die Gefahr starrt*, dachte er mitleidig. Gut, dass er nicht so war!
„Bist du ganz alleine mit ihr auf dem Zimmer?", fing er geduldig an.
„Ja", antwortete Katie kläglich. „Ganz alleine! Nur sie und ich!"
„Dann bist du falsch informiert. Das stimmt nämlich nicht!", stellte Mark klar.
Katie runzelte die Stirn. „Woher weißt du das?", wollte sie wissen.
„Das hab ich gelesen!", gab Mark zurück. Er klang sehr überzeugt.
„Warst du etwa auch noch auf IServ? Wo hast du das gelesen?", wunderte sich Katie, einen Anflug von Hoffnung in der Stimme.

„Auf deiner Wand", sagte Mark seelenruhig. Verständnislos sah Katie ihn an. „Mensch, Katie, was steht auf der Wand über deinem Bett?" Mark schüttelte ganz leicht ihre Schulter. *Für sie wäre es kein Problem, wenn Jesus sichtbar bei ihr wäre!*

„Ach sooo", machte Katie gedehnt. „Ich dachte, du meinst eins von den anderen Mädchen." Sie sah etwas enttäuscht aus.

„Na hör mal, wer wird dir denn wohl mehr helfen: Eine von deinen Madams, die du sehen kannst, oder Gott, den du nicht sehen kannst?!", fragte Mark entrüstet.

„Gott", sagte Katie kleinlaut.

„Na also. Dann denk nicht die ganze Zeit an Jette, die du siehst, denk an Jesus, den du nicht siehst! Du musst die Blickrichtung wechseln, verstehst du? Jesus statt Jette!" Zufrieden legte Mark sich zurück. *Je*sus statt *Je*tte. Fing beides mit „Je" an. Er war ziemlich stolz auf sich, dass ihm das gerade eingefallen war. Erwartungsvoll sah er seine Schwester an.

Die saß mit gesenktem Kopf auf der Bettkante. Schließlich holte sie tief Luft: „Okay", nickte sie. „Jesus statt Jette." Sie ging aus dem Zimmer und schloss leise die Tür.

Mark zog die Bettdecke bis unter das Kinn und war kurz darauf eingeschlafen.

Am nächsten Morgen brachte Mama sie zum Bus. Katie sah nicht gerade glücklich aus. *Hoffentlich heult sie nicht vor allen und macht Theater von wegen doch nicht mitfahren!*, dachte Mark und verstaute seine Trompete in dem großen Gepäckfach unter den Sitzplätzen. Besorgt sah er sich nach seiner Schwester um. Doch die saß bereits im Bus und redete mit einem der Mädchen. Erleichtert stieg Mark auch ein.

Da die Streicher und die Bläser am Nachmittag getrennt übten, sah er Katie erst beim Abendbrot wieder. Sie saß neben Jette und schien ganz gut drauf zu sein. Sie winkte ihm durch den Speisesaal zu. Erleichtert winkte Mark zurück.

Abends war noch einmal eine Probe. Das Programm war ziemlich stramm. Bis zum Sommerkonzert mussten die Stücke sitzen. Mark war zwar kein leidenschaftlicher Trompetenspieler, aber wenn ihm das drei Tage weniger Schule im Jahr verschaffte, war er bereit, das Üben auf sich zu nehmen.

Auf dem Weg zurück zu seinem Zimmer wurde er von Jürgen aus der 8c abgefangen. Der Junge hatte ein paar Ehrenrunden gedreht und war fast einen Kopf größer als Mark. Außerdem hatte er irgendetwas Bedrohliches an sich, fand Mark.
Jürgen sah sich kurz um, bevor er ihm zuraunte: „Morgen Nacht gibts 'ne Geisterbeschwörung. Überleg dir, was du den Geist fragen willst. Wir treffen uns um Mitternacht im Billardraum."
Dann war Jürgen wieder verschwunden.
Mark runzelte die Stirn. Eine Geisterbeschwörung? So 'n Quatsch. Er schüttelte den Kopf und ging in sein Zimmer.
Malkom sah auf, als er hereinkam. „Hat Jürgen dich gefunden?", erkundigte er sich. Mark nickte. „Und, willst du was von dem Geist wissen?", fragte sein Zimmernachbar eifrig. Mark schüttelte den Kopf. Malkom sah ihn erstaunt an. „Echt nicht? Ach komm, das kannst du mir nicht erzählen! Das funktioniert wirklich! Ich hab das schon mal mitgemacht. Ich wollte wissen, ob Anna in mich ist."
„Und, ist sie in dich?" Mark versuchte, gleichgültig zu klingen. Aber er war neugierig geworden.
„Nicht mehr", gab Malkom enttäuscht zurück. „Aber sie war es!"
„Und was willst du diesmal den Geist fragen?", erkundigte sich Mark spöttisch. Er konnte sich irgendwie nicht so richtig etwas unter dieser Geisterbeschwörung vorstellen.
„Ich muss unbedingt wissen, ob ich versetzt werde", gab Malkom zurück. „Wenn nicht, brauch ich mich nämlich gar nicht anzustrengen. Wenn doch, bekomme ich von meinem Vater eine neue Kamera."
Mark schüttelte den Kopf. „Das ist doch Quatsch!", meinte er ärgerlich. „Du lässt so eine Geisterbeschwörung darüber entscheiden, ob du dich anstrengst? Ich sag dir was: Das sind doch sowieso Lügen!"
„Du musst ja nicht mitmachen!", sagte Malkom beleidigt und machte sein Licht aus.
Im Laufe des nächsten Tages stellte sich heraus, dass Jürgen anscheinend alle Jungen der siebten und achten Klassen informiert hatte und dass alle mitmachen wollten. Außer Malkom wussten auch einige andere von sogenannten „Offenbarungen" zu berich-

ten, so dass die Erwartungen ordentlich geschürt wurden. Mark war hin- und hergerissen. Einerseits war er inzwischen so neugierig geworden, dass er sich das Spektakel auf keinen Fall entgehen lassen wollte. Andererseits konnte er sich nicht vorstellen, dass Jesus wollte, dass er da hinging. Missmutig stocherte er in seinen Nudeln herum. Er merkte nicht, wie Katie ihm von der anderen Seite des Speisesaals besorgte Blicke zuwarf. An der Tür wartete sie auf ihn. „Geht's dir nicht gut, Micki?", flüsterte sie ihm ins Ohr. Er brummte eine Beschwichtigung und ging schnell in den Musikraum.

Den ganzen Abend dachte er an die bevorstehende Geisterbeschwörung. Er verpasste dauernd seinen Einsatz und spielte mehrere falsche Töne. Endlich war die Probe geschafft. Schnell ging Mark zu seinem Zimmer. Er wollte nicht riskieren, dass seine Schwester ihm nochmal auflauerte.

Eine Weile später kam Malkom. „Hier, soll ich dir von deiner Schwester geben", sagte er und hielt Mark einen zusammengefalteten DIN-A4-Bogen hin.

Mit spitzen Fingern nahm Mark das Papier. Argwöhnisch faltete er es auseinander: „Denk immer daran: **Jesus** ist bei dir!", las er. „Jesus" war fett geschrieben. Das Blut schoss ihm ins Gesicht. Schnell steckte er den Zettel in die Hosentasche. Daran wollte er im Moment *nicht* erinnert werden! Wenn er sich vorstellte, wie Jesus an seiner Seite um Mitternacht in den Billardraum ging, um an einer Geisterbeschwörung teilzunehmen, kam er sich vor wie im falschen Film. Lieber nicht an Jesus denken. Er war ja nicht Katie.

„Und, kommst du heute Nacht mit?", fragte Malkom.

„Yep", antwortete Mark knapp. Er stellte seinen Wecker auf zehn vor zwölf und legte sich ins Bett.

Kurz vor Mitternacht öffneten sich auf dem Jungentrakt leise die Türen und mehrere Gestalten huschten die Treppen nach unten in den Keller. Jürgen und zwei andere waren schon dort. Jürgen hatte ein schwarzes T-Shirt mit einem Totenkopf und Schlangensymbolen an. Auf dem Tisch vor ihm standen Gläser.

Die Jungen drängten in den Raum. Mark klopfte das Herz.

„Können wir beginnen?", fragte Jürgen leise. „Wer will zuerst den Geist etwas fragen?"

Malkom meldete sich. Jürgen streckte seine Hände über die Gläser aus und wies Malkom an, das Gleiche zu tun. Dann begann er mit dunkler Stimme die Beschwörung. Gespannt blickten die Jungen auf den Tisch. Würde Malkoms Glas sich bewegen? Mark wurde immer unruhiger. Er wollte nicht an Jesus denken, aber er musste es trotzdem. Jetzt, in diesem Moment war er unsichtbar an seiner Seite. Mark starrte auf die Gläser. Nichts geschah.
Jürgen nahm die Hände herunter. „Der Geist spricht nicht", stellte er fest. Er klang verärgert. „Irgendetwas hindert ihn." Prüfend sah er sich in der Runde um.
Mark brach der Schweiß aus. Nervös schob er die Hände in die Taschen. Seine Finger berührten Katies Zettel: „**Jesus** ist bei dir!" Kein Wunder, dass das hier nicht funktionierte!
„Okay, vielleicht hattest du nicht den richtigen Zugang zum Jenseits", meinte Jürgen zu Malkom und ließ einen anderen Jungen antreten. Enttäuscht rückte Malkom zur Seite.
Mark klopfte das Herz zum Zerspringen. Jürgen wiederholte die Zeremonie, doch auch diesmal bewegte sich nichts. Wieder wanderte Jürgens Blick durch den Raum.
Da stand Mark auf. Seine Finger umklammerten das Papier in seiner Hosentasche. „Jesus ist hier!", krächzte er. Alle sahen ihn an.
„Dann verschwinde!", wies Jürgen ihn kalt an.
Mit zitternden Knien verließ Mark den Billardraum. Er hatte eine Gänsehaut. So schnell es ging, stieg er die Treppen hoch. Dabei fühlten sich seine Beine immer noch wie Götterspeise an. In seinem Zimmer ließ er sich auf sein Bett fallen. Das eben war schrecklich gewesen! Wie Jürgen ihn angesehen hatte ... Aber es war nur der Anfang: Von jetzt an wäre er der absolute Außenseiter mit lauter Feinden.
Wäre ich Katie, würde ich jetzt heulen, fuhr es ihm durch den Kopf. Was sollte er nur tun? Er fühlte sich so allein wie noch nie zuvor in seinem Leben. *Jürgen wird alle gegen mich aufbringen!*, dachte er immer wieder. Je öfter er an Jürgen mit seinem scheußlichen Schlangen-T-Shirt und dem bösen Blick dachte, desto größer wurde seine Angst. Vielleicht würde der Geisterbeschwörer auch ein paar Leute zusammentrommeln, um ihn zu verprügeln! Mark fühlte sich hundeelend. Er drehte sich zur Wand. Doch et-

was in seiner Hosentasche drückte auf seine Hüfte. Er zog Katies Blatt Papier aus heraus. „Denk immer daran: **Jesus** ist bei dir!" Die Buchstaben verschwammen vor seinen Augen. Jesus. Jesus war bei ihm. Und zwar so, dass diese abscheuliche Geisterbeschwörung nicht funktioniert hatte.
Plötzlich wünschte er sich nichts mehr, als dass er ihn sehen könnte. Das würde es einfacher machen, nicht wie ein Kaninchen auf die Schlange zu starren, sondern die Blickrichtung zu wechseln: Von dem sichtbaren Jürgen zu dem unsichtbaren Jesus. Jesus statt Jürgen. „Bitte, Jesus, hilf mir, mich an dich zu halten", betete Mark leise.

Als Herr Thiele die Jungen am nächsten Morgen mit einer Fanfare weckte, rührte Malkom sich nicht. Mark hatte ihn in der Nacht gar nicht hereinkommen gehört. Jetzt lag sein Zimmernachbar wie ein Toter auf seinem Bett. Mark überlegte kurz, ob er ihn wachrütteln sollte, damit der stets hungrige Malkom das Frühstück nicht verpasste. Aber er entschied sich dagegen. *Besser keine schlafenden Hunde wecken*, dachte er. Er verspürte ein ungutes Gefühl in der Magengrube. Hoffentlich würden die anderen nicht schon beim Frühstück anfangen, ihn zu schneiden. Er wünschte, es wäre schon Mittag und er wäre wieder zu Hause. Hoffentlich machten sie sich nicht über ihn lustig. Hoffentlich würde er Jürgen nicht alleine begegnen. Das Gefühl in seinem Bauch wurde stärker. Hoffentlich würde dieser unheimliche Kerl ihm nicht irgendwo heimlich auflauern. Hoffentlich ...
Mechanisch begann er, sein Bett abzuziehen. Ein Blatt Papier flatterte auf den Fußboden: Katies Zettel: „Denk immer daran: **Jesus** ist bei dir!" Mark hörte Türen klappern. Ein Blick auf die Uhr sagte ihm, dass es Zeit war für's Frühstück. Malkom hatte sich immer noch nicht gerührt. Mark faltete das Blatt zusammen und steckte es in die Hosentasche. Jesus. Jesus statt Jürgen. Er musste sich so an Jesus halten, als sähe er ihn. Jesus ging mit ihm aus dem Zimmer. Jesus lief neben ihm die Treppe herunter. Jesus betrat mit ihm den Speisesaal. Jesus stand neben (oder hinter?) seinem Stuhl.

Mark atmete tief durch. Er ließ seinen Blick kurz durch den Raum gleiten. Katie winkte ihm zu. Sie saß wieder mit Jette am Tisch. Jürgen war nirgends zu sehen. Mark setzte sich zum ersten Geiger aus der Neunten und zwei Posaunenspielern. Während er sein Brötchen aß, schaute er immer wieder zur Tür. Jürgen kam nicht. Wahrscheinlich hatte er auch verschlafen. Mark entspannte sich etwas. Er stellte sich vor, dass Jesus hinter seinem Stuhl stand. Das entspannte ihn noch mehr. Er holte sich noch ein Brötchen. Als der Speisesaal sich leerte, steckte Mark unauffällig ein Brötchen und einen Joghurt für Malkom ein. Irgendwie hatte er das Gefühl, dass Jesus das gut fände.
Auch wenn sein Zimmerkamerad sicher nicht gut auf ihn zu sprechen sein würde ...
Als Mark ins Zimmer kam, setzte Malkom sich auf. „Habe ich das Frühstück verpasst?“, fragte er erschrocken. Wortlos legte Mark das Brötchen auf den Tisch und stellte den Joghurt daneben. „Danke!“, sagte Malkom erleichtert. Mit drei Bissen verschlang er das Brötchen. Den Joghurt trank er, so gut es ging, und leckte den Rest mit den Fingern aus. Das Ganze dauerte keine fünf Minuten. Malkom ließ sich wieder auf sein Kissen fallen.
„Und, hat der Geist gesprochen als ich weg war?“, fragte Mark schließlich. Das klang etwas bissig.
„Allerdings!“, gab Malkom zurück und schauderte. Erstaunt sah Mark ihn an. Er wartete, dass sein Mitschüler weitersprechen würde. Doch der starrte verstört an die Zimmerdecke. Mark hätte gerne noch mehr gefragt, aber er ließ es lieber und putzte sich die Zähne.
„Ich wünschte, ich wäre mit dir rausgegangen!“, hörte er Malkom sagen. Verblüfft sah Mark ihn an. Fast wäre ihm der Zahnpastaschaum auf das Hemd getropft. Malkom starrte weiter an die Decke. „Ich werde nicht versetzt“, sagte er tonlos. „Mein Glas hat sich so stark über den Tisch bewegt, dass eins sogar runtergefallen ist.“ In seinen Augen spiegelte sich Angst. „Ich wünschte, ich wäre mit dir rausgegangen!“, sagte er noch einmal. „Aber ich bin nicht so stark wie du.“
Mark verschluckte sich fast an seinem Spülwasser. Stark? Er war doch nicht stark! Er schüttelte den Kopf.
„Doch!“, beharrte Malkom. „Du hast gesagt: ‚Jesus ist hier!‘“

Mark schoss das Blut ins Gesicht. Reflexartig zog er den Kopf ein. Am liebsten wäre er im Fußboden versunken.
„Ich habe den Zettel von deiner Schwester gelesen“, erklärte Malcom kleinlaut. „Ich wünschte, ich hätte auch so einen Zettel gehabt, wo das draufstand.“
Marks Lippen gingen auseinander. Entgeistert starrte er seinen Zimmernachbarn an. Malcom wünschte, er hätte ein Blatt gehabt, wo draufstand **„Jesus** ist hier!“? Er streckte den Rücken.
„Ja, das stimmt“, sagte er fest. „Auch wenn ich ihn nicht sehen kann, weiß ich, dass er bei mir ist.“
„Du hast‘s gut“, murmelte Malkom und drückte sich hoch. „Der Jürgen kann einem echt Angst machen.“
Mark nickte kaum merklich. *Allerdings!* „Er war nicht beim Frühstück“, informierte er Malcom. Er sah auf die Uhr: Fast neun. „Ich gehe zur Probe“, sagte er und ging zur Tür.
„Warte!“, bat Malkom. Verwundert blieb Mark stehen. Er verachtete ihn nicht?
Sein Zimmerkamerad hielt kurz das Gesicht unter den Wasserhahn und fuhr sich ein paarmal durch die Haare. Es nützte nicht viel ...

Als alle saßen, stand Herr Thiele auf. „Einige von euch haben sicher Jürgen vermisst“, begann er. Sofort erhob sich an einigen Stellen Gemurmel. Herr Thiele klopfte mit seinem Dirigentenstab auf den Flügel. „Jürgen ist in den frühen Morgenstunden von der Polizei abgeholt worden“, fuhr er fort. „Er wurde dabei erwischt, wie er den Getränkeautomaten knackte ...“
Augenblicklich wurde es so laut, dass alles Weitere in den Reaktionen der Schüler unterging. Als es wieder etwas ruhiger war, wies Herr Thiele alle, die etwas von der Sache wussten, an, sich bei ihm zu melden. Dies hier sein kein Dummejungenstreich, sagte er ernst. Dann ging es noch um Diebstahl, Sachbeschädigung und Betrug im Allgemeinen. Jürgen werde nicht wieder an die Schule zurückkehren, schloss der Musiklehrer. Neben Mark stieß Malkom erleichtert die Luft aus. Auch einige andere schienen sehr froh über diese Nachricht zu sein, Mark eingeschlossen.

Als Mama die beiden Musiker mittags wieder abholte, redete Katie wie ein Wasserfall: Von Jürgen, dem Getränkeautomaten und der Polizei. Mama war natürlich sehr bestürzt. Mark hörte schweigend zu. Dann erzählte Katie von Jette. „Den ganzen ersten Abend habe ich mir immer wieder gesagt: ‚Jesus statt Jette!' Und dann hatte ich irgendwann keine Angst mehr vor ihr. Sie hasst mich doch nicht."
„Das ist ja ein guter Spruch!", lobte Mama.
„Der ist von Mark", grinste Katie.
Mama sah in den Rückspiegel und lächelte. „Und wie war die Fahrt für dich?", erkundigte sie sich. „Habt ihr Jungen was von diesem Jürgen mitbekommen?"
„Mehr oder weniger", gab Mark zurück. Und dann erzählte er von der Geisterbeschwörung und von Katies Zettel. „Übrigens vielen Dank dafür!", sagte er und klopfte seiner Schwester auf die Schulter.
Mama war wieder bestürzt. „Ach, Mark", rief sie, „wie gut, dass du dich an Jesus gehalten hast!"
Allerdings!, stimmte Mark im Stillen zu. *Auch wenn ich ihn nicht sehen kann, da ist er trotzdem.*

PS: Als Katies Zettel die Waschmaschine überlebte, beschloss Mark, dass er einen Ehrenplatz verdiente: Er rahmte ihn ein und hängte das inzwischen ziemlich ausgefranste Blatt über sein Bett. Das meiste der Schrift war verblasst. Nur das Wort ‚Jesus' konnte man noch gut lesen, weil Katie die Buchstaben verstärkt hatte.

PPS: Malkom wurde versetzt und bekam die Kamera. Eins seiner ersten Fotos war das von einem recht sonderbar aussehenden Stück Papier über Marks Bett.

„Denn er hielt sich an den, den er nicht sah,
so als sähe er ihn."
Hebräer 11,27b

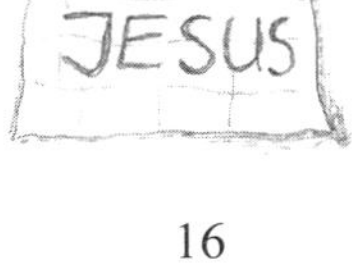

„Herzlich lieb habe ich dich, Herr, meine Stärke! Herr, mein Fels, meine Burg, mein Erretter; mein Gott, mein Hort, auf den ich traue, mein Schild und Berg meines Heils und mein Schutz!“
Psalm 18,2-3

Die Burg

Auf einem Hügel lag eine mächtige Burg. Sie war von dicken Mauern umgeben, und ein starker Turm stand an ihrer Ostseite. Wie ein großer Wächter erhob er sich über die Festung und den ganzen Hügel. Auf den Wiesen unterhalb der Burg weidete eine Schafherde. In einiger Entfernung, unten am Fluss, befand sich eine Stadt. Hier wohnten Bernd und Lissy mit ihren Eltern.
„Wozu ist die Burg?“, fragte die kleine Lissy ihren größeren Bruder Bernd eines Tages.
„Zum Schutz vor den Feinden!“, gab der zurück, stolz, dass er seiner kleineren Schwester die Frage beantworten konnte.
„Aber warum ist dann die Burg nicht in der Stadt?“, wollte Lissy wissen.
„Weil ...“, Bernd kratzte sich am Kopf. Ja, warum war die Burg eigentlich so weit von der Stadt entfernt, wenn sie doch den Bürgern Schutz bieten sollte? Die Kinder beschlossen, am Abend ihren Vater zu fragen.
„Tja, Kinder“, sagte er, „das ist eine traurige Geschichte. Es heißt, dass der König selbst die Burg errichtet habe. Er wollte, dass sie der Mittelpunkt einer Stadt würde, damit ihre Bürger jederzeit, wenn sie Hilfe brauchten, zur Burg kommen konnten. Doch die Menschen zogen die Ebene am Fluss vor. ‚Hier ist es angenehmer‘, sagten sie. ‚Außerdem haben wir keine Feinde. Wir brauchen also nicht so nah an der Burg zu wohnen.‘“ Nachdenklich sah der Vater aus dem Fenster. „Aber die Menschen haben sich getäuscht. Es gibt auch noch andere Feinde als die, die mit Spieß und Lanze kommen“, sagte er.
Mit großen Augen sahen seine Kinder ihn an. „Welche Feinde meinst du, Vati?“, fragte Bernd.

„Den Hunger und das Hochwasser, zum Beispiel“, antwortete der Vater ernst.
„Und die Sorge“, ergänzte die Mutter leise. Sie war mit einem Stapel Wäsche auf dem Arm ins Zimmer gekommen. Sie setzte sich in den Schaukelstuhl und schloss die Augen. Sie sah müde aus. Es war ein anstrengender Tag gewesen.
Am nächsten Tag spielten Lissy und Bernd im Hof Seeräuber. Bernd war auf den Apfelbaum geklettert. Der Stamm war sein Mast. Von hier oben hatte er eine gute Aussicht. In der Ferne sah er die Burg. Und etwas unterhalb konnte er den Schäfer erkennen, wie er auf seinen Stab gestützt ins Tal schaute. Auf einmal entdeckte Bernd etwas Helles, Glänzendes am Fuße des Turms.
„Lissy, komm mal hoch!“, rief er nach unten. Die Kleine versuchte, auf den Baum zu klettern. Bernd streckte ihr seine Hand hin. „Hier, ich helfe dir!“ Mit vereinten Kräften saß Lissy kurz darauf neben ihrem Bruder auf dem Ast. Bernd deutete auf den Turm. „Sieh mal“, sagte er aufgeregt.
Lissy spähte durch die Blätter. „Ja, da glänzt etwas am Turm. Was das wohl ist? Komm, wir fragen Vati!“ Die Kinder rutschten vom Baum.
„Warte!“, rief Bernd. „Ich habe eine bessere Idee. Aber es ist geheim ...“ Verschwörerisch beugte er sich zu seiner Schwester und flüsterte ihr etwas ins Ohr.
Lissys kleiner Mund ging ungläubig auseinander. Sie starrte ihren Bruder an. Doch dann grinste sie. „Los, komm!“, nickte sie mit blitzenden Augen und rannte los.
Sie wollten gerade um die Ecke biegen, da liefen sie ihrem Vater in die Arme. „Ihr lauft in die falsche Richtung. Gleich gibt es Abendessen. Wo wollt ihr denn hin?“, fragte er erstaunt. Schuldbewusst blieben die beiden Ausreißer stehen. „Wir wollten ... Wir wollten zur Burg und gucken, was da so glänzt“, bekannte Lissy. Sie konnte nie etwas lange für sich behalten.
„Ihr wolltet ganz alleine da hoch?“
Die Kinder schwiegen. Der Vater nahm sie rechts und links an die Hand. „Was da glänzt ist Gold“, erklärte er. „Auf der Tür, die in den Turm führt, ist das Wappen des Königs angebracht.“
„Wie sieht es aus?“, wollte Bernd sofort wissen.

Doch der Vater schüttelte den Kopf. „Ich habe es selbst noch nie gesehen, aber euer Opa hat es mir erzählt. Und der weiß es von eurem Uropa."
„Können wir mal hingehen?", fragte Lissy eifrig.
„Heute nicht", bekam sie zur Antwort. „Gleich wird es dunkel."
Als Lissy und Bernd im Bett lagen, sprachen sie noch eine Weile über das goldene Wappen. Zu gern hätten sie es sich aus der Nähe angeschaut! Schade, dass Vati gerade in dem Moment gekommen war, als sie loslaufen wollten.

In dieser Nacht fing es an zu regnen. Es regnete nicht nur, es schüttete. Auch am nächsten Tag und am übernächsten trommelten die dicken Tropfen auf das Land. In kleinen Bächen floss das braune Wasser überall entlang. Am Nachmittag kam Wind dazu, der bis zum Abend immer stärker wurde.
Während die Kinder schliefen, lauschten die Eltern unruhig dem Sturm, der um das Haus heulte, und dem Regen, der gegen die Fenster schlug. „Hoffentlich hält das Dach", überlegte die Mutter besorgt.
Der Vater nickte. Er hatte es schon längst ausbessern wollen, doch das Geld hatte gefehlt. „Hoffentlich kriegen wir kein schlimmes Hochwasser", fügte er hinzu. Das war immer schon seine geheime Angst gewesen. Die Familie wohnte auf der tiefer gelegenen Seite des Flusses, auf der auch die Burg stand. Bei Hochwasser war immer sofort die Brücke, die auf die andere Seite führte, überschwemmt.
„Hoffentlich!", stimmte die Mutter mit Nachdruck zu. „Denn es würde uns auch keiner bei sich aufnehmen. Die, die ein kleines bisschen höher wohnen, verrammeln ihre Häuser, wenn das Wasser kommt. Und selbst das nützt im Ernstfall nichts."
Unruhig ging der Vater hin und her. „Ich gehe nachsehen", sagte er schließlich entschlossen.
Erschrocken sah seine Frau ihn an. „Du kannst doch nicht da raus in den Sturm!", rief sie entsetzt.
Doch ihr Mann hatte bereits seinen Mantel an: „Ich muss wissen, ob wir unser Haus verlassen müssen." Er griff nach der Sturmlaterne und öffnete die Tür. Der Wind riss ihm fast den Griff aus

der Hand und fauchte kalt ins Zimmer. Draußen rollte klappernd ein Eimer über den Hof.
Bernd und Lissy, die wegen des Sturms sowieso unruhig geschlafen hatten, wurden wach. Sie kamen in die Küche. Ihre Mutter stand immer noch am Fenster und sah angespannt hinaus in die Dunkelheit. „Wo ist Papa?“, wollte Bernd sofort wissen. „Warum knackt das Dach so?“, fragte Lissy ängstlich.
Da ging die Tür auf und der Vater stolperte schwer atmend herein. Sofort bildete sich um ihn herum auf dem Fußboden eine Pfütze. „Zieht euch an, wir müssen sofort hier weg! Das Wasser hat die Brücke schon weggerissen!“, keuchte er.
Seine Frau schlug sich die Hand vor den Mund. „Wo sollen wir hingehen?“, flüsterte sie entsetzt.
„Zur Burg“, antwortete ihr Mann kurz. In diesem Moment war er froh, auf dieser Seite des Flusses zu wohnen.
Hastig zog die Familie sich an. Die Mutter trug ein Bündel mit Ersatzkleidern und nahm die kleine Lissy an die Hand. Der Vater zündete eine zweite Sturmlampe an und gab sie Bernd. „Hier, trag du die Lampe. Ich will die alte Nachbarin warnen. Ich komme wieder zu euch, sobald ich kann.“ Bevor seine Frau protestieren konnte, eilte er den Weg zum Fluss entlang.
Der Rest der Familie lehnte sich gegen den Wind in Richtung Burg. Nur mit größter Anstrengung kamen sie langsam vorwärts. Lissy musste sich mit beiden Händen an ihrer Mutter festhalten, und Bernds Laterne schaukelte wie ein Irrlicht hin und her. Wie sollten sie den Pfad zur Burg finden? Sie sahen ja kaum den nächsten Schritt. Konnten sie den Weg zu dem kleinen Lichtpunkt auf dem Hügel überhaupt schaffen? Die Burg schien noch weiter weg als sonst.
In dem Moment stolperte Lissy. Sie schrie auf. „Au, aua, mein Knie!“ Bernd hatte vor Schreck die Laterne fallengelassen. Er fing auch an zu weinen. Da standen sie nun im Dunkeln, während der Sturm um sie heulte und der kalte Regen auf sie prasselte.
„Wir müssen dort auf das Licht zugehen“, schrie die Mutter gegen den Wind. Verzweiflung lag in ihrer Stimme. Mühsam stolperten die drei vorwärts. Der Regen hatte ihre Mäntel und Schuhe durchnässt, so dass sie vor Kälte zitterten.

Da hörten sie von rechts ein klopfendes Geräusch und kurz darauf erschien eine große, dunkle Gestalt. Lissy und Bernd fingen vor Schreck an zu kreischen, und die Mutter ließ das Bündel fallen. „Habt keine Angst", beruhigte die Gestalt sie über das Pfeifen des Windes. „Ich bin der Hirte, den ihr vom Tal aus gesehen habt."
„Ist das der Weg zur Burg?", flüsterte die Mutter erleichtert. Trotzdem musste der Schäfer sie irgendwie gehört haben, denn seine Stimme drang zu ihnen durch die Dunkelheit: „Ja, ja, ihr seid schon auf dem rechten Weg. Ich gehe euch voran. Folgt dem Klopfen meines Stabes. Ich führe euch."
Unsagbar erleichtert setzten sie ihren Weg fort, hinter dem großen Mann her. Wenn sie sich so dicht wie möglich an ihn hielten, traf sie der Sturm auch nicht mit voller Wucht. Doch Lissys Knie schmerzte so sehr, dass sie bald nicht mehr weiterlaufen konnte. Weinend blieb sie stehen. Sofort drehte der Schäfer sich um. Er beugte sich zu ihr herunter. „Ich werde dich tragen, mein Kind", sagte er freundlich. Damit nahm er Lissy auf den Arm und hüllte sie mit seinem Mantel ein. Langsam, damit die Mutter und Bernd folgen konnten, ging er voran, dabei immer mit seinem Stab auf den Boden klopfend.
Als Bernd gerade dachte, er könnte keinen Schritt mehr weiterlaufen, verkündete der Hirte über die Schulter: „Hier ist die Schafhürde. Gleich sind wir da." Und dann standen sie vor den dicken Mauern der Burg. Der Schäfer öffnete die mächtige Eichentür des Turmes. Helles Licht strömte den durchfrorenen Flüchtlingen entgegen. Trotz seiner Müdigkeit erkannte Bernd auf der Tür das goldene Wappen: Eine Krone und ein Kreuz.
Als sie eintraten, wurden sie von einer wunderbaren Wärme umfangen. Im offenen Kamin brannte ein loderndes Feuer und davor lagen weiche Schaffelle auf dem Boden. Der Hirte legte die schlafende Lissy darauf und bedeutete der Mutter, sich zu setzen. Er half Bernd aus seiner nassen Jacke und gab ihm eine Decke. Dann holte er einige Kleidungsstücke aus einem Schrank und reichte sie der Mutter. „Hier sind trockene Kleider für euch", sagte er freundlich. „Ich gehe jetzt noch einmal hinaus, um die anderen das letzte Stück zu begleiten. Sie haben es fast geschafft.

Aber die alte Nachbarin ist zu schwach. Ich bin bald wieder da."
Damit trat er hinaus in den Regen.
Die Mutter hängte die nassen Sachen neben das Feuer auf einige Haken. Dann legte sie sich neben ihre Kinder. Sie wollte eigentlich wach bleiben, bis der Schäfer ihren Mann gefunden hatte, aber sie war so erschöpft, dass sie einschlief.
Es dauerte nicht lange, da öffnete sich die Tür erneut. Der Vater und der Hirte traten ein, die alte Nachbarin zwischen sich gestützt. Die Mutter richtete sich auf, als ihr Mann sich neben sie auf das Fell setzte. „Es ist alles gut", flüsterte er.

Als die Flüchtlinge am anderen Morgen wach wurden, hatte der Hirte ein wahrhaft königliches Frühstück für sie bereitet. Staunend setzten sie sich an den Tisch. Es regnete immer noch. Während des Essens erzählte der Vater, wie er versucht hatte, noch andere zu warnen. Aber außer der alten Nachbarin hatte keiner mitkommen wollen. „Und als wir nicht mehr weiterkonnten, war auf einmal der Hirte da", schloss er und blickte den Schäfer dankbar an. „Sie waren unsere Rettung! Ich kann Ihnen gar nicht genug danken! Aber wie kommt es, dass Sie hier so frei ein- und ausgehen können? Hat der König Sie angestellt?", fragte er interessiert.
Der Schäfer strich Lissy gerade Honig auf das frische Brot. „Die Burg gehört mir. Ich bin der König", antwortete er schlicht.
Wie vom Donner gerührt sahen die Erwachsenen ihn an, und Bernd verschüttete fast seine Milch. „Du bist ... der König?", stotterte er. „Aber, aber du weidest doch immer die Schafe!"
„Ich bin der Hirte und der König", gab der Schäfer ruhig zurück. „Ich habe damals diese Burg gebaut, als Zufluchtsort für die Menschen. Leider zogen sie es vor, nicht in meiner Nähe zu wohnen, sondern unten am Fluss. Aber selbst jetzt noch haben sie jederzeit die Möglichkeit, hierher in Sicherheit zu kommen. Die Burg bietet Platz genug für alle."
„Was ist mit denen, die auf der anderen Seite des Flusses wohnen?", wandte der Vater ein. „Die Brücke ist weggeschwemmt. Der Weg ist abgeschnitten."
„Meine Diener stehen mit Booten bereit, um alle, die hier hoch wollen, sicher über das Wasser zu bringen", antwortete der König.

„Aber die meisten bleiben lieber ängstlich und sorgenvoll in ihren überschwemmten, kalten Häusern und warten, bis das Hochwasser gesunken ist", fügte er traurig hinzu.
„Das ist aber dumm!", rief Bernd. „Wo sie es doch hier oben so schön haben könnten! Ich bin froh, dass wir hier sind. Am liebsten würde ich immer hier bleiben!"
„Ich auch!", echote Lissy mit vollem Mund. „Bei dir schmeckt's so gut!"

„Herzlich lieb habe ich dich, Herr, meine Stärke!
Herr, mein Fels, meine Burg, mein Erretter;
mein Gott, mein Hort, auf den ich traue, mein Schild
und Berg meines Heils und mein Schutz!"
Psalm 18,2-3

„Gebt, so wird euch gegeben.
Ein volles, gedrücktes, gerütteltes und überfließendes Maß wird man euch in den Schoß schütten; denn mit dem Maß, mit dem ihr messt, wird man euch wieder messen.“
Lukas 6,38

Popcorn

„Oooohhh ...!“, freute sich Meggie begeistert, als sie in ihren Nikolausstiefel sah. Neben dem Obst und der Schokolade entdeckte sie ein Tütchen Mais. „Jetzt kann ich auch selbst Popcorn machen!“ Schnell zog sie sich an und lief in die Küche.
Kurz darauf kam ihr Bruder Simon herein. „Warum quiekst du hier so rum?“, fragte er verschlafen. Er ließ sich auf einen der Stühle fallen. Auch er hatte eine kleine Tüte Mais in der Hand.
„Ich hatte heute Maiskörner in meinem Stiefel!“, strahlte Meggie.
„Schön“, nickte Simon nüchtern. „Ich hatte das Gleiche. Aber deswegen musst du doch nicht so quieken. Es ist doch erst kurz nach neun!“
„Aber jetzt kann ich endlich mein eigenes Popcorn herstellen! Wir haben das neulich in der Schule gemacht. Das ist gar nicht schwer. Man braucht nur einen Topf, ein bisschen Öl und Vanillezucker.“
„Mit meinem Mais mache ich was Besseres“, erwiderte Simon und gähnte. „Den kriegen nämlich die Vögel!“
„Du willst ihn den Vögeln füttern? Dafür ist er viel zu schade!“, protestierte seine Schwester entsetzt. „Dann hast du ja gar nichts davon!“
Simon grinste. „Gebt, so wird euch gegeben.“, zitierte er und stand auf. „Vielleicht habe ich dann sogar umso mehr.“
Meggie verdrehte die Augen. „Das gilt doch nicht für VÖGEL!“, belehrte sie ihren Bruder. Der zuckte die Schultern. „Vielleicht nicht. Du kannst mir ja von deinem Popcorn was abgeben.“ Er zog sich eine Jacke über den Schlafanzug, um nach draußen zu gehen.
Haha! Meggie zog eine Grimasse. Wenn er Popcorn haben woll-

te, sollte er sich doch selbst welches machen, statt die Vögel damit zu füttern! Sie holte sich einen Topf und die Ölflasche und goss etwa die Hälfte des Tüteninhalts in das heiße Fett. Gut, dass heute Samstag war. Sie würde sich ein schönes Popcorn-Frühstück machen. Das gäbe einen Festschmaus ...
Kurze Zeit später duftete es in der ganzen Wohnung herrlich nach frischem Popcorn. Meggie füllte die weiß-goldenen Knabbersachen in eine Glasschüssel und setzte sich damit an den Esstisch. Mmmh ... Genießerisch steckte sie sich eine Portion in den Mund. Da klingelte es.
Das wird Simon sein, dachte Meggie. Mit dem großen Zeh drückte sie auf den Türöffner. Es war äußerst praktisch, so ein Ding in der Küche zu haben, fand sie. So musste sie jetzt nicht extra aufstehen.
Es war tatsächlich Simon. Aber er war nicht alleine. Anscheinend hatte er beim Vögelfüttern die Zwillinge von nebenan getroffen, denn Meggie hörte, wie Freddy fragte: „Mmmh, was riecht denn hier so gut?"
„Meggie hat Popcorn gemacht", erklärte Simon stolz.
„Popcorn?", kam Freddys sehnsüchtige Stimme.
Eine beunruhigende Vorahnung beschlich Meggie. Vielleicht sollte sie besser die Glasschüssel vom Tisch nehmen ... Doch da ging auch schon die Küchentür auf und Freddy erschien. Mit glänzenden Augen steuerte er auf den Tisch zu.
„Lecker, Popcorn!", schwärmte er und streckte die Hand aus. „Darf ich auch mal?" Und bevor Meggie antworten konnte, schob er sich eine Handvoll in den Mund.
„Boah, wie auf dem Weihnachtsmarkt. Nur besser!" Er griff erneut in die Schüssel.
„Hey, das ist mein Frühstück!", protestierte Meggie und hielt schützend die Hände über die Körner.
„Ich habe auch noch nicht gegessen", erklärte Freddy und griff unter ihrem Arm hindurch.
Simon war mit Willy hereingekommen. „Wir wollen auch!", riefen sie und umringten den Tisch. Plötzlich waren ganz viele Finger in der Schüssel und dann war sie leer. Freddy leckte noch den Rest Vanillezucker heraus.

„Kannst du nicht noch mehr machen?“, fragte er, bevor Meggie etwas sagen konnte. „Ich habe immer noch Hunger.“
„Ja, bitte!“, bettelte Willy. „Wir sind noch lange nicht satt!“
Mit offenem Mund starrte Meggie sie an. So hatte sie sich ihr Popcorn-Fest nicht vorgestellt!
Gebt, so wird euch gegeben., flatterte es auf einmal ganz ungebeten durch Meggies Kopf. In ihr kämpfte es. An diesen Vers wollte sie im Moment nicht denken. Ihr schönes, leckeres Popcorn!
„Machst du? Büüüütte! Wir schenken dir auch mal was. Vielleicht ein paar Würmer, wenn du Angeln gehen willst. Ich weiß eine Stelle, da gibt es ganz viele Würmer ...“, erklärte Freddy eifrig. Sie sollte ihr Nikolausgeschenk teilen und würde Würmer bekommen? Meggie wurde ärgerlich. Sollte Simon doch für seine gefräßigen Freunde Essen machen! Dann bekäme er die Würmer! Stattdessen hatte er sein Tütchen den Vögeln hingestreut, obwohl sie ihn gewarnt hatte, dass mit dem Geben bestimmt nicht die Vögel gemeint waren.
Aber was hatte Jesus dann gemeint? Meggie zögerte. Erwartungsvoll sahen die Jungen sie an.
„Okay, ich mache noch den Rest“, sagte sie und holte den Topf aus der Spüle.
Dreistimmige Hurra-Rufe waren die Antwort. Freddy schaute ganz genau zu, wie sie vorging. „So einfach ist das?“, wunderte er sich immer wieder. „Warum habe ich das nur nicht eher gewusst ...“
Auch die zweite Portion war viel zu schnell aufgegessen. Dann verschwanden die Jungen ebenso plötzlich aus der Küche, wie sie gekommen waren.
Meggie stellte den leeren Topf zurück in die Spüle und holte sich ein Schälchen Müsli und Milch. Während sie ihre Getreideflocken kaute, war sie irgendwie froh. Und außerdem schmeckte Müsli doch auch ganz gut.

Nach dem Frühstück schnappte sie sich ein Buch und machte es sich im Wohnzimmer gemütlich. Während sie in die Geschichte abtauchte, die sich um die Heldin spann, vergaß sie alles andere um sich herum. Sie war so vertieft, dass sie gar nicht merkte, wie die Minuten sich aufribbelten und der Vormittag verging.

Plötzlich fuhr sie zusammen: Ein lauter Schlag an der Fensterscheibe riss sie zurück in die richtige Welt. An dem Glas klebte ein Schneeball.
Das war bestimmt Simon! Meggie stand auf und ging zum Fenster. Draußen stand ihr Bruder und fuchtelte mit den Armen. Was wollte er? Sie steckte ihren Kopf halb heraus.
„Mach schnell die Haustür auf, Meggie!", rief Simon fröhlich.
„Damit du mich einseifen kannst? Nee danke!" Meggie schloss energisch das Fenster.
In dem Moment klingelte es. Simon stand noch im Garten auf der anderen Hausseite. Der konnte es nicht sein. Verwundert ging seine Schwester öffnen.
Es waren die Zwillinge. Sie sahen etwas verlegen aus. „Wir wollten fragen, ob du uns essen helfen kannst ..." Zwischen sich trugen sie eine riesige Waschwanne voll ... Popcorn!
„Wir haben uns wohl leicht in der Menge verschätzt", erklärte Freddy kleinlaut.
„Was ...", fing Meggie an.
„Ich hab ihm gleich gesagt, er soll erst mal einen kleineren Topf nehmen und nicht gleich die ganze Packung reinschütten", verteidigte sich Willy.
Überwältigt sah Meggie zu, wie die beiden Jungen die Wanne in den Flur stellten. Sie konnte nicht fassen, was sie da vor ihren Augen hatte: Genug Popcorn, um sich hineinzusetzen!
„Du kannst die Wanne zurückbringen, wenn du aufgegessen hast", erklärte Freddy. „Wir haben zu Hause noch genug."
Simon kam hereingestampft. „Jetzt kannst du zu Mittag essen und frühstücken in einem, Meggie, was?", grinste er. Als die Zwillinge gegangen waren, half er seiner Schwester, das große Gefäß in die Küche zu tragen. Er lachte fröhlich und krempelte sich die Ärmel hoch. „Na dann, ran an den Speck!"
„Das hier ist zu gut, um wahr zu sein", murmelte Meggie immer wieder, während sie es sich schmecken ließ. Als kein einziges Korn mehr in sie hineinpasste, fehlte immer noch kaum etwas aus der Wanne.
„Das hättest du nicht gedacht, dass du so viel zurückbekommst, was?", fragte Simon und wischte sich den Mund mit dem Handrücken ab.

Stand das wirklich so in der Bibel? Meggie musste die Stelle unbedingt noch einmal nachlesen. Sie rieb sich die fettigen Finger an der Hose ab und schlug Mamas Bibel bei Lukas 6,38 auf: „Gebt, so wird euch gegeben. Ein volles, gedrücktes, gerütteltes und überfließendes Maß wird man euch in den Schoß schütten; denn mit dem Maß, mit dem ihr messt, wird man euch wieder messen“, las sie vor. „Tatsächlich!“
„Sag ich doch“, nickte ihr Bruder.
Meggie legte die Bibel zurück auf die Fensterbank. „Ein volles, gedrücktes, gerütteltes Maß“ – sogar mehr als sie essen konnten. Doch was sollten sie mit dem „Rest“ machen?
„Wir könnten ihn den Vögeln geben“, schlug Simon vor.
Meggie war nicht begeistert. Sie schüttelte den Kopf. Vielleicht einen Teil davon, aber selbst für Vögel war es zu viel. Dann hellte sich ihr Gesicht auf: „Wir falten Tüten, füllen das Popcorn hinein und verschenken sie in der Nachbarschaft!“
Simon grinste: „Gute Idee! Vielleicht kommt dann demnächst ein LKW voll Popcorn hier vorbei. Oder jemand stellt uns einen ganzen Sack Mais vor die Tür.“
Meggie lachte. Dabei tanzten Funken in ihren Augen.
„Oder noch was Besseres. Vielleicht schüttet Gott auch ganz viel Freude in unser Herz. So viel, dass gar nicht alles reinpasst ...“ Sie hatte nämlich das Gefühl, dass sich in ihr ein großer Topf davon befand, der so voll war, dass er gerade überfloss.

„Gebt, so wird euch gegeben.
Ein volles, gedrücktes, gerütteltes und überfließendes Maß wird man euch in den Schoß schütten; denn mit dem Maß, mit dem ihr messt, wird man euch wieder messen.“
Lukas 6,38

„Sie erträgt alles, sie glaubt alles, sie hofft alles, sie duldet alles. Die Liebe hört niemals auf.“
1. Korinther 13,7-8a

H.D.G.D.L.

„Wo ist schon wieder das Telefon?!“ Genervt und mit den Händen in den Hüften starrte Olaf auf die leere Ladestation. Er wollte vor dem Abendessen noch schnell Bennett fragen, wo man am Starnberger See surfen konnte. Er hätte ihm auch eine Nachricht schreiben können, aber sein Freund hatte sein Handy immer auf stumm, und er brauchte sofort eine Antwort. Morgen würden sie nämlich in Urlaub fahren, und sein Schulkamerad war schon mal dort gewesen. Aber – wie konnte es auch anders sein – das Telefon war weg. Immer, wenn er mal telefonieren wollte, musste er erst suchen! Meistens fand er es dann bei seiner ein Jahr älteren Schwester Mathilda.

Sein kleiner Bruder Lasse kam ins Wohnzimmer. „Weißt du, wo das Telefon ist?“, fragte Olaf ungehalten.

„Wo wohl ...“, sagte der Kleine nur trocken und verschwand wieder.

Olaf ging in den Flur und brüllte: „Mazda, Telefon rausrücken!“ Nichts passierte. Aber aus dem Zimmer seiner großen Schwester hörte er Lachen. Aha, sie telefonierte bestimmt wieder mit ihrer *geliebten* Freundin Yvette. Wer weiß, wie lange schon? Er brüllte noch einmal. Wieder nichts. Olaf ging hin und riss die Tür auf.

„H.D.G.D.L.!“, sagte das Mädchen gerade in den Hörer.

„Hör auf mit dem Schmalz und gib mir endlich das Telefon!“, fauchte er.

„Das ist kein Schmalz“, verteidigte Mathilda sich. „Das ist die volle Wahrheit! Und nenn mich nicht immer ‚Mazda‘. Ich dachte, du hättest angeblich so ein gutes Namensgedächtnis. Aber anscheinend kannst du noch nicht einmal ein Auto von einem Mädchen unterscheiden ...“

Olaf beachtete sie nicht weiter und stampfte mit dem Telefon aus dem Zimmer. Die Batterieanzeige war bereits auf Null. Hoffentlich konnte er seinen Anruf überhaupt noch erledigen. Er hatte keine Lust, nur wegen seiner geschwätzigen Schwester sein Handy-Guthaben zu strapazieren.

Nach dem Abendessen wollte Mama nochmal bei der Ferienwohnung anrufen, aber sie kam zu spät. Die Ladestation stand einsam und verlassen da.
Lasses Augen blitzten schelmisch. Er hob einen Finger in die Luft und sagte fröhlich: „Nicht verzagen, Mazda fragen!"
„Deine Schwester heißt Mathilda", verbesserte Frau Hinrichs.
Olaf klopfte seinem Bruder auf den Rücken. Ganz schön pfiffig, der Kleine. Das hatte er bestimmt von ihm. „Weißt du was, wenn Mama gleich fertig ist, ziehen wir heimlich den Stecker aus der Ladestation. Mal sehen, was die Mazda dann für ein Gesicht macht. Ihr ewiges Telefonieren ist sowieso völlig übertrieben. Und nie ist das Telefon da, wenn man es braucht!"
Als Mathilda kurz darauf ins Wohnzimmer kam, um ihr Gespräch mit Yvette fortzusetzen, saßen ihre beiden Brüder auf dem Teppich und spielten ein Kartenspiel. Aus dem Augenwinkel sah Olaf, wie sie die Nummer eingab. Es tutete zwar, doch der Anruf konnte natürlich nicht weitergeleitet werden. Die beiden Jungen auf dem Teppich ließen sich nichts anmerken.
Nach einer Weile kam Mathilda wieder ins Wohnzimmer. „Irgendetwas stimmt mit unserem Telefon nicht!", verkündete sie beunruhigt. Lasse fing an zu grinsen. „Ich kann Yvi nicht erreichen, obwohl ich ganz genau weiß, dass sie zu Hause ist!" Sie stieß frustriert die Luft aus. „Und das gerade jetzt, wo ich sie zwei Wochen nicht sehen kann!"
„Das ist doch albern", gab Olaf zurück. „Du hast doch schon den ganzen Nachmittag mit ihr telefoniert!"
Seine Schwester sah ihn kühl an. „Du hast einfach keine Ahnung!", sagte sie und klang dabei sehr überlegen. „Du weißt eben nicht, was echte Liebe ist." Ohne sich noch einmal umzudrehen, ging sie aus dem Zimmer.
Lasse hatte aufgehört zu grinsen. „Mach das Telefon wieder ganz", sagte er leise zu Olaf. „Sonst ist sie traurig."
Sein großer Bruder machte eine wegwerfende Handbewegung.

„Ach Quatsch. Sie kann schon mal üben für den Urlaub. Damit sie nicht ins Entzugsdelir kommt“, meinte er verächtlich.
„Ist das was Schlimmes?“, erkundigte sich Lasse besorgt. Er war sehr mitfühlend und hatte außerdem ein ziemlich gutes Verhältnis zu seiner großen Schwester. Die beiden waren gut sieben Jahre auseinander, aber sie verstanden sich blendend. Olaf war das unbegreiflich, und manchmal war er fast neidisch darauf. Oft saßen Lasse und Mathilda zusammen auf der Terrasse im Hängestuhl – wie unbequem – und erzählten sich irgendetwas. Hin und wieder stellte sich sogar heraus, dass Lasse Dinge, die Mathilda betrafen, schon vor dem Rest der Familie wusste. Und Lasse war der Einzige, der Mathilda Tilly nennen durfte.
Olaf machte ein grunzendes Geräusch. Ohne auf Lasses Aufforderung einzugehen, sagte er nur: „Du bist dran mit legen.“
Doch sein kleiner Bruder reagierte nicht. „Warum willst du nicht, dass sie mit Yvette telefoniert?“, fragte er stattdessen. „Sie hat doch eben gesagt, dass sie das macht, weil sie Yvi lieb hat.“
Olaf verdrehte die Augen. Der Kleine hatte noch viel zu lernen! Trotzdem stand er auf, um den Stecker zurück in die Ladestation zu stecken. Er wollte es sich nicht mit Lasse verscherzen, so kurz vor dem Urlaub. Er hatte nämlich keine Lust, die nächsten zwei Wochen mit sich selbst Karten zu spielen. Lasse war zwar erst sieben, aber zum Kartenspielen reichte es. Und besser ein kleiner Bruder, als gar keiner.
„Oh Mann, Lasse, das hat doch nichts mit Liebe zu tun!“, brummte er, während er das Telefon wieder funktionstüchtig machte.
„Einen so reinzulegen, dass er traurig wird, auch nicht“, gab Lasse bestimmt zurück. „Ich bringe Tilly jetzt das Telefon.“
Olaf sah ihm einen Moment lang verblüfft hinterher. Dann ärgerte er sich. Was fiel dem Pimpf eigentlich ein? Als ob er hier der Liebes-Experte wäre und ihm was zu sagen hätte. Genauso arrogant wie seine große Schwester! Er räumte die Karten ein und ging in sein Zimmer.

Auf dem Weg zur Ferienwohnung kamen sie an mehreren Hinweisschildern für Surfkurse vorbei. Olaf konnte es kaum erwarten, sich bei einem anzumelden. Das würde bestimmt ein super

Urlaub. Papa versprach, ihm zu helfen. Zumindest mit der Bezahlung. „Toll, dass wir so nah am Wasser wohnen!“, freute Olaf sich.
„Hoffentlich gibt’s hier nicht nur Surf-Kurse, sondern auch Telefonkarten!“, meldete sich Mathilda. „Ich brauche dringend eine neue.“
„Das kommt davon, wenn man die ganze Zeit rum-simst!“, spottete Olaf. „Setz dein Geld lieber für was Sinnvolles ein.“
„Das war sinnvoll!“, verteidigte sich seine Schwester. „Ich habe Yvi sozusagen seelsorgerlich beraten.“
„Hat sie Probleme?“, fragte Lasse sofort teilnahmsvoll.
„Ja“, antwortete Mathilda nur.
Damit er nicht weiterfragen konnte, wechselte Mama schnell das Thema: „Wer zuerst einen Bäcker sieht, hat gewonnen!“, sagte sie. Lasse entdeckte ihn als Erster. Direkt daneben befand sich ein Einzelhandelsgeschäft. Die Ferienwohnung war nur etwa hundert Meter weiter die Straße hinunter.
„Kann ich uns nachher Brötchen holen?“, fragte Lasse eifrig.
Mama hielt ihm einen Geldschein hin. „Kauf uns zehn Stück, wenn wir ausgeladen haben“, wies sie ihn an.
„Gib das Geld lieber Mathilda“, mahnte Olaf. „Sonst verliert er es noch.“
„Das schafft er schon!“, meinte Mama und lächelte den Kleinen zuversichtlich an.
Mathilda wollte in dem Geschäft neben dem Bäcker nach einer Telefonkarte schauen, und so zogen die beiden zusammen los. Eine Viertelstunde später kam Mathilda allein zurück.
„Wo ist denn Lasse mit den Brötchen?“, wollte Olaf wissen. Er hatte nämlich schon ziemlichen Hunger.
„Ist er nicht hier?“, wunderte sich seine Schwester. „Die Frau beim Bäcker sagte, er sei schon nach Hause gegangen.“
Frau Hinrichs kam in die Küche. „Ist Lasse da?“, fragte ihre Tochter sofort.
„Ja, ist er“, nickte sie. „Oder besser gesagt: Er war da.“
„Und die Brötchen?“, hakte Olaf nach. Er sah sich um.
„Die noch nicht. Als er am Tresen stand, konnte er das Geld nicht mehr finden ...“, erklärte Mama.

„Hab ich doch gleich gesagt!“, unterbrach Olaf sie. „Das schöne Geld! So eine Verschwendung!“
„... aber ich habe ihm neues Geld gegeben, und er ist nochmal losgegangen“, fuhr Mama ruhig fort.
„Das ist nicht dein Ernst!“ Ungläubig sah Olaf sie an.
„Sollte ich nicht besser mitgehen? Warum habe ich ihn nicht gesehen?“, wunderte sich Mathilda.
„Die Sache war ihm so peinlich, dass er lieber alleine gehen wollte“, antwortete Frau Hinrichs. „Lass ihn nur. Er schafft das schon.“
Zehn Minuten später kam ein strahlender Lasse mit einer großen Tüte an. Olaf ärgerte sich immer noch. Wenn man bedachte, dass sie eigentlich die doppelte Menge Brötchen hätten essen können ... Immer wieder stichelte er von Neuem. Es ließ ihm einfach keine Ruhe, dass er vier Brötchen hätte haben können. Wahrscheinlich sogar mehr. Mama und Mathilda würden nie und nimmer vier Brötchen verdrücken. Und Lasse schaffte auch höchstens drei. Das hieß, dass er sieben Brötchen hätte essen können! Hätte ...
Am Abend konnte er es sich nicht verkneifen, seinen kleinen Bruder zu fragen: „Sag mal, Lasse, so ganz unter uns, was hast du mit dem Geld von Mama gemacht?“ Lasse sah ihn verständnislos an. „Komm, jetzt tu nicht so scheinheilig. Ich verrate dich auch nicht. Was hast du dir davon gekauft?“
„Brötchen natürlich“, sagte der kleine Junge verwirrt.
„Aber Mama hat dir doch zwei Mal Geld gegeben“, beharrte Olaf. Lasse wurde rot. Er senkte den Kopf.
Ertappt!, dachte Olaf schadenfroh. Doch gleich darauf sah Lasse ihn mit einem kleinen Lächeln auf dem Gesicht an. Er sah so glücklich aus, als hütete er ein süßes Geheimnis.
„Ja“, nickte er, „hat sie. Sie hat mich echt lieb. Deswegen hat sie mir eine neue Chance gegeben.“ Er gähnte und begann, sich auszuziehen. Ohne es zu merken, fiel ihm dabei ein Geldschein auf den Teppich.
Aber Olaf sah ihn. Und er schämte sich gründlich. Am besten entschuldigte er sich bei Lasse.

Olafs Surf-Kurs war ganz in der Nähe und trotzdem weit genug vom Badestrand entfernt, dass er nicht das Gefühl hatte, dauernd von seiner Familie beobachtet zu werden. Voller Begeisterung saugte er jedes Wort des Surf-Lehrers auf. Bald würde er auch so sein Segel – oder besser gesagt „Rigg“ – hochziehen und über das Wasser gleiten. Schon allein der graue Neopren-Anzug gab ihm ein sportliches Gefühl.
Endlich war es soweit und die Kursteilnehmer konnten ihre Bretter ins Wasser tragen. Puh, die waren schwerer, als man auf den ersten Blick meinen konnte. Mit dem Rigg ging es schon besser. Vorausgesetzt, man trug es richtig! Während der Surf-Lehrer noch damit beschäftigt war, einigen Kursteilnehmern zu helfen, das Segel in die Verankerung zu stecken, hatte Olaf seins schon befestigt. Er stemmte sich hoch und kniete sich auf das Brett. Er fasste die Leine des Segelbaums und versuchte, sich aufzurichten. Im nächsten Moment fiel er mit einem lauten Platsch rückwärts ins Wasser. Er sah sich um. Ein paar standen bereits auf den Brettern, die Hände am Gabelbaum. Olaf versuchte es noch einmal. Wieder fiel er nach hinten, bevor er gerade stand. *Was mache ich nur falsch?*, überlegte er. Immer wieder zog er sich auf das Brett. Gut, dass der Neopren-Anzug seine Beine schützte! Aber beim Gleichgewicht halten half er auch nicht ... Olaf schaute zu den anderen und machte ihre Bewegungen nach. Aber jedes Mal endete sein Versuch mit einem lauten Platsch.
Endlich kam der Surf-Lehrer zu ihm. Er zeigte ihm noch einmal, wie er es machen musste. Die Bewegungen seiner Hände und Füße waren perfekt aufeinander abgestimmt und schienen wie von selbst zu kommen. Es sah ganz einfach aus. Aber obwohl der Mann eine ganze Weile bei ihm blieb, verlor Olaf jedes Mal beim Hochziehen des Riggs das Gleichgewicht. Er schaffte es einfach nicht, sich gerade aufzurichten.
Schließlich klopfte der Profi ihm gutmütig auf die Schulter und meinte lachend: „Deswegen fangen wir immer mit einer Schnupperstunde an ...“
Na toll! Danke für den Wink mit dem Zaunpfahl!, dachte Olaf mit zusammengepressten Lippen. Erschöpft und völlig entmu-

tigt legte er die Arme auf das Brett und beobachtete die anderen. Aus der Traum! Er war einfach zu dämlich hierfür.
Auf einmal hörte er jemanden seinen Namen rufen. Lasse!
Olaf schloss die Augen. Der hatte ihm gerade noch gefehlt! Er sah sich um. Am Ufer stand sein kleiner Bruder und winkte. Olaf hob ohne große Begeisterung eine Hand zum Gruß.
Da rannte Lasse bereits ins Wasser und kam auf ihn zu. „Das war toll!", rief er schon von Weitem. Er strahlte. „Am Samstag ist ein Wettrennen für alle Surfer. Da kannst du mitmachen!", sagte er begeistert.
Olaf dachte, er hätte nicht richtig gehört. „Ja, genau!", sagte er spöttisch. „Hast du gesehen, wie oft ich bisher auf dem Board stand?"
„Dreiundzwanzig Mal!", meinte Lasse eifrig. „Ich hab's genau gezählt!"
Olafs Blick war schwer zu deuten. Lasse schien etwas anderes unter „stehen" zu verstehen als er. „Sogar der Surf-Lehrer hat mich aufgegeben, Mann!", sagte er und schüttelte den Kopf.
„Ach, der!", meinte Lasse und machte eine wegwerfende Handbewegung. „Der hat keine Ahnung. Der kennt dich doch gar nicht! Ich weiß, dass du das schaffst. Komm, mach das nochmal."
Obwohl Olaf es sich nicht eingestehen wollte, taten ihm die Worte seines kleinen Bruders unheimlich gut. Aus irgendeinem Grund glaubte der Knirps an ihn. Olaf holte tief Luft. Er zog sich hoch und richtete sich mit wackeligen Beinen auf. Platsch!
„Vierundzwanzig Mal!", rief Lasse und klatschte Beifall. „Gleich kannst du losfahren!"
Olaf brachte es nicht übers Herz, jetzt aufzugeben. Für seinen kleinen Bruder würde er weiterprobieren. Zumindest, bis es Zeit war, die Bretter abzugeben. Handflächen aufstemmen, rauf aufs Brett, Füße mittig neben die Verankerung, Rigg-Leine fassen und langsam hochziehen ...
Auf einmal konnte er gerade stehen! Schnell fasste er die Querstangen es Segels und klammerte sich daran. Bevor er den rechten Fuß in Richtung Bug korrigieren konnte, verlor er zwar wieder das Gleichgewicht, aber der Knoten war geplatzt. Die

restliche Viertelstunde feuerte Lasse ihn weiter an. Und schließlich gelang es Olaf tatsächlich, ein paar Meter zu surfen. „Ich wusste, dass du es schaffst!“, rief Lasse begeistert und plantschte ausgelassen herum.
„Hey, danke für deine Unterstützung, Lasse. Obwohl ich so schäbig zu dir war“, sagte Olaf, als sie aus dem Wasser kamen. Erstaunt sah der Junge ihn an.
„Warst du schäbig zu mir?“, fragte er verwundert.
„Das mit den Brötchen“, erwiderte Olaf.
„Ach so“, meinte Lasse unbekümmert, „dafür hast du dich doch entschuldigt.“ Damit war für ihn die Sache erledigt.
Der Surf-Lehrer hatte Olaf nicht weiter beachtet und war nicht wenig erstaunt, als der sagte, er wolle weitermachen.
„Er nimmt nämlich am Samstag an dem Wettrennen teil!“, erklärte der kleine Junge, der bei ihm war.
Der Surf-Lehrer zog erstaunt eine Augenbraue in die Höhe.

An diesem Abend ging Olaf relativ früh schlafen. Er war müde und wollte auf keinen Fall riskieren, am nächsten Tag unausgeschlafen zu sein. Fürs Surfen brauchte man volle Konzentration.
„Sag mal, Lasse, woher wusstest du eigentlich, dass ich das schaffen würde?“, fragte er, als sie sich bettfertig machten. Vielleicht hatte sein kleiner Bruder irgendetwas an ihm entdeckt, das der Surflehrer übersehen hatte.
„Weil ich dich lieb habe“, meinte Lasse sachlich und schlüpfte unter die Decke. Sobald sein Kopf das Kissen berührte, gingen seine Augen auf Halbmast.
Ach so. Also keine verborgenen Fähigkeiten. Olaf stieg ebenfalls ins Bett. Hoffentlich schaffte er das mit dem Surf-Schein. Dazu gehörte schließlich mehr als die paar Meter Segeln von heute. „Vielleicht hat der Surf-Lehrer doch recht“, murmelte er.
„Dann auch“, kam von der anderen Seite des Raumes eine verschlafene Stimme.
„Dann auch was?“
„Dann hab ich dich genauso lieb“, gähnte Lasse und klappte die Augen endgültig zu.

Während die Eltern und Mathilda in der Sonne lagen und lasen bzw. simsten, war Olaf beim Surfkurs. Lasse begleitete ihn. Er war noch zu klein, um selber daran teilzunehmen, aber weil er schwimmen konnte und der Surflehrer ziemlich locker war, hatte der nichts dagegen, solange der kleine Junge nicht im Weg war. Dank Lasses unerschütterlicher Hoffnung und treuer Ermutigung klappte es mit Olafs Surf-Künsten von Tag zu Tag besser. Und schließlich, am Ende der Woche, nahm er sogar an der Regatta teil – Lasse zuliebe. Obwohl er Letzter wurde, war Lasse so stolz auf ihn, dass sich das Ganze trotzdem gelohnt hatte. Dass es im Grunde der Verdienst seines kleinen Bruders war, dass er jetzt einen Surf-Schein besaß, war Olaf wohl bewusst. Es prangte sogar ein Foto darauf, das alle Kursteilnehmer und den Lehrer zeigte. Und wer Olaf dort so stehen sah, käme niemals auf die Idee, dass der strahlende Junge rechts außen ziemliche Startschwierigkeiten gehabt hatte. Vielleicht konnte er nächstes Jahr sogar einen Aufbau-Kurs machen. Aber im Moment hatte er vom Surfen erst mal genug, und es reichte ihm, sich immer und immer wieder den Schein anzugucken.
Und obwohl Lasse rein gar nichts davon hatte, wurde er nicht müde, mit seinem großen Bruder dessen Zertifikat zu bewundern.

Die nächsten Tage waren sehr entspannt für Olaf. Er alberte mit Lasse im Wasser herum oder spielte mit seiner Familie Minigolf. Meistens gewann Herr Hinrichs, während Olaf und Mathilda erbittert um den zweiten Platz kämpften. Aber weil Mathildas Konzentration – sehr zu Olafs Freude – zwischendurch immer mal wieder durch eine SMS abgelenkt wurde, konnte er sie meistens schlagen. Lasse und Mama spielten auch nicht schlecht. Aber im Gegensatz zu Olaf freuten sie sich über jeden Ball, der ins Loch ging – egal, wer ihn geschossen hatte.
Oft spielte Olaf auch mit Lasse Karten. Immer häufiger beteiligte sich dabei sogar Mathilda. Olaf war so mit sich und der Welt im Reinen, dass ihm gar nicht auffiel, dass seine sonst nicht auf den Mund gefallene Schwester ziemlich einsilbig war. Schließlich war es Lasse, der einen Kommentar dazu machte. Mathilda zuckte nur mit den Schultern.

„Seit sie nicht mehr jeden Tag stundenlang mit ihrer Freundin telefoniert, hat sie das Reden verlernt“, frotzelte Olaf. Doch selbst darauf sprang seine Schwester nicht an. Das war allerdings verwunderlich. Er ging in die kleine Küche, um sich etwas zu trinken zu holen.
„Brauchst du noch mal eine neue Telefonkarte?“, hörte er Lasse fragen.
„Nein! Brauche ich nicht!“, fuhr Mathilda ihn zornig an.
Olaf zog unbewusst den Kopf ein. Armer Lasse. Er hatte es doch nicht böse gemeint.
Kurz darauf stieß seine große Schwester seufzend die Luft aus. „Tut mir leid“, murmelte sie. „Es hat nichts mit dir zu tun.“
„Schon gut“, sagte Lasse versöhnlich. Nach einer kurzen Pause fragte er: „Mit Olaf?“
Olaf blieb mit dem Glas in der Hand in der Küche stehen und wartete auf den nächsten Ausbruch.
Stattdessen seufzte Mathilda noch einmal. „Nein.“
„Mit Mama?“
Olaf grinste. Ganz schön penetrant, der Kleine. Er spähte durch die Küchentür und das angrenzende Esszimmer in den Wohnbereich. Mal sehen, wie lange Mazda sich ausfragen ließ, ohne zu explodieren. Er beobachtete, wie seine Schwester ihr Handy aus der Hosentasche zog und darauf schaute.
„Geht‘s dir schlecht, weil du dich nicht mit Yvy treffen kannst?“, fragte Lasse weiter.
„*Zum Glück* muss ich mich nicht mit ihr treffen. Ich *will* sie gar nicht sehen!“, antwortete Mathilda heftig.
„Aber sie ist doch deine Freundin!“, erwiderte Lasse verwirrt.
„Schöne Freundin!“, schimpfte Mathilda. „Sie hört nicht auf mich! Stattdessen macht sie lauter schlechte Sachen!“ Sie steckte das Handy weg.
Das hier war interessant. Olaf beschloss, noch ein bisschen in der Küche zu bleiben. Endlich hatte er mal die Gelegenheit, die beiden zu belauschen.
„Was für Sachen?“, hakte Lasse nach.
„Das musst du nicht wissen. Aber sie macht sich damit kaputt!“, sagte seine Schwester aufgebracht.

„Aber warum macht sie sie dann? Weiß sie das denn nicht?“, wunderte sich Lasse.
„Natürlich weiß sie es!“ Mathilda war auf hundertachzig. „Ich hab es ihr schon x-mal gesagt. Was glaubst du, warum ich die ganze Zeit am Simsen war? Aber sie hört nicht auf mich. Is‘ mir auch egal.“ Sie klang bitter. „Soll sie sich ‘ne andere Freundin suchen!“
Olaf beugte sich etwas nach vorn. Er konnte Lasses schockierten Gesichtsausdruck sehen.
„Aber Tilly, das kannst du doch nicht machen! Du sagst doch immer, dass du sie ganz doll lieb hast. Und Liebe ist für immer!“, kam sein eindringlicher Einwand.
Mathilda stand auf. „Das verstehst du noch nicht“, gab sie knapp zurück und verließ das Zimmer.
Olaf lehnte sich an den Tresen. Langsam trank er seinen Saft. Liebe ist für immer. Sein kleiner Bruder lebte so. Er trug anderen ihre Fehler nicht nach und glaubte an sie. Er gab die Hoffnung für sie nicht auf, und er freute sich, wenn sie bei Minigolf den Ball ins Ziel schossen. Olaf hatte den Verdacht, dass der kleine Lasse mehr von Liebe verstand als seine beiden großen Geschwister zusammen. Als er zurück ins Wohnzimmer kam, war Lasse verschwunden.

Die Heimreise verlief für die drei auf der Rückbank ziemlich schweigsam. Lasse war eingeschlafen, und Mathilda hatte ihre Kopfhörer drin. Aus lauter Langeweile döste Olaf auch ein bisschen. Schließlich bewegte sich Lasse neben ihm.
„Lass das!“, hörte Olaf seine Schwester sagen. Er öffnete kurz ein Auge. Lasse hatte ihr einen Kopfhörerstecker herausgezogen.
„Ich muss dir etwas sagen!“, flüsterte er. Schnell schloss Olaf sein Auge wieder und tat so, als schliefe er. „Du musst sie anrufen. Gleich wenn wir zu Hause sind.“
„Das nützt nichts“, gab Mathilda leise zurück.
„Ruf sie trotzdem an. Sag ihr wenigstens, dass du sie immer noch lieb hast, egal, was sie macht.“
„Jetzt gib mir meinen Kopfhörer wieder!“, befahl Mathilda statt einer Antwort.

Olaf wartete, ob Lasse noch etwas sagen würde. Als nichts kam, gähnte er demonstrativ und setzte sich auf. Er zog ein Quartett aus seinem Rucksack. „Spielen wir?“, fragte er, an seinen kleinen Bruder gewandt. Der sah nicht besonders glücklich aus. Aber er nickte.

Endlich waren sie zu Hause. Olaf trug seine Sachen ins Haus und öffnete seinen Koffer. Ganz zuoberst lag sein Surf-Schein. Er nahm einen Bilderrahmen von seiner Wand und steckte das Dokument über das alte Klassenfoto darin. Er grinste. Da würde Bennett staunen! Am besten rief er ihn gleich an. Da seine Schwester ja auf Funkstille geschaltet hatte, würde es kein nerviges Gerangel um das Telefon geben. Er ging ins Wohnzimmer. Doch das Telefon war nicht dort. Olaf starrte auf die leere Ladestation. Ärgerlich stemmte er die Hände in die Hüften. Schon wieder war seine Schwester schneller gewesen! Er ging zur Tür und holte tief Luft, um ihren Namen zu brüllen. Da sah er Lasse im Flur mit einem zufriedenen Lächeln auf dem Gesicht. Er warf seinem großen Bruder einen vielsagenden Blick zu und hielt einen Finger auf die Lippen.
„Du darfst Tilly jetzt nicht stören, sie muss mit Yvi telefonieren. Es wird nicht lange dauern. Aber sie muss ihr was Wichtiges sagen“, erklärte er.
Einen Moment sah Olaf auf seinen kleinen Bruder hinunter. *Sag ihr wenigstens, dass du sie immer noch lieb hast, egal, was sie macht*, hatte Lasse im Auto zu Mathilda gesagt. Ob sie deswegen Yvette anrief?
Lasse nahm seine Hand. „Komm, wir gucken deinen schönen Surf-Schein an.“
Auf einmal löste sich Olafs Ärger in Luft auf. Liebe ist nicht egoistisch, sondern freut sich mit am Erfolg des anderen oder wenn er (oder, in diesem Fall, sie) etwas Gutes tut. Liebe gibt nicht auf, egal, wie der andere sich verhält. Liebe ist für immer.
„Ja, gut“, nickte er. „Dann kann Mathilda in Ruhe telefonieren.“
Erstaunt blickte Lasse ihn an. „Das ist sehr nett von dir“, meinte er. „Ich werde ihr das sagen, wenn sie fertig ist. Und dann weiß sie, dass du sie auch lieb hast.“

„Wieso?“, fragte Olaf verwundert.
Lasse sah auf einmal verlegen aus. „Ach, schon gut.“
„Nun sag schon.“
„Na ja, Tilly denkt, du hast sie nicht lieb. Aber ich weiß nicht, ob ich dir das sagen soll“, bekannte Lasse kleinlaut.
Olaf runzelte die Stirn. Darüber hatten die beiden auch geredet? Wie kam Mathilda denn darauf? „Und warum weiß sie das nicht?“
Lasse hob die Schultern. Er sah bekümmert aus. „Vielleicht, weil du sie Mazda nennst, obwohl sie das nicht mag, und sauer wirst, wenn sie gewinnt, und weil du nicht willst, dass sie mit ihrer besten Freundin telefoniert, obwohl es Yvi schlecht geht.“ Seine Miene hellte sich auf. „Aber jetzt ist das ja nicht mehr so.“
„Wieso geht es Yvette schlecht?“, hakte Olaf nach.
„Na ja, sie macht schlechte Sachen. Und da wollte Tilly sie nicht mehr anrufen.“
„Aber warum denn nicht?“ Olaf ließ sich nicht anmerken, dass er gelauscht hatte.
„Ich weiß es auch nicht.“ Ratlos schüttelte Lasse den Kopf. „Findest du es gut, wenn man nichts mehr mit jemandem zu tun haben will, weil der nicht macht, was man sagt?“
„Nein“, sagte Olaf bedächtig, „das finde ich nicht gut. Liebe hört nicht auf, wenn einer was Schlechtes macht oder sich dumm anstellt oder so. Liebe geht weiter.“
„Ja, genau!“, rief Lasse erstaunt. „Woher weißt du das denn?“
„Das habe ich von meinem kleinen Bruder gelernt.“

„Sie erträgt alles, sie glaubt alles, sie hofft alles, sie duldet alles. Die Liebe hört niemals auf.“
1. Korinther 13,7-8a

„Seid aber Täter des Worts und nicht nur Hörer; denn sonst betrügt ihr euch selbst. Denn wenn jemand nur ein Hörer des Worts und nicht auch ein Täter ist, so gleicht er einem Mann, der sein Gesicht im Spiegel beschaut: nachdem er sich beschaut hat, geht er davon und vergisst sofort, wie er aussah. Wer aber durchblickt in das vollkommene Gesetz der Freiheit und dabei bleibt und nicht ein vergesslicher Hörer, sondern ein Täter ist, der wird glücklich werden in seinem Tun."
Jakobus 1,22-25

Brendas Spiegelbild

„Ach, Brenda, ich kann es nicht glauben, dass ich die Windpocken gekriegt habe! Ausgerechnet jetzt, wo du deinen großen Auftritt hast ...", seufzte Dotti ins Telefon. „Ich weiß auch gar nicht, wo ich mich angesteckt haben könnte. Ich bin doch nicht mehr im Kindergarten! Ich hatte mich so gefreut, als dein größter Fan unterhalb der Bühne in diesem Konzertsaal zu sitzen und dir Mut zuzugrinsen!"
„Ja, ich hatte echt auf dich gezählt. Ich bin wirklich schrecklich aufgeregt. Ich weiß gar nicht, wie ich das ohne dich überstehen soll!", jammerte Brenda.
„Versprich mir, dass du danach noch bei mir vorbeikommst und mir alles haarklein erzählst! Ach nein, lieber nicht. Sonst steckst du dich noch an."
„Ich habe keine Angst vor deinen Windpocken. Ich komme", versprach Brenda. Dann lachte sie nervös. „Falls ich das alles überstehe ... Hat mein wandelndes Bibellexikon nicht einen guten Vers für mich?"
„Doch, hat es. Ich hatte extra schon einen für dich rausgesucht." Dotti las eine Bibelstelle vor, doch Brenda war in Gedanken schon beim Frisör. Hoffentlich schaffte der gute Mann es, etwas aus ihren dünnen, strähnigen Haaren zu machen.
„Ich muss los", sagte sie, als Dotti fertiggelesen hatte. „In zwanzig Minuten habe ich einen Frisörtermin und das Kleid muss ich auch noch aus der Reinigung holen. Du siehst, ich mache wie immer alles auf den letzten Drücker. Also, bis später ..."

Drei Stunden darauf verließ eine höchst zufriedene Brenda den Frisörsalon. Der Frisör hatte es tatsächlich geschafft, ganz ohne Dauerwelle ihr dünnes, schlaff herunterhängendes Haar in eine Lockenpracht zu verwandeln. Dummerweise fing es an wie aus Kübeln zu regnen, als sie auf dem Weg zur Reinigung war. So gut es ging, hielt sie ihre Hände über die neue Frisur. Was nicht verhindern konnte, dass ihr Kopf klatschnass wurde.

Hoffentlich passiert nichts mit meinen Locken!, dachte Brenda besorgt.

Wieder zu Hause, holte sie das frisch gereinigte Kleid aus der Tüte. Es war das Verlobungskleid ihrer Mutter: Ein kleines Schwarzes mit einem elfenbeinfarbenen Kragen aus handgearbeiteter Spitze. Ein Blick auf die Uhr zeigte ihr, dass sie nicht mehr viel Zeit hatte. Brenda streifte das Kleid über ihren Kopf – falsch herum, wie sich herausstellte. Eilig zog sie es noch einmal richtig an. Das verräterische Reißen unter dem rechten Ärmel hörte sie vor lauter Aufregung nicht. Jetzt noch die schwarze Nylonstrumpfhose und die hohen Pumps. Wo war diese Strumpfhose? Eben hatte sie doch noch hier gelegen! Brenda wühlte in der Schublade ihrer Kommode. Keine Strumpfhose war zu sehen. „Gerade hatte ich sie doch noch!“, sagte sie laut zu sich selbst. Ah, da, unter dem Rock auf ihrem Bett! Vor lauter Hektik verdrehte sich das dünne Nylongewebe, und sie blieb zunächst darin stecken.

Ich muss mich sammeln, schoss es ihr durch den Kopf. *Irgendwas, um zur Ruhe zu kommen.* Ja, genau: Bibellesen. Hastig schlug sie ihre Bibel auf und las schnell ein paar Verse. Es ging um Gelassenheit. *Ja, genau!*, dachte sie. *Gelassenheit!* und klappte die Bibel wieder zu. Im nächsten Moment hatte sie schon wieder vergessen, was sie gelesen hatte, geschweige denn hatte sie danach gehandelt.

Als sie sich schminken wollte, war sie noch genauso zerstreut wie vorher. Wenn sie erst einmal auf der Bühne stand, würde es ihr besser gehen. Hoffentlich. Zehn Minuten blieben ihr noch, dann musste sie los. Sie kramte in ihrem Kosmetiktäschchen und wählte einen kirschroten Lippenstift aus. Die Farbe war perfekt. Doch ihre Finger zitterten vor Nervosität so sehr, dass sie beschloss, noch schnell eine Kleinigkeit zu essen.

„Das beruhigt die Nerven“, murmelte sie vor sich hin, als sie einen Vanillejoghurt aus dem Kühlschrank holte. Hektisch löffelte sie den Joghurt, ein Auge auf die Uhr über dem Herd gerichtet. Eine Minute später war sie zurück im Bad und legte in Windeseile den Lippenstift auf. Sie griff Mantel und Handtasche, warf noch einen kurzen Blick in den Garderobenspiegel und hatte im nächsten Moment bereits wieder vergessen, wie ihr Spiegelbild ausgesehen hatte.
Während sie aus dem Haus flitzte – so schnell das auf ihren Stöckelschuhen möglich war – zog sie den Mantel über und erreichte gerade noch rechtzeitig die Bushaltestelle. Erschöpft ließ sie sich auf einen der blau-grün gepolsterten Sitze fallen. Sie war so in Gedanken bei ihrem Auftritt, dass sie die amüsierten Blicke der anderen Fahrgäste nicht bemerkte.
Ich sollte nicht so nervös sein. Ich sehe toll aus!, ermutigte sie sich selbst. *Meine Haare, das schicke Kleid, der Lippenstift – ich werde die Leute verzaubern mit meinem Auftritt!*
Durch einen Nebeneingang betrat sie die Halle und wartete auf ihren Aufruf. Dann war sie an der Reihe. *Ich sehe toll aus!*, sagte sie sich, als sie die Bühne betrat.
Und auf einmal war alle Nervosität wie weggeblasen. Im Blitzlichtgewitter der Reporter begrüßte sie strahlend und mit weit ausgebreiteten Armen das Publikum. Einen kurzen Moment lang dachte sie an Dotti, die sie so gern auf der Bühne gesehen hätte. Dann begann die Musik, und Brenda sang ihr erstes Lied. Der Saal war brechend voll, und alle Augen waren auf sie gerichtet. Einer der Kameramänner kam sogar ganz dicht unter die Bühne und machte Nahaufnahmen. Brenda sonnte sich in der Aufmerksamkeit all dieser Menschen und genoss ihren Auftritt in vollen Zügen.
Auf Glücksschwingen schwebte sie schließlich unter begeistertem Beifall von der Bühne. Selbst als sie später auf dem Rückweg im Taxi saß (ein Bus fuhr um diese Zeit nicht mehr), hatte sie das Gefühl zu träumen. Sie hatte etwas Gliederschmerzen und war k. o., aber der Erfolgsrausch übertönte ihre Abgeschlagenheit.
Vor Dottis Wohnung stieg sie aus. Sie klingelte kurz. Vielleicht war Dotti auch doch schon schlafen gegangen. Immerhin war sie

krank und es war spät. Doch kurz darauf hörte sie die Stimme ihrer Freundin über die Sprechanlage: „Hallo?"
„Ich bin's, Brenda!"
Ein Quietschen war die Antwort, und im nächsten Moment summte der Türöffner. Dann kam Dotti auch schon die Treppe heruntergestürzt. Doch kurz vor Brenda blieb sie abrupt stehen. Sie starrte ihre Freundin an. „Ko.., kommst du gerade von deinem Auftritt?", stotterte sie fassungslos.
Brenda runzelte leicht die Stirn. „Ja, ich bin direkt zu dir gefahren. Von der Bühne sozusagen. Komme ich zu spät?" Abgesehen von den Windpocken in ihrem Gesicht sah ihre Freundin nicht mehr zu krank aus. „Es tut mir leid, dass ich dich geweckt habe, aber es war fantastisch, Dotti", schwärmte sie. „Und die ganzen Fotografen ..."
„Oh, Brenda, das darf doch nicht wahr sein!", stöhnte Dotti.
„Was hast du denn?", fragte Brenda verwirrt, während sie ihr in die Wohnung folgte.
„Das wirst du gleich sehen", gab ihre Freundin zurück und zog sie am Arm vor den Spiegel im Flur. „*Das* habe ich", sagte Dotti nur. Brenda schaute in den langen, ovalen Spiegel. Ein entsetztes Keuchen kam aus ihrem Mund. Mit weit aufgerissenen Augen wanderte ihr Blick über ihr Spiegelbild.
Ihre herrlichen Locken waren verschwunden. Ihre Haare klebten in platten Strähnen an ihrem Kopf. *Der Regen auf dem Weg zur Reinigung!* Doch das war nicht das Schlimmste. Ihr Gesicht war mit lauter rot-lila Bläschen übersät. Windpocken! Der Lippenstift war an der linken Oberlippe über den Rand gerutscht, so dass sie aussah, als wäre sie in eine Schlägerei geraten. Auf dem Vorderteil ihres schwarzen Kleides waren zwei dicke, gelblich-weiße, verkrustete Flecken. Vanillejoghurt! Als sie versuchte, mit dem Fingernagel daran zu kratzen, bemerkte sie den Riss unter dem rechten Arm.
„Oh nein!", stöhnte Brenda. „Die ganzen Nahaufnahmen ..." Sie wandte sich ab und schlug die Hände vor das Gesicht.
„Und von deiner linken Kniekehle bis zur Ferse zieht sich eine breite Laufmasche", ergänzte Dotti. „Hast du denn gar nicht in den Spiegel geschaut, bevor du losgegangen bist?"

Brenda schielte beschämt durch ihre Finger. „Doch", sagte sie kleinlaut. „Aber ich muss wohl im nächsten Moment schon wieder vergessen haben, wie ich aussehe."
Dotti drehte ihre Freundin wieder deren Spiegelbild zu. „Sieh dich gründlich an, Brendalein. Ich glaube, jetzt fange ich endlich an, Jakobus 1,22-25 zu verstehen."
„Du verstehst eine Bibelstelle, weil ich Joghurt auf dem Kleid, Pickel im Gesicht und einen eingerissenen Ärmel habe?", fragte Brenda verständnislos.
„Und noch ein paar andere Sachen", ergänzte Dotti trocken. „Das, was du im Spiegel gesehen hast, hat nichts bewirkt."
„Das steht in der Bibel? Dass man sich ausgiebig im Spiegel begucken soll?"
„Nein, nein! Ganz im Gegenteil. Aber Jakobus schreibt, dass es mit dem, was wir in der Bibel lesen, genauso sein kann wie mit einem flüchtigen Blick in den Spiegel: Wir lesen zwar, was Gott uns sagt, aber es bewirkt nichts: wir handeln nicht danach."
Allerdings!, fuhr es Brenda durch den Kopf. Sie erinnerte sich daran, dass sie tatsächlich vor dem Auftritt genauso Bibel gelesen, wie sie in den Spiegel geschaut hatte: Flüchtig und oberflächlich, ohne sich das, was sie gelesen hatte, zu Herzen zu nehmen. Und noch etwas fiel ihr ein: Wie sie sich auf der Busfahrt eingeredet hatte, sie sähe toll aus. Der Spiegel zu Hause hatte ihr eigentlich etwas anderes gezeigt, aber sie hatte nicht darauf geachtet.
„Was für ein furchtbarer, schrecklicher Abend!", jammerte sie. Die Flügel ihrer Glücksgefühle glichen inzwischen denen eines gerupften Huhnes.
„Okay, du hast dich wirklich ziemlich blamiert", stimmte Dotti ihr gnadenlos zu. „Aber das ist bloß eine Kleinigkeit im Vergleich zu dem, was passiert, wenn wir uns nicht nach dem richten, was Gott uns in der Bibel sagt. Dann betrügen wir uns nämlich selbst, schreibt Jakobus."
„Gibt's denn gar keine Hoffnung für mich?", fragte Brenda kläglich.
„Doch! Die Stelle geht nämlich noch weiter: Wenn wir bei dem bleiben, was Gott uns sagt und es tun, werden wir glücklich, in dem, was wir machen."

Brenda schloss einen Moment die Augen und atmete tief durch. „Okay, hast du eine Stelle, wo es darum geht, wie man sich verhalten soll, wenn man sich blamiert hat? Ich werde sie gründlich lesen und dann entsprechend handeln."
Dotti grinste. „Oh, da gibt es eine ganze Menge ..."

„Seid aber Täter des Worts und nicht nur Hörer; denn sonst betrügt ihr euch selbst. Denn wenn jemand nur ein Hörer des Worts und nicht auch ein Täter ist, so gleicht er einem Mann, der sein Gesicht im Spiegel beschaut: nachdem er sich beschaut hat, geht er davon und vergisst sofort, wie er aussah. Wer aber durchblickt in das vollkommene Gesetz der Freiheit und dabei bleibt und nicht ein vergesslicher Hörer, sondern ein Täter ist, der wird glücklich werden in seinem Tun."
Jakobus 1,22-25

„Den Schuldschein, der uns mit seinen Forderungen belastet hatte, hat er für ungültig erklärt. Er hat ihn ans Kreuz genagelt und damit für immer beseitigt.“
Kolosser 2,14

Tausend Dukaten

Ein wohlhabender Mann hatte sich durch das Glücksspiel hoch verschuldet. Nach und nach nahmen ihm die Gläubiger alles ab. Er verlor seine Ländereien, Pferde, Haus und seinen gesamten Besitz. Als er nur noch einen Koffer voller Kleider sein Eigen nannte, kam er endlich zur Besinnung. Er schwor sich, nie wieder in ein Spielhaus zu gehen und arbeitete bei einem Bauern als Knecht.
Doch schon bald geriet sein Vorsatz ins Wanken. *Wenn ich nur einfach das Geld beim Spiel gewinnen könnte!*, dachte er. *Einmal will ich es noch versuchen.* Er beschloss, in eine Wirtschaft zu gehen, in der, wie er hoffte, keiner seine Geschichte kannte. Mit seinen eleganten Kleidern konnte er gut für einen sehr reichen Mann gehalten werden. *Einmal muss ich doch Glück haben!*, sagte er sich und fasste einen wahnwitzigen Entschluss: Er sprang auf einen der Tische und rief: „Tausend Dukaten! Wer spielt mit mir um tausend Dukaten?“
Die anderen Anwesenden lachten anerkennend. Tausend Dukaten! Das war was. Da müssten sie sich zusammentun. Sie scharten sich um den Tisch. „Wer weiß, ob der überhaupt so viel hat“, wandte einer ein.
Er erntete einen verächtlichen Blick von dem Mann auf dem Tisch. „Glaubst du etwa, ich hätte nicht so viel?“, fragte er herablassend und gab seiner Stimme einen drohenden Unterton. Dabei klopfte ihm das Herz bis zum Hals. Wenn nur keiner seinen Bluff bemerkte! Er musste gewinnen. Er würde gewinnen. Er spürte es einfach.
Der Mann sprang vom Tisch, die anderen nannten ihren Anteil am Einsatz, und das Spiel begann. Heute würde er es schaffen. Er spielte mit voller Konzentration.

Die anderen Besucher des Wirtshauses hatten sich um den Tisch versammelt und beobachteten das Spiel.
Dem Mann stand der Schweiß auf der Stirn, als er seine letzte Karte aufdeckte. Er hatte alles auf diese Karte gesetzt. Er legte sie auf den Tisch und ... erntete grölendes Gelächter.
„Na, Goldesel, dann spuck mal unsere tausend Dukaten aus!“, riefen sie.
Der Mann war kreidebleich geworden. Er sprang vom Stuhl auf und wollte mit einem Satz zur Tür hinaus. Doch wütende Hände packten ihn und zwangen ihn zu Boden.
„Wir wollen unser Gold!“
„So leicht kommst du nicht davon!“
„Wir holen es uns mit Gewalt!“
„Betrüger! Ins Gefängnis mit ihm!“, riefen die anderen Spieler. Sie begannen auf ihn einzuschlagen.
Der Wirt hatte die Polizei gerufen, und der Mann wurde abgeführt. Da saß er nun in einer Gefängniszelle und wartete auf seinen Prozess. Er wusste, er hatte keine Chance in dieser Verhandlung. Einen Anwalt konnte er sich nicht leisten. Außerdem gab es nichts zu verhandeln. Seine Schuld lag deutlich für alle auf der Hand. Am deutlichsten für ihn selbst.
„Tausend Dukaten – wie konnte ich nur ...!“, rief er immer wieder. Er war von tiefer Reue erfüllt. Doch es war zu spät. Tausend Dukaten würde er niemals aufbringen können. Im Leben nicht. Und im Tod auch nicht. Bis dahin würde er wohl im Gefängnis bleiben. Eine unsagbare Verzweiflung ergriff ihn.
Als der Tag der Verhandlung kam, wurde er von zwei Gefängniswärtern in den Gerichtssaal geführt. Dort hatten sich schon die Ankläger und Zeugen sowie viele Schaulustige eingefunden. Mit schlurfenden Schritten ging er an ihnen vorbei und setzte sich hinter einen Tisch an den ihm zugewiesenen Platz. Die Seitentür öffnete sich, und der Richter trat mit seinem Gefolge ein.
Die Anklage war eindeutig, die Ankläger fest entschlossen. Mit hängenden Schultern, als ob eine schwere Last auf ihm läge, erhob sich der Angeklagte, um sein Urteil zu empfangen.
Da ging die Tür auf. Ein schlicht gekleideter Mann schritt zügig durch den vollen Saal nach vorne. Vor dem Angeklagten blieb er

stehen. „Nimm das, und bezahle damit deine Schulden", sagte er und reichte dem Gefangenen einen Lederbeutel.
Dann ging der Fremde zum Richter. Er nahm ihm die Anklageschrift aus der Hand und zerriss sie.
„Wie können Sie es wagen!", rief der Richter und wollte nach dem Papier greifen.
„Er braucht es nicht mehr", sagte der Fremde ruhig aber bestimmt. „Die Schuld ist bezahlt." Damit verließ er ebenso plötzlich wie er gekommen war den Raum.
Vor den Augen der verblüfften Anwesenden stand der Angeklagte mit schwachen Knien auf. Er ging zu seinen Gläubigern und öffnete mit zitternden Fingern den Beutel. Dann begann er, ihnen das Geld auszuzählen. „970, 980, 990 ... 1000 Dukaten", stammelte er. Im Saal brach ein lautes Gemurmel aus, bis der Richter mit dem Hammer auf sein Pult klopfte.
„Da Ihre Schuld bezahlt ist, ist die Anklage hinfällig. Den Angeklagten trifft keine Strafe mehr, er ist ein freier Mann. Das Gericht ist aufgehoben." Damit verließ der Richter den Saal.

„Den Schuldschein, der uns mit seinen Forderungen belastet hatte, hat er für ungültig erklärt. Er hat ihn ans Kreuz genagelt und damit für immer beseitigt."
Kolosser 2,14

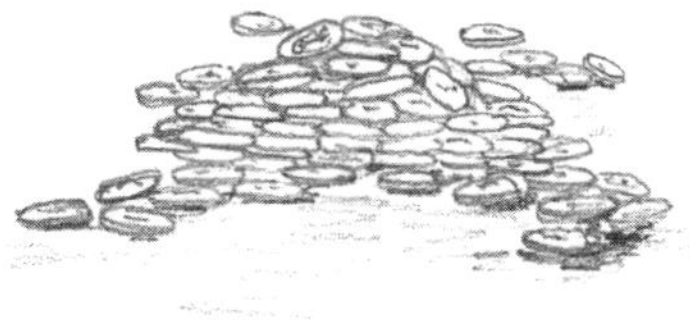

„So seid nun Gott gehorsam.
Widersteht dem Teufel, dann flieht er von euch.
Naht euch Gott, dann naht er sich euch."
Jakobus 4,7-8a

Freizeitloch

„In Kürze erreichen wir Osnabrück Hauptbahnhof. Ausstieg in Fahrtrichtung links."
Heike lehnte den Kopf gegen ihr Sitzpolster und schloss die Augen. Gleich wäre auch die Zugfahrt zu Ende und damit der Urlaub endgültig vorbei. Könnte sie doch die Zeit zurückdrehen und dann mitten auf der Freizeit anhalten. Sie wollte NICHT zu Hause sein! Gestern Abend war sie noch so zuversichtlich gewesen. Sie hatte zusammen mit den anderen mit erhobenen Armen gesungen und dazu ausgelassen getanzt. Dabei hatte sie so eine Freude gespürt, dass ihr die Tränen gekommen waren. Jetzt kamen ihr auch fast die Tränen. Allerdings nicht vor Freude ...
Der Zug wurde langsamer. Mit einem Seufzer stand Heike auf, um ihren Koffer aus der Gepäckablage über ihrem Sitz zu holen. Während sie zum Ausgang ging, bereitete sie sich auf die seelische Crash-Landung vor, die sie jedes Mal nach einer Freizeit machte.
„Jesus ist in eurem Alltag genauso da wie heute Abend in unserer Lobpreissession", hatte Jolie, ihre Gruppenleiterin, gestern gesagt. Heike wusste, dass das stimmte. Warum also konnte sie zu Hause nicht genauso gut drauf sein?
Der Platz vor den Türen füllte sich. Plötzlich gab es einen Ruck. Heike stolperte rückwärts. Sie merkte, wie sie dabei jemandem hinter ihr kräftig auf den Fuß trat, bevor sie gegen die Person fiel. Gleichzeitig rutschte ihr das Handy aus der Tasche und zerfiel in zwei Teile.
„Sänk you for träwelling wis Deutsche Bahn!", hörte sie jemand trocken sagen.
Heike drehte sich kurz um, bevor sie sich nach ihrem Handy bückte. Hinter ihr stand ein dunkelblonder Typ in kariertem Hemd.

Abgesehen von seinem schmerzverzogenen Gesicht, sah er alles andere als hässlich aus. Mit rotem Kopf murmelte sie eine Entschuldigung und sammelte hastig ihr Handy auf. Dabei versteckte sie sich hinter ihren geglätteten, braunen Haaren.
Da öffnete sich auch schon die Schiebetür. Auf dem Bahnsteig erkannte sie ihre Mutter und ihre kleine Schwester Insa. Insa rief laut ihren Namen, winkte aufgeregt und sprang rauf und runter wie ein junger Hund.
Heike wäre am liebsten im Zug geblieben. Stattdessen umarmte sie ihr Empfangskomitee und ging mit ihnen zum Auto. Sie bemühte sich, ihre schlechte Laune nicht so zu zeigen. Es war ja nicht so, dass sie ihre Familie nicht liebte. Aber sie war einfach so – anstrengend!
An der Kreuzung vor dem Bahnhof schaltete die Ampel auf Rot. Heike hatte gerade auf eine Frage ihrer Mutter geantwortet, als sie auf einmal erschrocken zusammenfuhr, weil Insa auf der Rückbank gegen die Scheibe hämmerte. „Der Junge da an der Fußgängerampel glaubt auch an Jesus!“, rief sie aufgeregt. „Er hat einen Fisch auf dem Rucksack!“
Heike wandte den Kopf. Neben ihnen auf dem Gehsteig stand ein dunkelblonder Kerl in kariertem Hemd. Jetzt schaute er in ihre Richtung. Es war der aus dem Zug. Heike hätte sich am liebsten unsichtbar gemacht.
Insa trommelte weiter gegen die Scheibe und presste ihr „Jesus“-Armband dagegen. Der Junge hob erstaunt die Augenbrauen, dann breitete sich ein Lächeln auf seinem Gesicht aus. Die Ampel schaltete auf Grün. Der Junge winkte kurz und ging über die Straße. Er lächelte immer noch.
„Hast du gesehen?“, fragte Insa begeistert. „Er hatte genauso einen Fisch wie wir!“ Sie verrenkte den Kopf, um noch einen Blick auf den Typ zu erhaschen. Aber sie waren schon zu weit weg.
„War er auch in deinem Zug?“, wollte Mama wissen.
„Ja, war er“, erwiderte Heike nur. Sie hatte einfach keine Lust zu reden. Zumindest nicht mit den hier Anwesenden. Die Bruchlandung war noch schlimmer, als sie befürchtet hatte. Und morgen war wieder Schule ...

Nach dem Abendessen packte sie ihren Koffer aus und legte sich ins Bett.
Bzzzz ...
Sie griff nach ihrem Handy.
„Hey, Heike, ich musste gerade für dich beten. Wie geht's dir?"
Es war Jolie.
Heike schluckte den Kloß in ihrem Hals hinunter. „Ich bin wieder zu Hause", sagte sie statt einer Antwort. Es klang ziemlich gequält.
„So schlimm?", fragte Jolie teilnahmsvoll.
„Ach, sie freuen sich, dass ich wieder da bin. Aber ich nicht", murmelte Heike. „Ich vermisse euch alle so. Und morgen ist Schule."
„Ja, bei mir geht's morgen auch wieder los", sagte Jolie mit einem kleinen Seufzer. Doch gleich darauf hellte sich ihre Stimme wieder auf. „Na und? ‚Sei mutig und stark, Jesus ist da, er ist dir nah ...'", begann sie den Freizeitsong zu singen. Es klang schrecklich – viel zu tief und total schräg. Jolie war ein ganz toller Mensch, aber singen konnte sie überhaupt nicht.
Heike musste trotz allem lachen. „Wie kannst du nur so positiv sein?", fragte sie.
Jolie lächelte. Das hörte sich zumindest ihrer Stimme nach so an, als sie sagte: „Ach, weißt du, eigentlich bin ich ein sehr ängstlicher Mensch. Aber ich will mich einfach nicht runterziehen lassen. Stattdessen denke ich an Jesus. Er ist da. Jetzt und morgen auch. Und die ganze Zeit sagt er zu mir: (Hier fing sie wieder an zu singen) ‚Sei mutig und stark, Jesus ist da, er ist dir nah ...'"
Als sie aufgelegt hatten, starrte Heike weiter ihr Handy an. Ihr kam die Idee, ihre Bibel aufzuschlagen. Doch dann entschied sie sich dagegen. Sie war zu müde. Lieber holte sie ein bisschen Schlaf nach.
Am nächsten Morgen dachte sie zuerst, sie befände sich in einem schlechten Traum. Dann brach die Wirklichkeit unbarmherzig über sie herein. Schlaftrunken torkelte sie ins Bad. In der Küche hörte sie Insa lautstark und vergnügt plappern. *Wie kann man nur so gute Laune haben am ersten Schultag nach den Ferien? Zweitklässler müsste man sein ...*, dachte sie mürrisch. Sie schob sich auf ihren Platz und stützte den Kopf in die Hände.

Bzzzz ...
Während sie kaute, schaute sie auf ihr Handy: Eine Nachricht von Jolie. „Ich bete für dich!“, stand auf dem Display, sonst nichts. Jolie war echt süß. Heike steckte das Telefon weg, trank ihre Tasse leer und stand auf.

Zwei Tage später auf dem Heimweg sah sie, dass Jolie ihr wieder geschrieben hatte: „Viel auf? ‚Jesus ist da ...‘“ Offensichtlich hatte ihre Gruppenleiterin es sich zur Aufgabe gemacht, sie an Gott zu erinnern.
Heike sah in den Himmel hinauf. Warum merkte sie hier zu Hause nichts von ihm? Auf der Freizeit hatte sie die ganze Zeit das Gefühl gehabt, Jesus wäre mittendrin. Bibellesen hatte dazugehört wie das Essen, und ständig hatten sie gebetet oder gesungen. Sie schrieb zurück: „Ich glaube, Jesus ist auf der Freizeit geblieben.“
Abends rief Jolie an: „Kann ich mit dir reden?“ Sie kam gleich zur Sache: „Heike, wo ist dein Glaube?“, fragte sie.
„Er ist auf der Zugfahrt aus dem Fenster geflogen“, gab Heike resigniert zurück. „Manchmal denke ich, dass das alles sowieso nicht stimmt. Wozu soll ich mich anstrengen, mit Jesus zu leben, wenn ich es doch nicht schaffe?“
„Falsch, falsch, falsch!“, sagte Jolie streng. „Jesus ist die *Wahrheit*, es kommt nicht auf *deine Anstrengung* an, Er ist deine Kraft und Er *hilft* dir. Der Feind hat bei dir einen Fuß in der Tür, Heike, weil du seinen Lügen nachhängst. Lass nicht zu, dass diese schlechten Gedanken bei dir Nester bauen! Hör auf Gott!“
Heike schluckte. „Er spricht sowieso nicht zu mir“, murmelte sie.
„Wieder falsch. Was hast du heute in deiner Stillen Zeit gelesen?“, wollte Jolie wissen.
Heike starrte die Bibel auf ihrem Nachtschränkchen an. Sie hatte sie seit der Freizeit nicht mehr geöffnet. Schnell schlug sie irgendeine Seite auf und suchte fieberhaft nach einem Vers.
„Äh ...“
„Ertappt!“ Jolie lachte. „Okay, schon gut“, sagte sie sanft. „Ich weiß, was du meinst. Aber dass wir unsere Bibel zulassen, ist eine der Hauptstrategien des Satans. Und wir fallen so schnell

darauf rein. Versuch's mal mit Jakobus 4 Verse 7 und 8." Sie wartete geduldig, bis Heike die Stelle gefunden hatte. „Lies ruhig laut vor."
„Widersteht dem Teufel, dann flieht er von euch. Naht euch Gott, dann naht er sich euch.", las Heike.
„Widerstehe! Fall nicht auf die Lügen des Feindes rein, Heike. Suche stattdessen Gottes Nähe – verbringe Zeit mit ihm, denke an Jesus, danke ihm für das, was er für dich getan hat, bitte ihn immer wieder, dir zu helfen."
Heike atmete tief durch. Das mit den Nestern war ein guter Vergleich. Bei ihr hatten die Zweifel und die Mutlosigkeit richtige *Horste* gebaut. Ob es ihr deswegen so schlecht ging?
Am anderen Ende der Verbindung begann Jolie zu beten: „Jesus, du bist die Wahrheit. Bitte hilf Heike, dir immer zu glauben und dem Feind zu widerstehen."
„Amen", flüsterte Heike.

Am nächsten Tag hatte sie Sport und nachmittags noch Handballtraining. Danach standen die Hausaufgaben an. Schließlich fiel sie kaputt ins Bett. Sie warf einen Blick auf ihre Bibel. *Schlaf lieber. Du bist sowieso zu müde, um dich zu konzentrieren*, sagte eine Stimme in ihren Gedanken.
Naht euch Gott, dann naht er sich euch, fiel es Heike ein. Sie stützte sich auf einen Ellenbogen und griff nach ihrer Bibel. Auf der Freizeit hatten sie ein Stille-Zeit-Heft bekommen, in dem für jeden Tag ein Bibelabschnitt angegeben war. Sie schlug die Stelle auf und las. Doch der Text sprach sie überhaupt nicht an.
Siehste, das hättest du dir auch sparen können. Jetzt haste schon extra Bibel gelesen, und Gott ist dir trotzdem nicht nah!, spottete die Stimme in ihrem Kopf. Heike ging nicht darauf ein.
„Jesus", betete sie, ich danke dir, dass du mir nahe bist, auch wenn ich nichts davon spüre." Sie ging noch einmal den Text durch. Die Stimme war verstummt. Während sie las, breitete sich ein tiefer Friede in ihr aus. Jesus war hier, hier bei ihr.
Auf einmal hörte sie im Flur etwas rumpeln, und kurz darauf stand Insa in ihrem Zimmer. Sie war barfuß, und ihre Haare waren zerzaust. Ihren Schlafhund hielt sie fest an sich gedrückt.

„Wo ist Mama?“, fragte sie ängstlich.
„Sie muss arbeiten“, gab Heike zurück. „Was ist denn?“
„Ich habe Angst“, sagte Insa kläglich.
„Wovor hast du denn Angst?“
„Vor dem Monster!“
Heike gähnte. „Da ist kein Monster. Du kannst wieder schlafen gehen.“
Doch Insa rührte sich nicht von der Stelle. Plötzlich rannte sie auf Heike zu und sprang auf ihr Bett. Sie fing an zu weinen. „Es ist groß und grün und hat lange Zähne, und es wohnt hinter der Turnhalle in der Abfalltonne. Und nachts kommt es raus und ...“
„Wer erzählt denn so einen Quatsch?!“
„Frau Gudedorf hat heute in Deutsch so eine Geschichte vorgelesen“, schluchzte das kleine Mädchen.
„Insa, solche Monster gibt es nicht!“, sagte Heike mit Nachdruck.
„Ich weiß, aber ich habe trotzdem Angst!“, schniefte ihre Schwester.
Heike überlegte kurz. Dann sagte sie: „Lass dich nicht von der Angst unterkriegen. Weißt du, was wir jetzt machen? Wir beten jetzt. Jesus hat nämlich versprochen, dir ganz nah zu sein.“ Insa faltete gehorsam die Hände. „Herr Jesus, danke, dass du bei Insa bist und auf sie aufpasst. Bitte hilf ihr, keine Angst mehr zu haben“, sagte Heike.
„Ja!“, nickte Insa und wischte sich mit dem Schlafanzugärmel die Nase ab.
Heike stand auf und zog ihre kleine Schwester hoch. Sie lächelte Insa an. „Und wenn du gleich die Augen zumachst, denkst du an Jesus und daran, wie lieb er dich hat, okay?“
Insa nickte. „Danke, Heiki.“
„Komm, ich bring dich zurück ins Bett.“ Heike bückte sich, um die Kleine auf ihren Rücken zu nehmen.

Als sie am nächsten Tag nach der Schule zur Bushaltestelle ging, sah sie, wie nebenan in der Bäckerei ein Kerl ein Plakat in poppigen Farben aufhängte. War das nicht ...? Doch, das war der mit dem Fischrucksack aus dem Zug! Hoffentlich sah er sie nicht! Schnell stellte sie sich hinter eine Hecke. Heike wartete, bis er weitergegangen war. Dann sah sie sich das Plakat an.

„BECAUSE HE IS ALIVE!“ stand in neonfarbenen Buchstaben darauf. Es war eine Einladung zu einem Jugendgottesdienst in der Rehmstraße. Heike schaute sich das Datum an. Das war ja schon nächstes Wochenende! Die waren aber ganz schön spät dran mit ihrer Werbung. Sie las sich noch einmal genau die Einladung durch: „Freitag, 23.10., 19:00 Uhr: Gemeinschaft mit Jesus und miteinander, singen, snack-en und schnacken, BECAUSE HE IS ALIVE!“
Das hörte sich gut an. Eigentlich genau das, was sie sich wünschte. Andererseits würde sie dann diesen Typen sicher wiedertreffen, vor dem sie sich so fürchterlich blamiert hatte. Unschlüssig stand sie vor dem Schaufenster. Sie würde es sich überlegen.
Gerade wollte sie sich umdrehen und zur Bushaltestelle gehen, da sah sie auf der niedrigen Fensterbank unterhalb der Scheibe ein Rolle Klebeband liegen. In der Rolle stand mit rotem Edding „JESUS LEBT“. Die hatte bestimmt dieser Typ vergessen!
Der Bus kam. Schnell steckte Heike die Rolle ein. Sie hatte ihren Entschluss gefasst.

Im Laufe der folgenden Tage kam immer mal wieder eine ermutigende WhatsApp von Jolie, die sie daran erinnerte, dem Teufel zu widerstehen und sich Gott zu nahen.
Ein paarmal gab Heike zwar der Stimme nach, die ihr sagte, sie sei zu müde zum Bibellesen und solle lieber schlafen. Aber sie stellte fest, dass sie deswegen am nächsten Tag auch nicht ausgeruhter war. Also beschloss sie, diese Gedanken zu ignorieren. Auf Jolies Rat hin hatte sie sogar angefangen, ihr Handy während dieser Zeit abzustellen. Und auch wenn sie nicht jedes Mal das Gefühl hatte, der Bibeltext spräche genau in ihre Situation, tat es einfach gut, ungestört Zeit mit Gott zu verbringen.

Am Freitag vor dem Jungendabend brauchte sie mit umziehen und Haare bearbeiten fast eine Stunde. Als sie endlich losging, war sie ziemlich spät dran. Zu allem Überfluss fing es unterwegs auch noch an zu regnen. Heike merkte bestürzt, wie ihre sorgfältig geglätteten Haare sofort begannen, sich aufzurichten und zu kringeln. Sie hatte von Natur aus ganz krauses Haar, und wenn

es nass wurde, sah sie aus, als ob sie in eine Steckdose gefasst hätte – für Heike der reinste Horror. Schnell rannte sie zum nächsten Dachvorsprung.
Geh lieber nach Hause, blitzte es durch ihren Kopf. *Du kannst genauso gut alleine Gott loben – im „stillen Kämmerlein“.*
Das stimmte. Aber mit anderen zusammen fiel es ihr leichter.
Tu doch nicht so fromm. Du willst doch nur sehen, ob ein paar süße Typen dort sind. So kannst du unmöglich da erscheinen!, fuhr die Stimme fort.
Naht euch Gott, so naht er sich euch, sagte eine andere.
Du siehst so was von peinlich aus!, kam wieder die erste Stimme.
Ich gehe nicht dahin, um die Leute mit meinem Aussehen zu beeindrucken!, dachte Heike. Entschlossen rannte sie los, ihre Handtasche mit der Kleberolle darin über dem Kopf.
Die Stimme verstummte.

Erwartungsvoll stieß Heike die Tür zum Gemeindehaus auf. Der Raum war schon fast voll, als sie kam. Auf der Bühne spielte eine Band. Viele der Jugendlichen im Saal sangen mit oder wippten im Takt der Musik.
Sie schlüpfte in eine der letzten Reihen. Am Mischpult sah sie den Typ aus dem Zug! Einen Moment wünschte sie, sie wäre nicht gekommen. Doch dann konzentrierte sie sich auf den Liedtext auf der Leinwand. Und auf einmal trat alles andere in den Hintergrund. Das Einzige, das zählte, war Gottes große Liebe, die sie einhüllte wie ein weicher, warmer Mantel.
Als das Lied zu Ende war, schnappte sich ein Mädchen das Mikrofon und ging in die Mitte der Bühne. „Voll cool, dass so viele von euch da sind!“, strahlte sie. „Das übertrifft echt unsere Erwartungen. Damit haben wir nicht gerechnet. Unsere Einladungen waren viel zu spät fertig und außerdem ist ja heute Abend dieses Konzert in der Stadthalle. Als es dann noch anfing zu regnen, dachten wir schon, es kommt keiner. Und jetzt seid ihr hier. Echt cool! Die Band hat tolle Musik vorbereitet, um mit uns Jesus zu ehren. Auf Ihn kommt es an. Lasst euch mit hineinnehmen, steht auf, singt mit, klatscht, tanzt, was auch immer, BECAUSE HE IS ALIVE!“

Einige riefen: „Yeah!“ und klatschten. Der Schlagzeuger ließ seine Drumsticks tanzen und Heike stimmte von Herzen in das Loblied ein: „Jesus, du bist der Mittelpunkt, dich suchen wir“. Sie war so froh, dass sie gekommen war.
Kurz vor Ende des Gottesdienstes bat der Bass-Spieler jemanden namens Guido nach vorne. Der Typ vom Mischpult stand auf. Heike rutschte instinktiv auf ihrem Stuhl nach unten.
„Hi“, sagte Guido etwas nervös und hob eine Hand zum Gruß. „Also, was wir eben gesungen haben, von wegen Jesus suchen, ist nicht nur was für Sessions wie hier“, begann er. Er fuhr sich über den Nacken. „Neulich war ich ziemlich depri – so arme-Sau-mäßig. Also, die Ferien waren zu Ende und so ...“ Gelächter im Saal. Guido entspannte sich etwas. „Ich war auf dem Heimweg vom Bahnhof, da hielt neben mir an der Ampel ein Auto ...“ Heike hielt erschrocken die Luft an. Redete er etwa von ihrem Auto?
„In dem Wagen saß ein kleines Mädchen, das gegen die Scheibe donnerte. Sie hielt ihr Armband hoch. Zuerst checkte ich nicht, was sie wollte. Dann sah ich, was auf dem Armband stand: ‚JESUS‘. Und ich dachte: Guido, die Kleine hat recht. Höchste Zeit für einen Blickwechsel. Hör auf, Trübsinn zu blasen und lass dich nicht runterziehen. Denk lieber an Jesus. Er ist da! Du bist *keine* arme Sau, BECAUSE HE IS ALIVE!“
Der Drummer spielte einen Tusch, und die anderen im Saal klatschten. Nur Heike nicht. Sie war zu überrumpelt von dem, was sie gerade gehört hatte. Der Bandleiter stimmte noch ein Lied an und betete zum Abschluss um Gottes Segen für alle.
Nach dem Gottesdienst nahm Heike ihren gesamten Mut zusammen, um Guido aufzusuchen. Sie wollte ihm das Klebeband zurückgeben. Obwohl ihr ihre Haare entsetzlich peinlich waren, war sie ausnahmsweise froh über ihre „Horror-Frisur“. So würde er sie jedenfalls nicht als seine Fuß-Quälerin identifizieren. Er stand am anderen Ende des Saales und schob sich gerade eins von den vorbereiteten belegten Brötchen in den Mund.
Als Heike vor ihm stand, zog sie hastig aus dem Gewühl in ihrer Tasche die Kleberolle. Dabei fiel ihr Handy mit heraus. Das Rückteil sprang ab. Auch das noch!

Schnell wollte sie es aufheben, doch Guido war schneller und reichte es ihr zurück.
„Äh, danke. Ist die von dir?“, fragte sie unbeholfen und hielt ihm das Klebeband hin.
Der sah sie erstaunt an. „Wo hast du das denn gefunden?“, wollte er wissen und nahm die Rolle an sich.
„Du hast sie beim Bäcker auf der Fensterbank liegengelassen, als du das Plakat aufgehängt hast“, gab Heike zurück, erleichtert, dass er sich offenbar nicht mehr an sie erinnerte.
„Danke, dass du sie für mich aufbewahrt hast“, meinte er grinsend und steckte sie sich an den Arm.
„Dafür nicht“, sagte Heike schnell. „Ohne diese Kleberolle wäre ich wahrscheinlich heute Abend nicht gekommen. Dann hätte ich echt was verpasst!“
„Bist du zum ersten Mal hier bei uns in der Rehmstraße?“, fragte Guido interessiert.
Heike nickte. „Macht ihr so was öfter?“, erkundigte sie sich.
„Wir haben gerade erst damit angefangen“, erklärte Guido. „Aber wir hoffen, dass wir irgendwann solche Gottesdienste regelmäßig haben können.“
Heike nickte noch einmal. „Cool!“ Sie hätte gerne noch länger mit Guido geredet. Er schien echt nett zu sein. Aber sie wusste nicht mehr, was sie sagen sollte und wandte sich zum Gehen.
„Ach, weißt du“, hörte sie Guido da sagen, „ich leih dir das Klebeband bis zum nächsten Jugo. Dann kannst du dein Handy zusammenhalten.“ Er zog die Rolle von seinem Arm und hielt sie ihr hin. „Halt einfach Ausschau nach den Plakaten.“ Er grinste. „Und grüß deine kleine Schwester von mir ...“

„So seid nun Gott gehorsam.
Widersteht dem Teufel, dann flieht er von euch.
Naht euch Gott, dann naht er sich euch.“
Jakobus 4,7-8a

**„Sagt einfach ‚Ja‘ oder ‚Nein‘.
Jedes Wort darüber hinaus ist vom Bösen.“
Matthäus 5,37 (NLB)**

Nein

Wiebke, Karl und Svenja saßen auf dem Mäuerchen neben dem Schulhof. Sie warteten auf Ruben, der wieder einmal nicht pünktlich zu ihrem vereinbarten Treffen erschien.
„Und, was habt ihr am Wochenende gemacht?“, erkundigte sich Karl.
„Ich war bei meiner Oma und habe fünf Stück Torte gegessen“, berichtete Wiebke. Das entsprach vielleicht nicht ganz der Wahrheit. Aber an den beeindruckten Gesichtern der anderen sah sie, dass sich ihre Übertreibung gelohnt hatte.
„So viel kannst du essen?“, wunderte sich Svenja.
„Klar“, gab Wiebke zurück, „warum denn nicht? Mein Onkel hat sogar mindestens zehn verdrückt!“
„Zehn?“ Karl bekam ganz runde Augen. „Hast du mitgezählt?“
Wiebke zuckte die Schultern. Na ja, ob es wirklich so viele waren, wusste sie nicht genau. Aber sie nahm es an. Dem Aussehen des Onkels nach zu urteilen, könnte es zumindest hinkommen. Was musste Karl auch immer so genau sein. Sie wechselte das Thema: „Und wie war euer Wochenende?“
„Ich war auf dem Mittelalter-Markt ...“ begann Karl. Da kam Ruben angerannt.
„Na, auch schon da?“, fragte Svenja trocken.
„Ey, Leute, ich kann nichts dafür. Ich schwör‘s! Meine Uhr ist stehengeblieben“, verteidigte er sich.
„Schon wieder?“, wunderte sich Wiebke. Das hatte er die letzten drei Male auch schon beteuert.
Ruben zuckte die Schultern. „Und, was geht ab?“, erkundigte er sich statt einer Antwort.
„Rückschau vom Wochenende.“
„Ich war auf dem Mittelalter-Markt“, fing Ruben sofort begeistert an. „Da habt ihr echt was verpasst! Alle liefen mit so

alten Kleidern rum und man konnte zum Beispiel Sachen von früher machen. Wolle spinnen oder Bogenschießen." Er tat so, als spannte er einen Bogen und ließe einen Pfeil sausen. „Wer den Apfel vom Heuballen geschossen hat, hat gewonnen. Ich hab voll oft getroffen!", prahlte er. Dass das nicht der Apfel gewesen war, musste ja keiner seiner Freunde wissen.
„Ja, das mit dem Bogenschießen war wirklich gut", stimmte Karl ihm zu. „Ich hab den Apfel auch getroffen. Aber nur einmal."
„Warst du auch da?", fragte Ruben erstaunt. „Ich hab dich gar nicht gesehen."
„Habt ihr ein Glück!", seufzte Svenja. „Da wollte ich auch gerne hin. Stattdessen musste ich auf meinen kleinen Bruder aufpassen, weil meine Mutter gearbeitet hat." Sie wandte sich an Karl: „Gab's da wieder diese Kristallanhänger?"
Karl griff in seine Hosentasche und holte eine geschliffene Glaskugel an einem Schlüsselanhänger heraus. Sofort warf der Kristall lauter bunte Regenbogenfarben auf die Hauswand. „Meinst du die?", fragte er.
„Ja, genau so eine!", nickte Svenja begeistert.
„Hey, die ist ja toll!", rief Ruben. „Wo gab's die denn?"
Karl sah ihn merkwürdig an. „Die habe ich beim Bogenschießen gewonnen. Als ich den Apfel getroffen habe", sagte er.
„Dann müsste Ruben ja gleich mehrere davon haben", mischte Wiebke sich ein.
Ruben wurde rot. „Ich, äh, ich glaub, ich hab sie verloren."
„Och, Mensch, Ruben!", beschwerte sich Svenja. „Wo du doch gleich mehrere gewonnen hast! Da hättest du mir doch gut eine abgeben können!"
„Beim nächsten Mal. Ganz bestimmt. Ich versprech's dir. Ehrlich!", versuchte Ruben sie zu besänftigen. Das Thema wurde ihm immer unangenehmer. Er rutschte von der Mauer. „Und was machen wir heute?", fragte er in die Runde.
„Zum Bogenschießen hätte ich auch Lust", meinte Svenja. „Wo ich doch schon nicht auf den Markt konnte ..."
„Au ja, gute Idee!" Wiebke war sofort begeistert. „Wir gehen in den Wald und holen uns Äste."

„Dann brauchen wir aber auch eine Sehne“, gab Karl zu bedenken. „Ein kurzes Stückchen Schnur kann ich mitbringen. Aber das reicht nur für einen Bogen.“
„Kein Problem“, meinte Ruben gönnerhaft. „Ich hab bei uns im Keller Schnur gesehen. Ich bringe morgen eine ganze Rolle mit. Dann kann jeder zwei Bögen bespannen!“
„Ja, gut“, nickte Karl. „Dann besorgen wir uns heute die Zweige.“
Die vier Kinder gingen in den nahegelegenen Wald und schnitten sich mit Hilfe von Karls Taschenmesser biegsame Weidenruten ab. Dann verabredeten sie sich für den nächsten Nachmittag um 15.00 Uhr.
„Aber komm nicht wieder ‘ne halbe Stunde zu spät!“, wies Wiebke Ruben an.
„Ich bin pünktlich. Ehrenwort! Ich schwör‘s!“, versprach der.

Um kurz vor drei lief Karl mit seinen Weidenruten am darauffolgenden Tag auf den Schulhof. Von den anderen war noch niemand zu sehen. Er sprang auf die Mauer und ging darauf hin und her.
Eine Viertelstunde später erschienen Svenja und Wiebke. Beide schleckten ein Eis. Als sie Karl sahen, bekamen sie ein bisschen ein schlechtes Gewissen. Na ja, so genau kam es nicht darauf an. Außerdem konnte man nicht immer pünktlich sein. Sie legten ihre Äste auf den Boden und setzten sich auf die Mauer. Schade, dass Ruben noch nicht da war mit der Schnur. Um kurz vor halb vier erschien er endlich.
„Ist deine Uhr wieder stehengeblieben?“, fragte Wiebke spöttisch. Ruben holte Luft, um sich zu verteidigen. Doch Wiebke schnitt ihm das Wort ab. „Rück lieber unsere Sehnen raus“, meinte sie.
Ruben sah sie einen Moment lang verdattert an.
„Die Schnur für unsere Bögen“, half Karl nach.
„Oh, ich ...“, stotterte Ruben.
„Sag bloß, du hast sie vergessen!“ Wütend sah Wiebke ihn an.
„Nein, ich hab sie nicht vergessen, ehrlich nicht! Sie ist ... jemand hatte sie aus dem Keller genommen. Ich schwör‘s!“

Ärgerlich stemmte Wiebke die Hände in die Hüften. Auf Rubens Schwüre konnte sie pfeifen. Er war einfach nicht zuverlässig.
„Dann schießen wir alle mit meinem Bogen", schlug Karl vor, bevor ein Streit ausbrechen konnte. Er zog sein Stück Schnur aus der Hosentasche. Während die Kinder sich an die Arbeit machten, vergaßen sie den Ärger über Ruben. Sie schnitzten Pfeile und Kerben an die Enden einer langen Weidenrute und banden die Schnur fest.
Als der Bogen fertig war, wollte Ruben zuerst schießen. Doch Wiebke grinste: „Ladies first!" Sie legte einen Pfeil an und zielte. Er flog tatsächlich einige Meter. Dann kam Svenja und danach Ruben. Ruben schoss seinen Pfeil quer über den Schulhof. Er flog knapp an Svenja vorbei und landete im Gebüsch.
„Pass auf, wo du hinschießt", lachte Wiebke.
Karl zeigte ihm, wie er besser zielen konnte. Dann suchte er seine Sachen zusammen. „Soll ich euch den Bogen dalassen?", fragte er. „Ich muss nämlich jetzt weg. Es ist gleich halb fünf."
„Jetzt schon? Warum das denn?", maulte Wiebke. „Wir haben doch gerade erst angefangen. Bleib doch noch ein bisschen!"
Karl schüttelte den Kopf. „Ich gehe dienstags immer mit Frau Stremmls Hund", erklärte er.
„Ach, da kannst du doch auch ein bisschen später kommen", meinte Svenja unbekümmert. „Ich kann heute auch nicht so lange."
Doch Karl blieb fest: „Ich hab ihr versprochen, um halb fünf da zu sein. Sie verlässt sich darauf."
„Kommst du danach nochmal wieder?", rief Ruben ihm hinterher. „Ja!", rief Karl zurück und verschwand um die Ecke.
Wiebke sah ihm kurz nach. Irgendwie beneidete sie ihn. Bei Karl wusste man immer, woran man war. So zuverlässig wäre sie auch gerne ...
Eine Stunde später war Karl wieder auf dem Schulhof. Die Mädchen waren gegangen. Von Rubens fünf geschnitzten Pfeilen lagen noch zwei auf dem Mäuerchen. Einen dritten holte er gerade aus einem angrenzenden Garten. Sein Zielvermögen war wirklich nicht besonders genau ... Er lief über den Schulhof auf Karl zu. „Hier hast du deinen Bogen. Ich gehe nach Hause", verkündete er kurz angebunden. „Hab keine Lust mehr."

Karl fand das schade. Er hatte sich extra beeilt, damit sie noch ein bisschen zusammen üben konnten. Er schoss alleine noch einige Pfeile ab. Sein Ziel war das Dach des Kletterhauses. Ein paarmal traf er sogar die Spitze. Doch alleine machte es keinen Spaß und so ging er auch nach Hause.

Am nächsten Tag klopfte es während des Unterrichts an die Klassenzimmertür. Die Rektorin betrat mit einer fremden Dame den Raum. Prüfend sah sie die Kinder an. Dann deutete die Fremde auf Karl und Ruben.
„Einer von denen war's!", sagte sie ärgerlich.
Alle blickten auf die beiden Jungen.
„Wisst ihr, wovon die Rede ist?", fragte die Rektorin streng. Beide schüttelten den Kopf.
„Ich weiß genau, dass sie es waren!", beharrte die fremde Dame. Die Rektorin bat Ruben, Karl und die Lehrerin mit vor die Tür. Im Klassenraum war es mucksmäuschenstill.
„Ihr habt mit eurem Pfeil meine Blumenampel getroffen!", hörten die Kinder eine aufgebrachte Stimme auf dem Flur sagen. Wiebke und Svenja sahen sich an. Das Bogenschießen von gestern! Sie schlichen sich an die Tür und lauschten.
„Die Blüte war gerade erst aufgegangen!", schimpfte die Frau. „Ich hatte so darauf gewartet, und jetzt ist sie abgebrochen!" Sie wurde immer ärgerlicher. Dabei sprach sie so laut, dass die Mädchen jedes Wort verstehen konnten.
„Ich habe nicht auf ihre Blume geschossen", sagte Karl verwirrt.
„Ich war's nicht!", rief Ruben. „Ehrenwort. Ich schwör's!"
Die Klassenlehrerin mischte sich ein: „Karl, hast du die Blume dieser Dame kaputt gemacht?"
„Nein", sagte Karl.
„Tu nicht so scheinheilig! Ich hab doch deinen Pfeil gefunden!", empörte sich die Frau.
„Karl", fing die Lehrerin noch einmal an, „sag die Wahrheit. Warst du's?"
„Nein", sagte Karl wieder.
„Ich bin mir sicher, dass er lügt!", keifte die Blumenampel-Frau.
„So kommen wir nicht weiter", stellte die Rektorin fest.

Da hielt Wiebke es nicht mehr länger aus. Beherzt drückte sie die Klinke und trat hinaus auf den Flur. Direkt hinter ihr kam Svenja. „Wenn Karl sagt, dass er es nicht war, dann war er es auch nicht!“, erklärte Wiebke fest.
Die Frau wirbelte zu ihr herum. „Was weißt du denn davon? Er hat nicht geschworen wie sein Kumpel. Dass du ihn in Schutz nimmst, macht ihn auch nicht unschuldig!“, fauchte sie.
„Aber er *ist* unschuldig!“, mischte Svenja sich ein. „Wenn Karl ‚nein‘ sagt, dann heißt das ‚nein‘.“
Die Frau sah unschlüssig von den Mädchen zu Karl und wieder zurück. „Und warum seid ihr euch da so sicher?“, fragte sie mit einem forschenden Blick.
„Wir kennen Karl. Wenn er sagt, er kommt dann und dann, dann ist er da. Wenn er sagt, er bringt das und das mit, dann macht er das. Wenn er Ja sagt, meint er Ja und wenn er Nein sagt, dann ist es Nein. Karl ist zuverlässig – auch ohne zu schwören!“ Bei dem letzten Teil hatte Wiebke Ruben sehr eindeutig angesehen.
Der war dunkelrot geworden. Als er merkte, dass die Beweise gegen ihn standen, gab er zu, die Blüte getroffen zu haben.
„Also so etwas!“, schnaubte die Frau.
„Es tut mir leid. Ich kauf Ihnen eine neue Pflanze“, sagte Ruben zerknirscht. Man konnte sehen, dass er am liebsten im Erdboden versunken wäre. Die ganze Sache war ihm anscheinend furchtbar peinlich. Die Frau schrieb sich vorsichtshalber seine Adresse und Telefonnummer auf, und damit war die Angelegenheit vorerst geklärt.
„Ich sag nur noch die Wahrheit“, murmelte Ruben, als sie zurück in die Klasse gingen. „Ich schwör‘s!“
„Schwör lieber nicht“, gab Karl zurück. „Tu‘s einfach.“

„Sagt einfach ‚Ja‘ oder ‚Nein‘.
Jedes Wort darüber hinaus ist vom Bösen.“
Matthäus 5,37 (NLB)

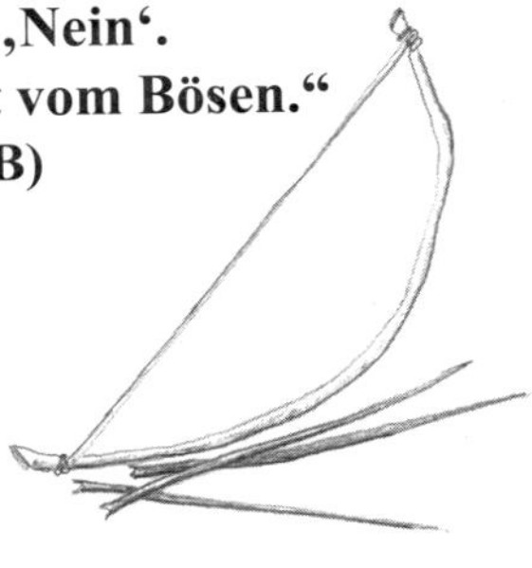

**„Und warum sorgt ihr euch um die Kleidung? Schaut die Lilien auf dem Feld an ... Ich sage euch, dass selbst Salomo in seiner ganzen Herrlichkeit nicht so gekleidet gewesen ist wie auch nur eine von ihnen.
Wenn nun Gott das Gras auf dem Feld so kleidet, das doch heute steht und morgen in den Ofen geworfen wird: sollte er das nicht viel mehr für euch tun, ihr Kleingläubigen? Darum sollt ihr nicht sorgen und sagen: ... Womit werden wir uns kleiden?
Trachtet zuerst nach dem Reich Gottes und nach seiner Gerechtigkeit, so wird euch das alles zufallen."
Matthäus 6,28-31 und 33**

Wie die Lilien auf dem Feld

Micha stand in der Küche, ein Glas Milch in der Hand. Durch das große Fenster sah er seine Mutter in die Einfahrt biegen. Sie hatte den Kofferraum voller leerer Bananenkartons. Micha stöhnte innerlich. Er wusste, was das bedeutete: Kleiderschrank ausmisten und alles, was zu klein war, einpacken für den jährlichen Hilfstransport zu dem Kinderheim in Russland. Und dann kam das Schlimmste: Neue Klamotten kaufen gehen! Er hasste das: Eine Hose nach der anderen anprobieren zu müssen und dann die ganzen Hemden und Pullis. Er hätte ja einfach irgendwas genommen, das nicht zwickte. Aber seine Mutter hatte ganz genaue Vorstellungen. Und das alles in stickigen Umkleidekabinen – grässlich!
Er sehnte den Tag herbei, an dem er aufhören würde zu wachsen und ihm diese Prozedur erspart bliebe. Er war inzwischen so groß wie sein Vater, und es war zu hoffen, dass er irgendwann in nicht allzu ferner Zukunft nicht jedes Jahr neue Sachen brauchen würde, sondern seine Kleidung einfach tragen konnte, bis sie dermaleinst auseinanderfiel.
Seine Mutter hatte ihn entdeckt und winkte ihm fröhlich zu. Micha winkte ohne Begeisterung zurück und trank sein Glas leer. Dann ging er nach draußen, um ihr mit den Kartons zu helfen.

„Nimm Jana bitte auch einen mit", bat sie.
Das Zimmer von Michas Schwester war wie üblich übersät mit Kleidungsstücken. Man konnte kaum einen Schritt machen, ohne auf irgendwelche zu treten. Das kam davon, wenn man sich jeden Tag mehrmals umzog.
Kopfschüttelnd stellte Micha den Karton in das Chaos. Es war ihm unbegreiflich, wie man so einen Aufriss um Klamotten machen konnte. Was für eine Zeitverschwendung! Er trug seine Sachen so lange, bis sie schmutzig waren, dann kamen sie in die Wäsche und fertig. Nun stand Janas Konfirmation kurz bevor, und ihr Kleiderwahn hatte monströse Ausmaße angenommen. Es verging kein Tag mehr, an dem Micha nicht mitbekam, wie sie über ihre Garderobe jammerte. Erst gestern hatte sie wieder so eine Show abgezogen. Dabei hatte sie doch einen ganzen Schrank voll Sachen.
Als er sie darauf hingewiesen hatte, hatte sie ihn angemotzt: „Du hast einfach keine Ahnung! Davon kann ich doch nichts zu meiner Konfirmation anziehen! Drei Mädchen aus meiner Klasse kommen. Die gehen sonst nie in den Gottesdienst. Aber weil ich am Sonntag auch was sage, kommen sie."
Micha fand es ziemlich mutig von Jana, vor der ganzen Gemeinde ein persönliches Statement über ihren Glauben an Jesus abzugeben. „Ich weiß zwar noch nicht, was ich sagen werde, aber ich will, dass die Leute wissen, dass ich das mit der Konfirmation ernst meine", hatte sie vor ein paar Tagen gesagt.
„Mach dir lieber Gedanken darüber, was du von dir geben willst. Das ist viel wichtiger", hatte er sie erinnert.
„Erst muss ich ein gescheites Kleid haben. Was sollen die von mir denken, wenn ich nicht was Gutes anhabe?"
„Dann geh und kauf dir was!", hatte Micha vorgeschlagen.
Doch statt ihm dankbar zu sein für den Vorschlag, hatte sie wütend geantwortet: „Als ob das so einfach wäre! Es GIBT nicht das Richtige!" Dabei war sie beinahe in Tränen ausgebrochen.
So eine Anstellerei. Er hatte vor zwei Jahren auch nicht so ein Theater gemacht, als er konfirmiert worden war. Er hatte sich den Anzug von seinem Cousin ausleihen können und damit war die Sache erledigt gewesen. Obwohl er auch das schon ziemlich

unnötig gefunden hatte. Lieber wäre er in Jeans und T-Shirt hingegangen. Was für einen Unterschied machte es, ob er ein weißes Hemd und ein Sakko anhatte? Es ging doch um sein Herz. Die Konfirmation war eine Sache zwischen ihm und Gott. Vielleicht sollte er seine Schwester darauf hinweisen, wenn sie wieder einen ihrer Anfälle bekam. Heute Nachmittag war sie auch wieder in der Stadt. Aber vielleicht hatte sie ja auch endlich etwas gefunden ...

Als es Zeit war zum Abendessen, war Jana noch nicht zurück. Weil Herr Hertz abends weg musste, fingen sie nur zu dritt an. Sie hatten gerade das Tischgebet gesprochen und begonnen, die Bratkartoffeln zu verteilen, als sie Janas Schlüssel in der Haustür hörten. Kurz darauf ließ sie sich erschöpft an den Tisch fallen. Sofort stürzte sie sich auf ihren Teller.

„Du hast vergessen zu beten“, erinnerte Micha sie mit vollem Mund.

Jana warf ihm einen unfreundlichen Blick zu und schloss kurz die Augen. „Amen!“, sagte sie demonstrativ in seine Richtung.

Micha bezweifelte, dass das ernst gemeint gewesen war. Doch bevor er einen entsprechenden Kommentar abgeben konnte, fragte Frau Hertz ihre Tochter: „Und, warst du erfolgreich?“

„Jein“, gab Jana unbestimmt zurück. „Ich hab was gefunden, aber wirklich überzeugt bin ich nicht. Und es war auch nicht mehr in meiner Größe da. Aber die Verkäuferin hat es in einer anderen Filiale bestellt.“ Sie klang angespannt und besorgt.

Micha war froh, dass er sich zu diesem feierlichen Anlass einfach ein weißes Hemd von seinem Vater ausleihen konnte. Aber Jana hatte nicht die Möglichkeit, sich am Kleiderschrank ihrer Mutter zu bedienen. Seiner zierlichen Schwester würde nichts davon passen. Auf einmal tat sie ihm leid. Vielleicht war sie wirklich im Stress.

„Mach dich nicht so verrückt. Du hast noch die ganze Woche Zeit. Da findest du bestimmt noch was“, versuchte er sie zu beruhigen.

Doch seine Bemühungen gingen leider nach hinten los. Jana ließ die Gabel sinken. Ihre Augen begannen, Funken zu sprühen. „Bin ich Aschenputtel, oder was? Konfi-Kleider fallen nicht plötzlich kurz vorher von einem Baum!“

„Aber vielleicht vom Himmel!“, schoss Micha zurück. Sein Mitleid begann bereits wieder zu schmelzen. „Hast du schon vergessen, was Bernd letzten Freitag im Jugendkreis gesagt hat?“
„Hat er euch erzählt, dass Kleider vom Himmel fallen?“, fragte sein Vater interessiert.
Jana presste die Lippen zusammen. Frau Hertz warf ihrer Tochter einen besorgten Blick zu.
„So sinngemäß“, sagte Micha. „Es ging darum, dass wir uns keine Sorgen machen sollen um das, was wir anziehen oder essen, weil Gott uns versorgt. So, wie er die Lilien auf dem Feld kleidet und den Vögeln ihr Futter gibt. Am wichtigsten soll uns Gottes Reich sein. Dann kümmert er sich um den Rest.“
Um den Teens das Ganze zu veranschaulichen, hatte ihr Jugendleiter eine leuchtend rote Blume dabei gehabt. Eine Feldlilie, wie er erklärt hatte. „Diese wunderschöne Blume hat nichts für ihr prächtiges Gewand getan. Gott hat sie gekleidet“, hatte er gesagt. Und dann hatte er ihnen aus Matthäus 6 vorgelesen: „Schaut die Lilien auf dem Feld an ... Wenn nun Gott das Gras auf dem Feld so kleidet, das doch heute steht und morgen in den Ofen geworfen wird: sollte er das nicht viel mehr für euch tun, ihr Kleingläubigen? ... Trachtet zuerst nach dem Reich Gottes ...“
Interessiert hatte Micha die Blüte betrachtet. Unter diesem Gesichtspunkt hatte er Blumen noch nie gesehen. Wie intensiv ihre Farbschattierungen leuchteten, die vollendete Form der Blütenblätter und dieses Muster darauf ... Gott hatte echt einen guten Geschmack. Und das alles für eine Pflanze auf dem Feld.
„Bitte doch Gott um ein Kleid“, schlug er jetzt seiner Schwester vor. „Dann kannst du dich stattdessen um wirklich wichtige Dinge kümmern – dein Zeugnis am Sonntag, zum Beispiel.“
„Lilien sind rot-orange! Glaubst du etwa, ich ziehe so ‘ne Farbe an?“
„Es gibt sie auch in anderen Farben“, mischte sich Herr Hertz ein. „Weiß oder lila oder blass-blau ...“
„Herbert, bitte!“, sagte seine Frau warnend. Schnell wandte sie sich an ihre Tochter: „Und wie erfährst du, ob die Verkäuferin in der anderen Filiale etwas erreicht?“

„Ich kann morgen Nachmittag anrufen. Aber ich glaube, ich gehe lieber gleich vorbei."
Am nächsten Abend saß zum ersten Mal seit Wochen eine entspannte Jana am Tisch. „Ich bin zwar nicht wirklich überzeugt von dem Kleid, aber wenn ich noch weiter suche, habe ich nicht genug Zeit, um mich um das zu kümmern, was ich vor der Gemeinde sagen will", sagte sie. Die ganze Familie atmete auf.
Micha unterdrückte ein Grinsen. Seine Schwester hatte also beschlossen, ihre Prioritäten anders zu setzen.
„Bekommen wir denn auch eine Modenschau?", erkundigte ihr Vater sich.
„Erst am Sonntag."
Micha runzelte die Stirn. Wer weiß, was seine Schwester sich gekauft hatte ... Er sah seine Mutter an.
„Das ist schon in Ordnung", meinte sie. „Jana hat einen guten Geschmack. Sie hat sich bestimmt etwas Schönes ausgesucht."
Micha war sich nicht sicher, ob sie wirklich so von dem Geschmack seiner Schwester überzeugt oder einfach erleichtert war, dass das Thema „Konfirmationskleid" endlich abgeschlossen war.

Am Samstagmittag hatten Frau Hertz und Jana einen Frisörtermin. Herr Hertz und Micha wollten in der Zeit die Bananenkartons für den Hilfstransport zum Gemeindehaus bringen. Das hätte eigentlich schon eher geschehen sollen, aber vor lauter Konfirmation war Frau Hertz nicht früher fertig geworden mit den Kisten. Jetzt war es höchste Zeit, denn am Nachmittag sollte der LKW für Russland beladen werden. Micha stellte seinen Karton zu denen im Kofferraum.
„Der von Jana müsste noch in ihrem Zimmer sein", sagte sein Vater.
„Ich hole ihn", bot Micha an. Er ging in das Zimmer seiner Schwester. Vor dem Fenster stand ein Karton, der fast überquoll. Sie hatte so viel ausrangiert, dass die Sachen kaum alle in eine Kiste passten. War sie wirklich so viel gewachsen? Der Deckel lag noch daneben. Über der Kante hing etwas, das aussah wie eine Gardine. „Ist ja mal wieder typisch", murmelte Micha.

„Jetzt muss ich auch noch ihre Klamotten einpacken, weil sie immer alles auf den allerletzten Drücker macht!“ Er hörte seinen Vater rufen. Schnell griff er den Gardinenstoff und stopfte ihn noch zu den anderen Sachen. Dann drückte er den Deckel darauf und beeilte sich, zum Auto zu kommen.
Sie erreichten das Gemeindehaus gerade noch rechtzeitig. Der LKW war schon fast fertig beladen. Ihre Kartons waren die letzten, dann wurde die Rampe hochgeklappt. Die Anwesenden versammelten sich um die beiden Fahrer, um noch für sie zu beten. Einer der beiden kam aus dem Kinderheim in Irkutsk. „Ich danke euch“, sagte er mit Tränen in den Augen, bevor sie losfuhren. „Eure Gaben werden viele Lilien kleiden.“
Als der 7,5-Tonner um die Ecke gebogen war, stiegen Micha und sein Vater zurück ins Auto. „Puh, das war ganz schön knapp!“, meinte Herr Hertz. „So was liebe ich gar nicht!“
„Ja“, stimmte Micha zu. „Aber es hat sich doch gelohnt. Die in Russland freuen sich bestimmt.“ Er grinste. „Hast du gehört, was der eine über die Lilien gesagt hat? Gut, was?“ Vergnügt pfeifend saß er auf dem Beifahrersitz.

Bevor sie ins Haus gingen, schloss Micha den Briefkasten auf und holte die Post heraus. Zwischen ein paar Werbeblättern waren ein weißer Plastiksack und eine Karte mit dem Hinweis „Altkleidersammlung der Samariter“.
„Es scheint die Zeit der Kleiderspenden zu sein“, sagte er amüsiert und folgte seinem Vater die Stufen hoch zur Haustür.
Noch bevor sie aufgeschlossen hatten, hörten sie Jana drinnen aufgeregt etwas rufen. Was hatte sie bloß? Nun kam Frau Hertz‘ Stimme: „Nein, ich habe es nicht genommen!“
Jana wurde immer aufgeregter. „Aber es ist weg!“
„Es kann gar nicht weg sein“, erwiderte ihre Mutter beruhigend. „Heute Morgen hattest du es doch noch. Sieh noch einmal genau nach.“
„Ich habe schon überall geguckt!“ Jana kam in den Flur gerannt. „Mein Konfirmationskleid ist weg!“, sagte sie anklagend. „Wo ist es?“

„Woher soll ich das wissen?“, fragte Micha ahnungslos.
„Wir wissen doch gar nicht, wie es aussieht“, erinnerte ihr Vater sie.
Jana schien sie nicht gehört zu haben. „Wo ist mein Kleid?“ Sie sah von einem zum anderen. „Micha, warst du in meinem Zimmer?“
„Nein, was will ich denn da? Das heißt, doch, ich habe deinen Bananenkarton geholt.“
„Meinen Bananenkarton?“ Jana starrte ihn an, als sähe sie ein Gespenst.
„Ja, deinen Bananenkarton. Ich habe ihn sogar fertig gepackt und zugemacht. Weil du das ja nicht rechtzeitig auf die Reihe gekriegt hast. Was die armen Kinder allerdings mit einem Stück Gardine anfangen sollen, ist mir schleierhaft.“
„Nein!“, schrie Jana. Sie ging auf Micha los und packte ihn an den Schultern. „Nein, nein, nein!“, kreischte sie dabei hysterisch. „Das war keine Gardine. Das war mein Kleid!“
Entgeistert sah Micha sie an.
„Wir müssen sofort zur Gemeinde fahren“, sagte Frau Hertz entsetzt und griff nach ihrer Handtasche.
Ihr Mann schüttelte den Kopf. „Wenn du an die Kartons mit den Hilfsgütern willst, kommst du zu spät. Der LKW ist bereits vor einer Dreiviertelstunde losgefahren.“ Schockiert sah seine Frau ihn an.
„Es, es tut mir ja so leid, Jana!“, stammelte Micha.
„Das nützt nichts!“, schluchzte Jana auf. „Morgen werde ich konfirmiert, und ich habe kein Kleid!“ Sie rannte in ihr Zimmer. Frau Hertz folgte ihr. Herr Hertz murmelte etwas von Rasenmähen und verschwand im Keller. Micha blieb wie ein geprügelter Hund im Flur stehen.
Was hatte er getan! Und was jetzt? Er fühlte sich schrecklich. Die letzten Tage hatte Jana nichts mehr von dem Kleid gesagt, sondern ihre ganze Energie in das gesteckt, was sie am Sonntag sagen würde. Und jetzt so etwas ...!
Irgendwann hörte er draußen den Rasenmäher. Sein Vater hatte erst letzte Woche das Gras gemäht, aber es war schon wieder gewachsen.

Das Gras auf dem Feld, durchzuckte es Micha. „Gott, bitte hilf uns. Du hast das mit dem Gras und den Lilien gesagt ..."
In dem Moment klingelte es. Es war die Nachbarin von rechts, eine zierliche alleinstehende Dame um die Fünfzig. „Ist deine Schwester da?", fragte sie etwas verlegen.
„Ja", sagte Micha zögernd, „aber ich glaube, sie kann im Moment nicht an die Tür kommen." Er fuhr sich durch die Haare und sah zur Seite.
„Ob du ihr etwas geben könntest? Heute war doch der Kleiderspendenaufruf im Briefkasten, und beim Durchsehen meines Kleiderschranks fand ich das hier." Sie hielt Micha eine Tüte hin. „Es ist zu schade für die Samariter. Aber ich kann es auch nicht mehr anziehen. Es ist nur einmal getragen. Ich dachte, es könnte deiner Schwester vielleicht gefallen – zu ihren blauen Augen."
Während sie redete, hatte Micha angefangen, die Luft anzuhalten. Wie im Traum nahm er die Tüte und sah hinein. Etwas Blaues aus zartem, ganz leicht schimmerndem Stoff war darin. Sein Herz begann wild zu klopfen. Mit offenem Mund starrte er die Dame vor sich an.
Die deutete seine Reaktion falsch und streckte die Hand aus, um die Tüte wieder an sich zu nehmen. „Es war nur so eine Idee", beeilte sie sich zu sagen, peinlich berührt.
Hastig drückte Micha die Tüte an sich. „Nein, nein!", stieß er hervor. „Vielen Dank!" Er ließ die verdutzte Nachbarin stehen und rannte zu Janas Zimmer. Ohne anzuklopfen platzte er herein. Jana lag auf dem Bett, das Gesicht im Kissen. An der Bettkante saß ihre Mutter. „Hier, dein Kleid!", sagte er atemlos. Irgendwie wusste er, dass dieses Kleid ihr passen würde. Mehr noch: Dass es genau das Richtige war!
Seine Schwester hob den Kopf. Verwirrt sah sie ihn an. „Aber ich dachte ..."
„Hast du es gefunden? Ist es doch nicht auf dem Weg nach Russland?", fragte Frau Hertz hoffnungsvoll.
Micha ging zum Bett. Er musste sich beherrschen, um nicht loszulachen. In seinen Augen tanzte die Freude. Er kniete sich vor seine Schwester. „Jana, es tut mir so leid, dass ich dein Kleid eingepackt habe. Ich kann es nicht wieder zurückholen. Aber Gott

hat dir das hier geschickt!“ Er hielt die Tüte so, dass sie hineinsehen konnte.
„Was ist das ...?“, fragte sie argwöhnisch.
„Dein Kleid vom Himmel“, grinste Micha. „Los, probier es an!“
Neugierig beugte sich nun auch seine Mutter nach vorne. Jana hatte sich aufgesetzt. Sie zog das Kleid heraus. Micha beobachtete ihr Gesicht. Ihr Gesichtsausdruck wandelte sich von argwöhnisch zu staunend und schließlich zu begeistert.
„Wow!“, brachte sie ehrfürchtig hervor. „Micha, woher hast du das?“ Ohne seine Antwort abzuwarten stand sie auf, ging vor den Spiegel und hielt sich das Kleid vor. „Ich glaube, es könnte passen“, murmelte sie. „Nicht gucken, bis ich es sage“, wies sie ihre Mutter und ihren Bruder an. Während Jana sich umzog, erzählte Micha von der Nachbarin.
„Ihr könnt gucken!“, kam Janas begeisterte Stimme.
Langsam drehte Micha sich um. Noch nie hatte seine kleine Schwester so schön ausgesehen – so schön wie eine Lilie.
Gott hatte eben einfach einen extrem guten Geschmack.

„Und warum sorgt ihr euch um die Kleidung? Schaut die Lilien auf dem Feld an ... Ich sage euch, dass selbst Salomo in seiner ganzen Herrlichkeit nicht so gekleidet gewesen ist wie auch nur eine von ihnen.
Wenn nun Gott das Gras auf dem Feld so kleidet, das doch heute steht und morgen in den Ofen geworfen wird: sollte er das nicht viel mehr für euch tun, ihr Kleingläubigen? Darum sollt ihr nicht sorgen und sagen: ... Womit werden wir uns kleiden?
Trachtet zuerst nach dem Reich Gottes und nach seiner Gerechtigkeit, so wird euch das alles zufallen.“
Matthäus 6,28-31 und 33

Jesus sagt:
„Wer zu mir kommt, den werde ich nicht hinausstoßen."
Johannes 6,37

Ein umgestoßenes Kreuz

Wer schon einmal mit Borris Bekanntschaft gemacht hatte, wechselte nach Möglichkeit die Straßenseite oder drehte zumindest den Kopf in die andere Richtung.
In der Sportumkleide hatte er immer eine ganze Bank für sich alleine. Die anderen Jungen drängten sich lieber eng zusammen auf der gegenüberliegenden Seite, als ihm zu nahe zu kommen. Vom Waschen hielt er nämlich gar nichts und vom Zähneputzen noch viel weniger. Und seitdem er der Sozialarbeiterin zwei Mal auf ihre rosa Ballerinas gepinkelt und ihr mehrfach laut direkt in ihr zierliches Gesicht gerülpst hatte, bemühte sich selbst das Jugendamt standhaft, den Fall „Borris" zu ignorieren.
Aber das war nicht der Hauptgrund, warum die Leute einen Bogen um ihn machten. Er war nicht nur frech und stank, sondern tat dauernd gemeine, böse Sachen. Dass er in der Schule die Kreide klaute, das Frühstück der anderen Kinder in den Dreck warf, ihre Hefte in die Mülltonne stopfte und seinem Vater heimlich in den Kaffee spuckte, war noch das Geringste. Alten Frauen riss er ihre vollen Einkaufstaschen aus den Händen, nur um deren Inhalt ein paar Ecken weiter auf die Straße zu kippen. Auf dem Spielplatz warf er kleinere Kinder von der Schaukel oder vom Klettergerüst, und der Katze der Nachbarin schnitt er die Ohren ab.
„Scher dich fort!", waren die Worte, die er am häufigsten zu hören bekam.

Eines Tages beobachtete Borris, wie auf der Wiese am Stadtrand ein Zelt aufgebaut wurde. Während er von Weitem zusah, schmiedete er einen bösen Plan: Er würde sich in eine der Vorstellungen schleichen und unbemerkt einen Feuerwerkskörper mit Zeitzündung unter seinem Sitz befestigen. Sein dreckiges Gesicht verzog sich zu einem hässlichen Grinsen. Das würde einen Spaß geben,

wenn dann mitten in der Nacht alle entsetzt aus ihren Wohnwagen angerannt kämen, um ihr Zelt brennen zu sehen!
Als er ein paar Tage später unauffällig das Zelt betrat, stutzte er. Die schon von vielen Menschen besetzten Stühle waren hintereinander angeordnet, und statt einer Manege befand sich im vorderen Teil des Zeltes eine Holzbühne, auf der ein Mikrofon stand. War das hier etwa gar kein Zirkus? Er hatte sich schon gewundert, dass er nur einen Wohnwagen und gar keine Tiere gesehen hatte. Egal. Borris zuckte kaum merklich die Schultern. Brennen würde das hier genauso gut.
Er ließ sich auf einen der Klappstühle fallen und tat so, als würde er seinen Schuh binden. Stattdessen brachte er aber unter seinem Sitz den Sprengkörper an. Er merkte nicht, dass er dabei von einem älteren Ordner beobachtet wurde.
Kurze Zeit später betrat eine Gruppe Menschen die Bühne. Ein Mann löste sich aus der Menge und ging zum Mikrofon. Er lud die Zuschauer ein, beim folgenden Lied mitzusingen.
Das hier war *sehr* seltsam, fand Borris. Unruhig rutschte er auf seinem Stuhl hin und her. Die Frau neben ihm versuchte, ein Stück zur Seite zu rücken.
Da begannen die Leute vorne zu singen: „Zu dir, Jesus, kann ich kommen, kommen, wie ich bin ..." Viele der Zuschauer stimmten mit ein.
Verwundert sah Borris sich um. So etwas hatte er noch nie erlebt! Bei der dritten Strophe summte er unbewusst mit.
Als das Lied zu Ende war, stieg ein Mann mit Jackett auf die Bühne. Er stellte sich als Pastor Willberg vor. „Was der Chor eben gesungen hat, ist wahr", sagte er. „Jesus lädt uns ein, zu ihm zu kommen. Jeden von uns ..."
Borris vergaß, warum er hier hergekommen war. Fasziniert hörte er dem Mann vorne zu. Ob das stimmte, was er erzählte? Die Frau neben ihm schien offensichtlich der Meinung zu sein, denn sie nickte immer wieder mit dem Kopf und murmelte: „Amen, Bruder! So ist es!"
„Und nun kommen Sie!", rief der Mann auf der Bühne. „Gottes Liebe gilt jedem. So wie damals am Kreuz breitet der Herr Jesus

auch heute noch seine Arme aus, um alle, die zu ihm kommen, anzunehmen. Kommen Sie hier vorne zum Kreuz."

Borris erwartete, dass es jetzt ein großes Gedränge geben würde. Bestimmt würden all die anständigen Leute um ihn herum aufstehen und nach vorne rennen. Doch alles blieb ruhig. Verstohlen sah er sich um. Warum lief bloß keiner von denen zum Kreuz? Hatten sie den Mann nicht verstanden? Da, jetzt stand weiter vorne eine junge Frau auf und ging zur Bühne. Die hatte es gut!

Auf einmal spürte Borris eine tiefe Sehnsucht in sich. Sie war wie ein schrecklicher, quälender Durst. „Gottes Liebe gilt jedem", hatte der Mann auf der Bühne gesagt. Liebe. Boris wünschte sich nichts sehnlicher, als dass er auch zu diesem Jesus gehen könnte. Aber das galt wohl nicht für solche wie ihn ... Mit hängendem Kopf saß er da und starrte auf seine Füße. Der Chor sang noch einmal, und dann standen die Leute um ihn herum auf und verließen das Zelt.

Borris schien wie an seinem Stuhl festgeklebt. Könnte er doch auch zu diesem Jesus kommen, der seine Arme für die Menschen ausbreitete ...

Da spürte er eine Hand auf seiner Schulter. Der Sprengkörper fiel ihm ein. Sie hatten ihn verwischt!

„Das gilt auch dir, Junge. Jesus liebt dich", hörte er eine freundliche Männerstimme sagen.

Borris sah auf und blickte in das Gesicht des grauhaarigen Ordners. Einen winzigen Moment spürte er einen Hoffnungsschimmer. Doch dann schüttelte er den Kopf. „Ich bin zu schlecht", flüsterte er tonlos. „Mich nimmt er nicht."

„Den Verbrecher, der neben ihm gekreuzigt wurde, hat er angenommen, und genauso wird er auch dich nicht wegschicken", erwiderte der Mann. „Jesus breitet auch für dich seine Arme aus."

Der Junge starrte ihn an. Das war ja ungeheuerlich. So etwas hatte ihm noch nie jemand erzählt. Jesus liebte ihn? Den bösen Borris, den alle hassten? Der sich wegscheren sollte? Er stand so hastig auf, dass sein Stuhl nach hinten umkippte. So schnell er konnte, rannte er durch das Zelt nach vorne. Mit einem Satz sprang er auf die Bühne und stürzte auf das Kreuz zu. Laut polternd fiel es zu Boden.

„Was ist denn hier los?“, fragte besorgt der Zeltdiakon, der eben hereinkam.
„Ein dreckiger, stinkender Junge mit einem ziemlich üblen Plan ist zum Kreuz gekommen“, erklärte der Ordner. Alarmiert wollte der junge Zeltdiakon zur Bühne eilen, doch der Ältere hielt ihn zurück. „Lass ruhig“, sagte er lächelnd. „Jesus und Pastor Willberg werden sich um ihn kümmern. Hilf mir lieber, das Ding da unter dem Stuhl unschädlich zu machen.“

Jesus sagt:
„Wer zu mir kommt, den werde ich nicht hinausstoßen.“
Johannes 6,37

Jesus sagt:
„Ich gebe ihnen das ewige Leben,
und niemals werden sie umkommen,
und niemand wird sie aus meiner Hand reißen.“
Johannes 10,28

Katjas Schäfchen

Katja versuchte umständlich, mit einer Hand die Milchtüte zu öffnen. Dabei verschüttete sie etwas auf den Tisch.
„Warum nimmst du nicht beide Hände?“, fragte ihr Bruder Simon irritiert.
„Ich darf Sheepy nicht loslassen“, erklärte sie und schlürfte mit dem Mund die Milch auf. Gut, dass Mama nicht in der Küche war ...
„Sheepy?“
Katja holte die andere Hand unter der Tischplatte hervor und hielt sie hoch. Simon konnte etwas Weißes an einer silbernen Kette erkennen. Es hatte schwarze Knopfaugen, Schlappohren und ein flauschiges Fell. Die Brust zierte ein rotes Herz. Aha, einer von diesen Schaf-Schlüsselanhängern.
„Warum machst du dir das Schaf nicht an den Gürtel? Dann hast du die Hände frei.“
„Weil ich Sheepy in der Hand halten muss. Sonst fühlt es sich einsam. Ich darf es nicht loslassen.“
Simon sah seine Schwester an, als hätte sie nicht alle Tassen im Schrank. Wie belämmert war das denn! Katja strich sich Honig aufs Brot. Weil sie es nicht festhielt, rutschte es jedoch immer weg. „Nimm BEIDE Hände!“, wies ihr Bruder sie gereizt an.
„Ich darf aber Sheepy nicht loslassen“, beharrte Katja eigensinnig.
„Das ist doch albern“, schnaubte Simon verächtlich. „Du kannst ja gar nicht richtig essen! Und überhaupt, woher hast du das Ding denn eigentlich?“
Ein verträumter Blick trat in Katjas Augen. „Das geht dich gar nichts an“, antwortete sie bestimmt. „Jedenfalls kannst du dich schon mal daran gewöhnen, dass Sheepy von jetzt an immer mit dabei ist.“ Liebevoll streichelte sie den Kopf des Schäfchens.

Simon verdrehte die Augen und schob seinen Stuhl zurück. „Ich esse im Wohnzimmer!“, erklärte er. „Das hier ist mir zu BLÖD!“ Er kam nicht wieder. Noch nicht einmal, um sein schmutziges Geschirr in die Spüle zu stellen. Zehn Minuten später sah Katja, wie er mit seinem ferngesteuerten Segelflugzeug unter dem Arm Richtung Wiese ging. Sie aß zu Ende – mit einer Hand dauerte alles eben ein bisschen länger – und beschloss, auch rauszugehen.

Simon hatte inzwischen den Ärger über seine Schwester vergessen. Er war ein Pilot, der sein Flugzeug gerade in einem schwierigen Manöver auf unwegsamem Gelände sicher auf den Boden bringen musste. In einer eleganten Kurve flog die Maschine zu ihm zurück und landete vor seinen Füßen.
„Sehr gut, Klassen“, lobte er sich selbst. „Perfekte Landung.“
Als er das Flugzeug aufhob, nahm er aus dem Augenwinkel eine Bewegung wahr. Er drehte sich um und sah Katja am Rand der Wiese. Der linke Arm schlenkerte, den rechten hielt sie ruhig. *Sie hat immer noch dieses olle Schaf in der Hand!*, fuhr es ihm durch den Kopf. Auf einmal trat ein listiges Funkeln in seine Augen: *Wie wär's mit einem kleinen Flug für das Kuscheltier?* Er ließ sich nichts anmerken und schlenderte mit den Händen in den Taschen auf seine Schwester zu. Dann packte er blitzschnell ihre Hand mit dem Schaf.
„Was machst du da?“, rief sie erschrocken und hielt das Schaf fester. Mit so einer schnellen Reaktion hatte Simon nicht gerechnet. Er musste seine andere Hand zur Hilfe nehmen. „Hör auf!“, wehrte sich Katja und bemühte sich, ihren rechten Arm freizubekommen. Mit erstaunlicher Kraft hielten ihre Finger das Stofftier. Das hier erwies sich als schwieriger, als Simon zunächst angenommen hatte. Doch schließlich schaffte er es, ihre Finger aufzubiegen und ihr das Schaf aus der Hand zu reißen. Er raste über die Wiese zurück zu seinem Flugzeug. Katja rannte schreiend hinter ihm her. Aber ihr Bruder war um einiges schneller. Er stopfte das Tier ins Cockpit und ließ die Maschine steigen.
Kreischend stürzte sich Katja auf ihn. „Mein Schäfchen! Du hast Sheepy entführt!“, schrie sie und versuchte, ihm die Fernsteuerung zu entreißen.

Simon verlor die Kontrolle über das Flugzeug. Von einem Windstoß getrieben, sauste es hoch über der Wiese davon. Endlich schaffte Simon es, sich von seiner Schwester zu befreien. „Das hast du jetzt davon! Mein teures Flugzeug ist weg!“, brüllte er sie an. „Weißt du, wie viel das gekostet hat?“
„Mein Schaf ist weg!“, schluchzte Katja nur, als ob ihr das Herz brechen würde.
Fassungslos starrte ihr Bruder sie an. Sein Flugzeug war auf und davon, vielleicht für immer verloren, und alles, was sie interessierte, war diese Handvoll gefüllter Plüschstoff? Wie konnte seine Schwester so kindisch sein? Das Segelflugzeug hatte er sich von seinem Weihnachtsgeld gekauft. Es war wertvoll! Hoffentlich fand er es irgendwo, und hoffentlich war es nicht kaputt! Er schirmte seine Augen mit einer Hand und suchte den Himmel ab. Neben ihm weinte Katja weiter herzzerreißend. Das machte Simon wütend. Wütend auf seine dämliche, alberne Schwester und ja, auch wütend auf sich selbst. Das hier wäre alles nicht nötig gewesen.
„Ich besorg dir ein neues Schaf“, brummte er.
„Das geht nicht“, schniefte Katja.
„Werden die Dinger nicht mehr hergestellt, oder was?“, fragte ihr Bruder gereizt.
„Es ist ..., es ist ... von Kalle!“ Laut weinend sank Katja ins Gras.
Simon drehte sich um und lief über die Wiese in die Richtung, in der das Flugzeug verschwunden war. War Kalle nicht der Junge, mit dem Katja zusammen Saxophon-Unterricht hatte? Warum sollte er seiner Schwester einen Schlüsselanhänger schenken? Das ergab doch keinen Sinn. Er schüttelte den Kopf.
Moment mal – Kalle hatte Katja ein Schäfchen mit einem roten Herz drauf geschenkt? Simon warf einen Blick zurück über die Schulter. Seine Schwester hockte immer noch wie ein Häufchen Elend auf derselben Stelle. Er runzelte die Stirn. Ob ihr Sheepy deswegen so viel bedeutete? Wegen Kalle?
Er stellte sich vor, er würde Mei... – Simon wurde rot. Also, er würde einer bestimmten Person so ein Schäfchen schenken. Von seinem eigenen Taschengeld. Und diese Person würde – aus welchem Grund auch immer – das Schäfchen verlieren. Er sah noch einmal über die Schulter. Seine Schwester war aufgestanden und

gegangen. Auf einmal schämte Simon sich. Okay, sie hatte sich albern verhalten mit dem ganzen Tam-Tam, das sie gemacht hatte, von wegen, sie dürfe das Schaf nicht loslassen und so. Aber was er gemacht hatte, war gemein gewesen: Er hatte ihr ihren Schatz mit Gewalt aus der Hand gerissen. Und jetzt war er weg.

Ich muss das Ding finden!, dachte er entschlossen.

Am anderen Rand der großen Wiese standen einige Bäume. Als er näher kam, sah er etwas Blau-Weißes im Geäst. *Mein Flugzeug!* Schnell rannte Simon dorthin. Tatsächlich: Ziemlich weit oben hing sein Segelflieger in den Zweigen. Und in dem Cockpit steckte ... Katjas Schaf! Der Schlüsselanhänger baumelte heraus. Simon betätigte die Fernsteuerung, aber das Flugzeug rührte sich nicht. Also steckte er sich das Gerät in den Gürtel und sprang hoch, um den untersten Ast des Baumes zu fassen. Das erwies sich als schwierig. Er sah sich um. Lag nicht irgendwo etwas, das er als Kletterhilfe benutzen konnte?

Über sich hörte er einen Vogel krächzen. Er sah auf und entdeckte eine Elster in dem Baum. Sie saß ganz in der Nähe des Flugzeugs.

„Hack bloß nicht auf meiner Maschine rum!“, wies er sie an. Ein Sonnenstrahl fiel auf den Schlüsselring.

„Kraa, kraa!“, machte der Vogel mit vorgestrecktem Kopf und hüpfte etwas näher.

Der will das Schaf! Weil der Metallanhänger so glänzt!, ging es Simon auf. „Hau ab!“, rief er nach oben. Der schwarz-weiße Vogel hüpfte noch etwas näher an seine Beute. Simon stieß frustriert die Luft aus. Wenn die Elster mit dem Schaf wegfliegen würde, hätte er keine Chance. Schnell zog er einen Schuh aus und warf ihn nach dem Tier. Der Schuh blieb etwas weiter unterhalb in den Zweigen hängen.

„Kraa, kraa!“, machte der Vogel.

„Lacht mich auch noch aus!“, schnaubte Simon. Irgendwie musste er auf diesen Baum kommen. Vielleicht schaffte er es mit Anlauf, den untersten Ast zu erreichen. Tatsächlich! Es gelang ihm, sich hochzuziehen. Dabei fiel die Fernsteuerung ins Gras. Er ließ sie liegen und begann, in dem Baum nach oben zu klettern.

„Kraa, kraa!“

„Halt den Schnabel!“, schnaufte Simon. Dieser Vogel wurde ihm langsam unheimlich. Warum flog das Vieh nicht weg? Die Äste

wurden immer dünner. Da war das Flugzeug. Er konnte mit den Fingerspitzen die Schnauze berühren. Er lehnte sich noch ein bisschen weiter vor und bekam sie zu fassen. Doch die Flügel hingen fest. Angriffslustig sah die Elster ihn aus ihren schwarzen Augen an. Mit geöffnetem Schnabel lief sie seitlich heran. *Schnell, das Schaf!*, dachte Simon.
„Kraa, kraa, kraa!“, machte die Elster wütend und hackte nach der Hand des Jungen.
„Au!“, schrie Simon. Doch statt loszulassen, fasste er den Schlüsselanhänger nur fester und zog Sheepy aus dem Cockpit. Dann kletterte er schnell den Baum hinunter. Seine Hand blutete und tat ziemlich weh. Über ihm breitete die Elster ihre Schwingen aus und flog ärgerlich krächzend davon. Simon hob die Fernsteuerung auf und ging langsam zurück nach Hause. Seine Hand schmerzte jetzt sehr. Als er klingelte öffnete Katja. Wortlos hielt er ihr das Schaf hin.
„Sheepy! Du hast Sheepy wiedergefunden! Aber du blutest ja! Mama, komm schnell, Simon ist verletzt!“, rief sie erschrocken. Seine Mutter kam aus der Küche. „Simon, was ist denn passiert?“, fragte sie besorgt. Simon schüttelte nur den Kopf. Er war zu sehr damit beschäftigt, die Zähne zusammenzubeißen, um zu sprechen.
„Er hat Sheepy gerettet. Das Schäfchen war in seinem Flugzeug. Oh, Simon, danke! Dass du das gemacht hast! Wo ist denn dein Flugzeug? Warum blutet deine Hand? Du hast ja nur einen Schuh an ...“ Katja besorgte das Reden, während Frau Klassen die Wunde desinfizierte und verband. Aus irgendeinem Grund erwähnte seine Schwester mit keinem Wort, was er ihr angetan hatte.
Endlich konnte er seiner Stimme wieder trauen. Er erzählte von der Elster.
Liebevoll sah seine Mutter ihn an. „Das war wirklich heldenhaft von dir. Wisst ihr, Kinder, das ist ein schönes Bild ...“
„Ein SCHÖNES Bild?“, unterbrach Katja sie entrüstet. „Findest du das etwa schön, dass dein Sohn von einem Vogel angehackt wurde?!“
„Lass mich doch erst einmal ausreden“, sagte Mama beschwichtigend. „Es ist ein schönes Bild für etwas, das Jesus gesagt hat. Er sagt, dass wir seine Schafe sind und niemand uns aus Seiner Hand reißen kann.“

Katja streichelte gedankenversunken ihr kleines Kuscheltier. „Das ist wirklich ein schönes Bild“, stimmte sie zu.
Simon warf ihr einen merkwürdigen Blick zu. Selbst jetzt sagte sie nichts davon, dass er ihr das Schäfchen mit Gewalt abgenommen hatte. Er beschloss, es selbst zu tun und erzählte noch einmal die *ganze* Geschichte. Dabei klang er ziemlich zerknirscht. Dass er einfach die Finger seiner Schwester aufgebogen und ihr das Schaf weggenommen hatte ... Dann fragte er: „Wo steht das denn mit der Hand von Jesus?“
Frau Klassen nahm die beiden mit ins Wohnzimmer und schlug ihre Bibel bei Johannes 10,28 auf. „Jesus sagt: ‚Ich gebe ihnen das ewige Leben, und niemals werden sie umkommen, und niemand wird sie aus meiner Hand reißen.‘“, las sie vor.
„Wer könnte denn versuchen, uns aus *Gottes* Hand zu reißen?“, wollte Katja wissen.
„Vielleicht irgendwelche Menschen, die uns von Jesus wegbringen wollen“, schlug Simon vor. „Oder der Teufel vielleicht. Der will ja nicht, dass wir bei Gott sind.“
„Ja“, nickte Mama. „Aber er hat keine Chance. Und auch sonst keiner. Gottes Hand ist nämlich stärker. Er hält uns fest, egal, was passiert. Bis in Ewigkeit.“
Simon sah auf den Verband. Seine Wunde tat ganz schön weh. Wenn die Elster nochmal zugeschlagen hätte, hätte er sicher losgelassen. Bei Gott war das anders. Gut, dass Jesus größer und stärker war als alles. Gut, dass *er* niemals loslassen würde.
Simon sah Katja an. „Es tut mir leid!“, murmelte er.
„Mir auch“, sagte sie leise. „Komm, wir holen dein Flugzeug. Und deinen Schuh. Ich helfe dir.“

Jesus sagt:
„Ich gebe ihnen das ewige Leben,
und niemals werden sie umkommen,
und niemand wird sie aus meiner Hand reißen.“
Johannes 10,28

**„Liebt vielmehr eure Feinde;
tut Gutes und leiht, wo ihr nichts dafür
zu bekommen hofft.
Dann werdet ihr reichlich belohnt werden
und Kinder des Allerhöchsten sein;
denn er ist gütig gegen die Undankbaren und Bösen."
Lukas 6,35**

Jan und Peter

Jan und Peter waren erbitterte Gegner. Das heißt, eigentlich hatte Jan gar nichts gegen Peter. Aber aus irgendeinem Grund konnte der ihn nicht ausstehen. Er versuchte, Jan das Leben schwer zu machen, wo er nur konnte. Dauernd machte er blöde Bemerkungen oder verspottete ihn wegen seiner Turnschuhe: „Und deine albernen Doppelknoten! Mit deinen Schnürsenkeln kannst du ja Seilchen springen!"

Und jetzt sollten ausgerechnet sie beide die Schule beim Sportwettkampf vertreten. Alle 6. Klassen des Landkreises mussten die beiden besten Läufer ihrer Schule schicken. Über 800 Meter sollte dann der Sieger ermittelt werden.

Jan stöhnte, als er hörte, dass er mit Peter an dem Wettkampf teilnehmen sollte. Fast wünschte er, er wäre etwas langsamer gelaufen beim Schulentscheid. Dann hätte er nicht die ganze Zeit beim Landesentscheid unter Peters Gemeinheiten zu leiden. Aber nun war es zu spät.

Am Abend vor dem Wettkampf schlug Jan seine Bibel auf, in der Hoffnung auf einen so richtig schönen Ermutigungs-Vers. Irgendwo stand doch was von laufen und nicht müde werden oder so ähnlich. Stattdessen kam ein Vers über Feinde dran. Und zwar sagte Jesus in Lukas 6, dass es nicht darum ginge, zu denen nett und freundlich zu sein, die zu einem selbst nett und freundlich waren, sondern: „Liebt vielmehr eure Feinde; tut Gutes und leiht, wo ihr nichts dafür zu bekommen hofft. Dann werdet ihr reichlich belohnt werden und Kinder des Allerhöchsten sein; denn er ist gütig gegen die Undankbaren und Bösen." Lukas 6,35

Jan las die Erklärung aus seinem Andachtsbuch und musste an Peter denken. Sollte er dem etwa was Gutes tun? „Na, ganz toll!", murmelte er und ließ sich auf sein Kissen fallen. Musste er jetzt extra langsam laufen, damit dieser gemeine Kerl gewinnen konnte, oder was? Mit diesen Gedanken schlief er ein.

Am Tag des Wettkampfs waren alle sehr aufgeregt. Außer den Läufern hatten sich noch viele Zuschauer versammelt. Auf dem Sportplatz summte es wie in einem Bienenkorb.

Jan stand vor einer Bank und wollte sich gerade seine Laufschuhe anziehen, als Peter vorbeikam. Jan machte sich auf eine abfällige Bemerkung wegen seiner Schnürsenkel gefasst.

„Na, alte Trantüte, ich dachte schon, du würdest nicht kommen. Hatte dich nicht gesehen. Hast dir bestimmt vor Angst schon fast in die Hosen gemacht, was?", spottete Peter.

Jan ging nicht darauf ein. „Zieh lieber deine Schuhe an, statt hier rumzumeckern," erwiderte er. „Gleich sind wir dran."

Peter schlüpfte in seine Laufschuhe. „Vergiss den Doppelknoten nicht!", spottete er mit einem verächtlichen Blick auf Jan und zog seine eigenen Schnürsenkel fest. Doch was war das? Ein reißendes Geräusch, und im nächsten Moment hielt Peter nur noch ein Stück seines Schnürsenkels in der Hand.

„Sch...!", fluchte er und schlug auf den Boden.

„Knote ihn halt wieder zusammen", riet ihm Jan. Nur mit Mühe konnte er ein Grinsen unterdrücken.

„Geht nicht. Dafür ist er zu kurz!" Peter ließ sich aufstöhnend ins Gras fallen.

„Tut Gutes und leiht, wo ihr nichts dafür zu bekommen hofft", schoss es Jan auf einmal durch den Kopf. Gott wollte nicht, dass er absichtlich langsamer lief. Er wollte, dass er seinem „Feind" etwas Gutes tat.

Jan zögerte. Das hier wäre die Gelegenheit, um es Peter heimzuzahlen. Dabei würde er es ihm noch nicht mal wirklich heimzahlen. Peter war selbst schuld. Und außerdem, wenn er ihm half, was hätte er davon? Nichts! Peter betrachtete ihn als seinen Feind.

„Liebt eure Feinde ... Tut Gutes und leiht, wo ihr nichts dafür zu bekommen hofft."

Neben ihm fluchte Peter weiter.
„Jesus zu gehorchen muss sich nicht unbedingt gut anfühlen. Aber eines Tages wird der Gehorsam belohnt“, hatte es in der Erklärung geheißen.
Jan bückte sich. Blitzschnell löste er seinen rechten Doppelknoten. „Schuh ausziehn!“, befahl er. Verdutzt gehorchte Peter. Flink holte Jan den gerissenen Schnürsenkel aus dessen Schuh und fädelte seinen hinein. „So. Den Doppelknoten musst du dir allerdings selber binden. Und jetzt beeil dich. Ich komme nach, sobald ich hier fertig bin.“ Damit knotete Jan Peters kaputten Schnürsenkel zusammen und zog ihn in seinen eigenen Schuh. Ganz reichte es nicht. Die beiden obersten Löcher blieben frei. Außerdem sah der Schnürsenkel auch an anderen Stellen ziemlich abgenutzt aus. „Wenigstens kann ich noch laufen“, murmelte er, als er hinter Peter herrannte.
Da kam auch schon die Ansage über das Megaphon: „Alle Läufer an den Start! Ich wiederhole: Alle Läufer bitte aufstellen!“ Als alle ihre Position gefunden hatten, hieß es: „Auf die Plätze, fertig, los!“
18 Läufer starteten in mehreren Gruppen. Jan und Peter gehörten zu der ersten. Nach der ersten Runde hatten die beiden einen kleinen Vorsprung, der sich rasch vergrößerte.
Gott sei Dank, der Knoten hält!, fuhr es Jan durch den Kopf.
Nun ging es in die letzte Runde. Jan fühlte sich leicht wie ein Vogel. Er flog förmlich an Peter vorbei in die Zielgerade. Ob Gott ihn belohnte, weil er seinem Feind etwas Gutes getan hatte? Noch fünfzig Meter.
Da hörte er auf einmal ein schreckliches Geräusch, und im nächsten Augenblick verlor er den rechten Schuh. Blitzschnell bückte er sich und hob ihn auf, damit von den anderen Läufern keiner stolperte. In dem Moment rannte Peter an ihm vorbei. Jan gab einen letzten Sprint und kam eine Sekunde nach Peter ins Ziel. Den Schuh hielt er in der Hand. Mit einigem Abstand folgten die anderen. Begleitet vom Applaus der Zuschauer rannten die Läufer noch ein paar Meter weiter. Dann ließen sie sich keuchend ins Gras fallen, um zu verschnaufen.
„Warum hast du das gemacht?“, fragte Peter leise.

„Weil Jesus das gesagt hat“, antwortete Jan.
„Jesus hat dir gesagt, dass du mir deinen Schnürsenkel geben sollst?“, fragte Peter verdattert.
„Tut Gutes und leiht, wo ihr nichts dafür zu bekommen hofft“, zitierte Jan. Er hatte gehorcht und hatte gegen seinen Feind verloren. Es wäre auch zu schön gewesen, die Belohnung schon hier auf der Erde zu bekommen und nicht erst im Himmel.
Dann waren sie auch schon umringt von glücklichen Schulkameraden und Lehrern, die sie zur Siegerehrung brachten. Sie stiegen die Treppen hoch und nahmen ihre Plätze ein: Peter 1. Platz, Jan 2. Platz, ein ihnen fremder Junge 3. Platz.
Der Vorsitzende des Wettkampfs hielt eine kleine Rede und kam dann mit den Pokalen zum Siegertreppchen. Er gratulierte den Jungen, reichte ihnen ihre Preise und wandte sich zum Gehen.
Da beugte Peter sich nach vorne und flüsterte dem Mann etwas zu. Der sah ihn erstaunt an. Dann reichte er dem Jungen sein Mikrophon und trat einen Schritt zur Seite.
Verwundert sah Jan seinen Schulkameraden an. Wollte er jetzt etwa noch eine Siegesrede halten? Er sah ziemlich nervös aus. Peter räusperte sich und sagte: „Dass ich den ersten Platz gemacht habe, liegt an Jan.“ Er legte eine zittrige Hand auf Jans Schulter. Man konnte sehen, dass dem Sieger das Sprechen schwerfiel. „Kurz vor dem Start war mir der rechte Schnürsenkel gerissen. Da hat er mir einfach seinen gegeben und stattdessen meinen kaputten genommen. Und dann riss der geknotete Schnürsenkel nochmal, und Jan verlor kurz vor dem Ziel den Schuh. Nur deswegen hatte ich eine Sekunde Vorsprung. Weil er mir seinen Schnürsenkel gegeben hat.“ Er machte eine kurze Pause und holte tief Luft. Dann sagte er mit rotem Kopf: „Der eigentliche Sieger ist also Jan.“ Mit diesen Worten stieg er von dem 1. Platz herunter und reichte Jan den Pokal.
Der hatte plötzlich so einen dicken Kloß im Hals, dass er nur nicken und Peter die Hand schütteln konnte.
Der Vorsitzende klatschte Beifall und klopfte den Jungen auf den Rücken. Die Zuschauer standen von ihren Plätzen auf und applaudierten begeistert. Unter allgemeinem Jubel verließen die Sieger das Treppchen.

Am nächsten Tag fand Jan auf seinem Platz in der Schule ein Päckchen. In dem Päckchen war ein neuer Schnürsenkel mit einem Zettel. Auf dem Zettel stand: „Es tut mir leid, dass ich immer so gemein zu dir war. Kommst du heute Nachmittag zu mir zum Fußballspielen? Peter."

„Liebt vielmehr eure Feinde;
tut Gutes und leiht, wo ihr nichts dafür
zu bekommen hofft.
Dann werdet ihr reichlich belohnt werden
und Kinder des Allerhöchsten sein;
denn er ist gütig gegen die Undankbaren und Bösen."
Lukas 6,35

Jesus sagt: „Himmel und Erde werden vergehen; aber meine Worte werden niemals vergehen.“
Matthäus 24,35

Weltliteratur

„Meine Güte, dein Ranzen wird auch immer schwerer“, sagte Frau Sauter kopfschüttelnd, während sie Paulas Schulbrot einpackte. „Musst du das wirklich alles dabeihaben?“
„Wir sollen heute für Deutsch unsere Bibel mitnehmen“, erklärte Paula und zog den Reißverschluss ihrer Jacke zu.
„Für Deutsch?“, wunderte sich ihre Mutter.
„Ja, Frau Sielberg hat letzte Woche gesagt, die Bibel gehört zur Weltliteratur, und wer eine hat, soll sie mitbringen. Toll, nicht?“, freute sich Paula. „Das hätte ich gar nicht von ihr gedacht.“ Sie hiefte sich den schweren Rucksack auf den Rücken und verabschiedete sich von ihrer Mutter. Vergnügt ging sie los. Ausnahmsweise freute sie sich auf Deutsch. Das Anfertigen von Textanalysen und -interpretationen in der letzten Zeit hatte ganz bestimmt nicht zu ihren Lieblingsbeschäftigungen gehört. Und zu Frau Sielberg hatte sie irgendwie auch nicht so einen guten Draht. Bisher hatte sie außerdem immer den Eindruck gehabt, ihre Deutschlehrerin hielte nichts von Gott. Jedenfalls war der Glaube an ihn in der letzten Lektüre ziemlich schlecht weggekommen. So freute sie sich umso mehr, dass diese Frau die Bibel anscheinend doch wichtig fand.
„Wer von euch hat eine Bibel dabei?“, war dann gleich Frau Sielbergs erste Frage. Paula und etwa fünfzehn andere hoben das mitgebrachte Buch hoch.
„Immerhin die Hälfte“, stellte die Lehrerin fest. „Wer von euch hat schon einmal darin gelesen?“
Paula sah sich um. Niemand meldete sich. Zögernd hob sie die Hand. Sie las fast jeden Tag in der Bibel.
Frau Sielberg warf ihr einen merkwürdigen Blick zu. „Das habe ich mir schon gedacht“, sagte sie, an die Klasse gewandt. Sie nickte zufrieden. „Obwohl es immer noch in vielen Haushalten eine Bibel gibt, liest heute kaum noch jemand darin. Früher war

das anders. Wenn überhaupt jemand eine Bibel besaß, dann las er auch darin." Sie nahm ein Stück Kreide und ging an die Tafel. „Was meint ihr, woran es liegen könnte, dass ein Buch, das einmal zur Standardlektüre gehörte, heute bei den meisten nur im Bücherschrank steht?"

„Es gibt einfach viel mehr andere Bücher", sagte Yvonne.

„Die Leute lesen weniger."

„Es interessiert sich keiner mehr dafür."

„Die Bibel ist langweilig."

Felix meldete sich. Er saß neben Paula. „Das glaubt sowieso keiner mehr, was da steht. Heute denken die Menschen mehr wissenschaftlich. Aber früher waren die Leute nicht so gut informiert."

„Sehr gut, Felix", lobte Frau Sielberg. „Früher haben die Menschen einfach geglaubt, was in der Bibel stand, weil sie es nicht besser wussten. Sie spiegelt den Wissensstand und die Einstellung der Menschen von damals wieder. Aber heute sind wir, wie Felix ganz richtig sagte, dank der Wissenschaft besser informiert. Das meiste, was in der Bibel steht, war von vornherein erfunden oder ist längst überholt. Sehr deutlich wird das zum Beispiel an den Ansichten über Mann und Frau oder die Bedeutung von Ehe und Familie. In unserer aufgeklärten Zeit hält heute kaum noch jemand an diesen Traditionen fest ..."

Paula starrte ihre Lehrerin an. Die Bibel sei überholt? Wie konnte Frau Sielberg so etwas behaupten! Sie sah sich in der Klasse um. Die meisten hörten der Lehrerin zu. Über die Hälfte kam aus Patchwork-Familien und mehrere hatten alleinerziehende Mütter. Felix auch. Das schien ihm auch gar nichts auszumachen. Alle wussten, dass er in angeheitertem Zustand auf einer Faschingsparty entstanden war.

„Deswegen bin ich auch immer so heiter", pflegte er zu sagen. Aber war das, was in der Bibel stand, deswegen überholt – weil die Mehrheit sich nicht danach richtete? Es war doch nicht bloß eine Tradition, dass ihr Vater und ihre Mutter verheiratet waren! Was Gott in seinem Wort sagt, hatte doch nichts mit der Zeit zu tun oder wurde ungültig, nur weil die Menschen sich nicht daran hielten. Es galt immer! Jesus hatte doch selbst gesagt: „Meine Worte werden nicht vergehen."

Noch vor einer halben Stunde hatte Paula sich richtig auf diese Unterrichtsstunde gefreut, und jetzt hatte sie das Gefühl, im falschen Film zu sein. Passierte das hier gerade wirklich?
„Auch wenn die Wissenschaft erkannt hat, dass die Bibel im Großen und Ganzen bei der Prosaliteratur anzusiedeln ist, lohnt es sich, sich damit zu beschäftigen. Viele der Geschichten sind sehr ausdrucksstark und stehen – obwohl sie schon so alt sind – den Grimm'schen Märchen in nichts nach. Daneben gibt es noch einige Texte anderer Literaturgattungen. Dazu gehört eine Sammlung alter Lieder. Sie wurden im Laufe der Jahrhunderte natürlich durch andere verdrängt. Heute haben wir eine ganze Bandbreite zeitgenössischer Musik, und niemand singt mehr diese sogenannten Psalmen aus der Bibel. Sie sind einfach nicht mehr am Puls der Zeit."
„Baby, Baby, oh yeah!", begann Felix mit rauchiger Stimme. Dabei klopfte er mit seinem Bleistift rhythmisch auf die Tischplatte. Die anderen lachten.
„So ähnlich", schmunzelte selbst Frau Sielberg.
Paula fand das nicht lustig. Nicht auf dem Hintergrund der Einstellung ihrer Lehrerin. Natürlich wurden die Psalmen heute noch gesungen! Sie hatte sogar eine ganze CD, auf der sie vertont waren. Wieder sah Paula sich um. Keiner ihrer Klassenkameraden schien sich an Frau Sielbergs Ausführungen zu stören. Im Gegenteil. Sie schrieben eifrig ab, was an der Tafel stand.
„Fangen wir vorne an", fuhr die Lehrerin fort und nahm die Bibel von ihrem Schreibtisch. „Das Buch beginnt mit der Geschichte von der Erschaffung der Welt. Früher glaubten die Menschen, dass es so war, wie es auf den ersten Seiten der Bibel steht. Sie brauchten eine Erklärung für den Ursprung der Welt. Weil sie es nicht besser wussten, stellten sie ein allmächtiges Wesen an den Anfang. Heute wissen wir natürlich, dass das nur eine schöne Geschichte ist. Kein ernstzunehmender Wissenschaftler glaubt oder glaubte daran ..."
Paula umklammerte ihre Bibel so fest, dass ihre Finger zu schwitzen begannen. Wie konnte ihre Deutschlehrerin so etwas behaupten! Wusste sie etwa nicht, dass es sehr wohl Wissenschaftler gab, die an die Bibel glaubten? Isaac Newton und Albert Ein-

stein, zum Beispiel, oder Gregor Mendel, der die Erbgesetze entdeckt hatte. Oder hielt sie die etwa nicht für „ernstzunehmende Wissenschaftler“? Das mit Mendel hatte Norbert ihr erzählt. Norbert war ihr Cousin und studierte Biologie. Sein Professor war übrigens auch fest davon überzeugt, dass es Gott war, der den Menschen geschaffen hatte.
Sie musste unbedingt etwas sagen. Irgendetwas. Hauptsache, Frau Sielberg hörte auf zu reden. Sie wünschte, Norbert wäre hier. Der konnte so gut erklären! Sie meldete sich.
„Ja, Paula?“
„Warum, warum ssollte Gott nnnicht die Welt gemacht haben?“, stotterte sie.
Frau Sielberg zog erstaunt die Augenbrauen hoch. Felix lachte. „Weil sich alles von selbst entwickelt hat“, erklärte er. „An eine SCHÖPFUNG glaubt doch heute kein Mensch mehr. Das ist absolut unwissenschaftlich.“
Paula öffnete den Mund, um zu widersprechen, aber Frau Sielberg war schneller. „Wir schauen uns einmal einige Texte an, und ihr werdet schnell die Parallelen zu Märchen und Mythen und sogar Fabeln entdecken. Auch in der Bibel gibt es Fantasiegestalten, wie Engel und Teufel, die Helden haben übernatürliche Kräfte, und es geht um den Kampf zwischen Gut und Böse. Nehmen wir zum Beispiel einmal die sehr plastisch erzählte Geschichte, in der Jesus angeblich auf dem Wasser ging.“ Sie teilte zwei kopierte Blätter aus, auf denen verschiedene Bibeltexte abgedruckt waren. „Wer eine Bibel mitgebracht hat, kann auch das Matthäus-Evangelium aufschlagen. Die Seitenzahl findet ihr vorne im Inhaltsverzeichnis. Kapitel 14. Wahrscheinlich habt ihr allerdings eine andere Übersetzung.“
Paula brauchte das Inhaltsverzeichnis nicht. Während die Zettel ausgeteilt wurden, schlug sie ihre Bibel bei Matthäus 14 auf und begann, still für sich zu lesen. Sie liebte diesen Bericht. Schon oft hatte der Text sie ermutigt, auf Jesus zu vertrauen.
„Und als die Jünger ihn auf dem See gehen sahen, erschraken sie sehr ... Jesus ... sprach: ... Fürchtet euch nicht! ... Und Petrus ... ging auf dem Wasser ... Er begann zu sinken und schrie: Herr, hilf mir! Jesus aber ... ergriff ihn und sagte ...: Du Kleingläubiger, warum hast du gezweifelt?“

„Wie haste das denn so schnell gefunden?“, wunderte sich Paulas Sitznachbar. „Und warum ist da was unterstrichen?“
„Felix, was ist los? Wolltest du vorlesen?“, kam Frau Sielbergs Stimme.
„Die Paula hat die Stelle sofort gefunden, ohne vorne nachzugucken!“, verteidigte sich Felix. „Und sie hat da auch was angestrichen.“
Wieder gingen Frau Sielbergs Augenbrauen in die Höhe. „Paula, da du ja offensichtlich die Geschichte kennst, lies doch bitte einmal vor!“
Paula schluckte. Eigentlich war ihr nicht danach zumute. Aber weil ihr nichts anderes übrigblieb, begann sie zu lesen. Zu ihrer Verwunderung war es ganz still in der Klasse.
„Cool, das würde ich auch gerne mal machen!“, bemerkte Felix, als sie fertig war.
„Ja, seht ihr“, nickte die Lehrerin, „und genauso sind die Geschichten entstanden – aus einem Wunschdenken heraus. Wir werden den Text jetzt anhand der Eigenschaften von Märchen analysieren ... Morgen schauen wir uns die anderen Texte an.“
Paula hätte sich am liebsten die Ohren zugehalten. Als es läutete, packte sie ganz verstört ihre Sachen ein. Sie wünschte, sie hätten niemals im Deutschunterricht über die Bibel gesprochen – und wenn sie zehnmal Weltliteratur war. Was nützte das, wenn ihre Lehrerin sie auf eine Stufe mit Grimms Märchen stellte?
Die anderen Texte auf den Zetteln handelten von Josua im Kampf gegen die Amoriter, von der Sintflut und von Jona. Dann standen noch einige einzelne Verse darauf. Ihr graute vor der nächsten Deutschstunde.
Im Laufe des langen Schultages musste sie sich allerdings auf andere Dinge konzentrieren und als sie nach ihrer Fußball-AG schließlich nach Hause kam, dachte sie nicht mehr an den Deutschunterricht. Sie dachte an gar nichts mehr, nur noch an ihren knurrenden Magen und die Pfannkuchen, die es donnerstagabends immer gab.
„Und, wie war Deutsch?“, fragte Frau Sauter, während sie Paula einen dritten Pfannkuchen auf den Teller legte. „Hast du deine ‚Weltliteratur‘ gebraucht?“

Paula sah auf. „Entsetzlich!“, sagte sie heftig. Schlagartig war ihr der Appetit vergangen. Sie ließ die Gabel sinken. Da klingelte es. Ihr Vater stand auf. „Warte, bis ich wieder da bin“, sagte er und ging zur Tür. „Ich will das auch hören.“

„Habt ihr noch einen Pfannkuchen übrig für einen armen Studenten?“, fragte eine fröhliche Stimme.

„Norbert!“ Paula sprang auf und lief in den Flur.

Ihre Mutter folgte. „Das ist ja schön!“, rief sie und umarmte ihren Neffen.

„Als ich an eurer Abfahrt vorbeikam, verspürte ich plötzlich schrecklichen Hunger, und da fiel mir ein, dass ja heute Donnerstag ist ...“

Frau Sauter lachte und rührte schnell noch eine Portion Teig an.

„Ob das reicht?“, scherzte ihr Mann und stellte ein viertes Gedeck auf den Tisch.

Während Norbert einen Pfannkuchen nach dem anderen vertilgte, ließ er sich bereitwillig nach den neuesten Familiennachrichten ausfragen. „Und wie ist es hier so?“, erkundigte er sich schließlich. „Wie läuft‘s in der Schule, Paulinchen?“

Paula schnitt eine Grimasse.

„Paula, du wolltest noch von deiner schrecklichen Deutschstunde erzählen“, griff Herr Sauter das Thema auf.

Paula seufzte und wandte sich an ihren Cousin: „Norbert, ich wünschte, du hättest das hören können! Die Sielberg behauptet, die Bibel wäre überholt und sie wäre ein Märchenbuch! Sie sagte, früher hätten die Leute an die Bibel geglaubt, weil sie es nicht besser gewusst hätten.“

„Ach, Kind, das ist ja furchtbar!“, rief ihre Mutter. „Und du hattest dich noch so gefreut ...“

„Ich hätte so gerne gesagt, dass die Bibel immer gilt – egal, was die Leute alles forschen – aber mir fielen keine Argumente ein.“ Hilflos ließ Paula die Schultern sinken.

Ihr Vater schüttelte den Kopf. „Wer nicht glauben *will*, was Jesus sagt, dem nützen auch die besten Argumente nichts. Aber wer ernsthaft nach Gott fragt, merkt über kurz oder lang, dass die Bibel von Gott kommt und dass das keine Menschenworte sein können.“

Norbert streckte seine langen Beine seitlich neben dem Tisch aus und lehnte sich zurück. „Aber ein paar Argumente können auch nicht schaden“, meinte er. „Viele Leute behaupten zum Beispiel, die Bibel sei unwissenschaftlich und führen dann so was an wie die Stelle, an der vom Hasen als von einem Wiederkäuer gesprochen wird.“

„Ich dachte, Kühe wären Wiederkäuer. Aber Hasen ...?“ Paula runzelte die Stirn.

„Ja, genau“, nickte Norbert. „Unser Hopps – das ist unser Uni-Hase – frisst sein Heu zwei Mal: Einmal aus der Raufe und einmal als Köttel.“

„Das wusste ich aber auch nicht“, gab Herr Sauter zu.

„Oder nehmen wir den Bericht von Josua, als er gegen die Amoriter gekämpft hat und Sonne und Mond befohlen hat, stillzustehen“, fuhr Norbert fort.

„Genau das Beispiel steht auf unserem Zettel!“, erinnerte sich Paula.

„‚Völliger Quatsch!‘, sagen die Leute. Allerdings wissen auch andere Kulturen von diesem ‚Quatsch‘ zu berichten. Oder die Sache mit Jona und dem Wal. ‚So was ist schon allein von der Anatomie eines Wales gesehen unmöglich‘, argumentieren sie. ‚Nie und nimmer passt ein Mann durch die enge Speiseröhre eines Wales!‘ Sie denken dabei an den Blauwal und schon meinen sie, ein weiteres Argument gegen die Glaubwürdigkeit der Bibel zu haben. Dabei steht nirgendwo etwas von einem Blauwal. Es wird nur von einem großen Fisch berichtet. Ein Pottwal hat beispielsweise eine enorme Speiseröhre. Ende des 19. Jahrhunderts gab es mehrere Berichte über einen Seemann, der etwas Ähnliches erlebt haben soll wie Jona. Blind und ausgebleicht habe er die Tortur überlebt ...“

„Ja, genau solche Argumente müsste Frau Sielberg hören!“, rief Paula begeistert.

Könnte sie das doch ebenso sachlich rüberbringen wie ihr Cousin. Ob es für alles solche Erklärungen gab? Paula mochte es nicht zugeben, aber was Frau Sielberg gesagt hatte, hatte ihr ziemlich zugesetzt. Gab es wirklich Dinge in der Bibel, die falsch waren? Morgen würden sie diese Zettel in Deutsch bearbeiten.

Das machte ihr ganz schön Bauchschmerzen. Sie hätte sich gerne noch länger mit Norbert unterhalten. Aber es war ohnehin schon ziemlich spät, und leider war der Tag für sie zu Ende. So verabschiedete sie sich von ihrem Cousin und ging ins Bett.
Bevor sie das Licht löschte, holte sie ihre Bibel aus ihrem Ranzen und schlug noch einmal Matthäus 14 auf. Ob es dafür, dass Jesus auf dem Wasser gegangen war, auch so eine gute Erklärung gab? Allmählich begann sie, sich wie Petrus auf dem See zu fühlen ...
In der Nacht hatte sie einen merkwürdigen Traum: Sie stand am Rand einer steilen Klippe, mit dem Rücken zum Abgrund. Da sah sie ihre Deutschlehrerin auf sich zurennen. Sie hatte eine große Bibel in der Hand. Während sie lief, warf sie etwas in die Luft. Als sie näher kam, sah Paula, dass Frau Sielberg nacheinander die Seiten aus der Bibel riss und wegwarf. Im gleichen Moment spürte Paula, wie unter ihr die Klippe abbröckelte. Je mehr Seiten ihre Lehrerin ausriss, desto mehr bröckelte von der Klippe ab. Plötzlich hatte Paula keinen Boden mehr unter den Füßen und stürzte in die Tiefe ...
Sie wurde wach. Irgendjemand hatte geschrien. Mit klopfendem Herzen lag sie im Bett.
Da öffnete sich die Zimmertür, und ihre Mutter steckte den Kopf herein. „Paula, was ist, warum hast du geschrien?“, fragte sie besorgt.
Sie hatte geschrien? Sie setzte sich auf. Ach ja, sie war einen steilen Abgrund hinabgestürzt. „Mama, ich hatte einen schrecklichen Traum ...“
Ihre Mutter setzte sich an ihr Bett und hörte ihr zu. Dabei hielt sie Paulas Hände fest in ihren.
„Bin ich froh, dass das nur ein Traum war“, schloss Paula erleichtert und atmete tief durch.
„Ich glaube, es war nicht ‚nur ein Traum‘“, sagte ihre Mutter leise. Paula runzelte die Stirn. „Wie meinst du das?“, wollte sie wissen. „Nach dem, was du von der Deutschstunde erzählt hast, ist dein Traum ein Bild für das, was Frau Sielberg macht. Sie erklärt Stellen aus der Bibel für unwahr und überholt. Genauso gut könnte sie die Seiten ausreißen, mit denen sie nicht einverstanden ist. Dabei ist doch das, was Gott uns in Seinem Wort sagt, unser Fun-

dament. Wer anfängt, Dinge daraus wegzustreichen – so nach dem Motto: Das erscheint mir unlogisch oder dieses gefällt mir nicht –, der nimmt im Grunde etwas von seinem Fundament weg. Und wer einmal damit angefangen hat, Kleinigkeiten in der Bibel anzuzweifeln, macht in der Regel auf die eine oder andere Weise weiter damit. Das ist nicht klug. Denn Jesus sagt, dass Himmel und Erde einmal vergehen werden, aber seine Worte nicht. Was Gott sagt, ist ewig."

Paula sah zur Seite. „Und wenn Gott das, was in der Bibel steht, gar nicht gesagt hat?", fragte sie kleinlaut.

Ihre Mutter sah sie freundlich an. „Du bist nicht die Erste, die diese Frage stellt. Schon als Jesus auf der Erde lebte, haben die Menschen seine Worte angezweifelt. Er sagte ihnen: Wer Gottes Willen tun will, dem wird klar werden, ob das, was Jesus sagt, Gottes Worte oder Menschenworte sind. Das ist bis heute so. Es ist sehr schlimm, was Frau Sielberg euch über die Bibel gesagt hat. Paula, lass nicht zu, dass sie dein Denken vergiftet. Auch wenn wir längst nicht alles verstehen können, ist Gottes Wort wahr und zuverlässig. Wir müssen uns nur immer wieder neu dafür entscheiden, ihm zu glauben."

Paula atmete noch einmal tief durch. Sie nickte. Sie würde die Texte auf den kopierten Zetteln unter die Lupe nehmen. Aber anders, als Frau Sielberg es erwartete.

Als Paula am nächsten Morgen in die Küche kam, dachte sie im ersten Moment, sie wäre noch nicht richtig wach. „Norbert?"

Grinsend prostete ihr Cousin ihr mit einer Kaffeetasse zu. „Die Gespräche mit meiner Tante und meinem Onkel waren so interessant und euer Sofa so bequem, da bin ich die Nacht über hier geblieben", lachte er. „Ich muss sowieso erst heute Mittag wieder an der Uni sein." Er zog einen Stuhl heraus. „Komm, iss, damit du so groß und stark wirst wie ich."

Paula kicherte. Ganz so groß wollte sie gar nicht werden. Plötzlich hatte sie eine verrückte Idee: „Sag mal, könntest du nicht mitkommen zu Deutsch und mit Frau Sielberg reden? Auf so einen gebildeten Menschen wie dich hört sie vielleicht eher. Wir haben sie gleich in der ersten Stunde."

Norbert verschluckte sich an seinem Kaffee. „Was für eine Schmeichelei, so früh am Morgen!“, prustete er, während er sich selbst auf den Rücken klopfte.
„Das war ernst gemeint!“, protestierte Paula. „Bitte, könntest du es versuchen?“
Norbert trank seine Tasse leer und sah auf die Uhr. „Wann hast du Deutsch?, fragte er nach.
„Gleich in der ersten Stunde. Ginge das?“ Hoffnungsvoll sah Paula ihren Cousin an.
„Also gut, ich komme mit“, willigte er ein.

Als Paula zu ihrem Platz ging, wollten natürlich alle wissen, wer der junge Mann war, der sie begleitete, und warum er mitgekommen war.
„Ich wollte mich ein bisschen mit eurer Deutschlehrerin über Hasen unterhalten“, sagte Paulas Cousin locker und schwang seine langen Beine über den Tisch.
„Über Hasen?“, wunderte sich Felix.
„Ja“, nickte Norbert. „Ich glaube, sie weiß nicht, dass die Tiere ihr Gras zweimal fressen.“
„Was, echt jetzt? So wie Wiederkäuer?“, fragte Felix verblüfft.
Norbert grinste. „Man könnte es so nennen.“
„Und deswegen bist du mit Paula gekommen, um Frau Sielberg das zu sagen?“, wunderte sich Yvonne.
„Auch“, erwiderte Norbert. „Aber ich wollte mit ihr auch noch über etwas anderes sprechen.“
„Über was denn?“, fragte Finn neugierig.
„Och, zum Beispiel über Jesus auf dem Wasser oder die Zeitverschiebung damals bei der Schlacht zwischen Israel und den Amoriterkönigen. Oder auch über Jona.“
„Das steht doch auf unserem Zettel!“, rief ein Junge.
„Bingo!“ Norbert schnipste mit den Fingern.
„Und, was ist damit?“, erkundigte sich Felix gespannt.
Norbert erzählte von den alten Ägyptern und Chinesen und der Geschichte über den Mann im Wal. „Und wusstest ihr“, fuhr er fort, „dass auf dem Meeresgrund im Roten Meer Wagenräder entdeckt wurden?“ Mittlerweile hatten sich die Schülerinnen und Schüler um ihn gedrängt.

„Häh, wer fährt denn mit einem Wagen über den Meeresboden? Willst du damit etwa sagen, dass es Neptun wirklich gibt?“, fragte Finn spöttisch.
Norbert lachte. „Neptun nicht. Aber einen ägyptischen Pharao, der den Israeliten nachjagte, nachdem Gott das Meer für sie geteilt hatte.“
„Das ist ja der Hammer!“, meinte Felix. „Und warum wird dann gesagt, dass die Geschichte ein Märchen ist?“
„Tja“, sagte Norbert und kratzte sich am Kopf, „manchmal ist es eben angenehmer, unwissenschaftlich zu denken.“
„Was meinst du damit?“
„Überleg doch mal: Wenn das, was in der Bibel steht, keine Märchen sind, dann hätte es ja etwas mit unserem Leben zu tun. Dann wäre Gott unser Schöpfer, den wir nicht einfach ausklammern können. Das würde übrigens auch erklären, warum Jesus auf dem Wasser gehen konnte: Warum sollte der, der das Wasser geschaffen hat, nicht darauf gehen können?“ Es war mucksmäuschenstill im Klassenraum. „Es kommt immer auf den Ausgangspunkt an“, erklärte Norbert. „Will ich an Gott glauben, oder nicht? Wenn ich Gott nicht in meinem Leben haben will, dann darf ich auch nicht glauben, was in der Bibel steht. Dann *muss* ich das sogar als überholt und unwahr betrachten. Das hat dann aber nichts mit Wissenschaft zu tun.“
Felix warf einen Blick auf Frau Sielbergs Zettel. „Und was ist mit der Arche Noah? Das ist doch zu schön, um wahr zu sein: Ein schwimmender Zoo! Außerdem, so viel Wasser gibt es doch gar nicht, dass es die ganze Erde bedecken könnte!“
„In dem biblischen Bericht setzt Noahs Schiff im Gebirge auf Grund, und zwar auf dem über 5.000 m hohen Berg Ararat in der heutigen Türkei. Man hat dort oberhalb der Baumgrenze tatsächlich Reste von bearbeitetem Holz gefunden. Natürlich kann man nicht beweisen, dass sie von der Arche stammen. Aber man kann auch nicht beweisen, dass sie nicht von der Arche stammen. Und wie erklärst du dir all die versteinerten Meerestiere im Gebirge, sogar auf dem Mount Everest?“ Kopfschütteln ringsum.
„Das ist ja ganz schön verwirrend“, meinte Yvonne. „Die Sielberg sagt so und du sagst genau das Gegenteil. Es kann doch nicht bei-

des stimmen. Da weiß man ja gar nicht, was man glauben soll!"
Norbert nickte langsam. „In diesem Dilemma stecken die Menschen schon seit Jahrtausenden."
„Wieso?", warf Finn ein. „Ich denke, früher haben alle an die Bibel geglaubt."
„Es gab immer welche, die Gottes Worte angezweifelt haben", erwiderte Norbert. „Und zwar schon bevor alles aufgeschrieben war. Die Bibel berichtet, dass Jesus ihnen gesagt hat, dass sie herausfinden würden, ob seine Worte menschlich oder göttlich wären, wenn sie Gottes Willen tun wollten."
Paula lächelte. Hatte ihre Mutter ihr letzte Nacht nicht das Gleiche gesagt?
„Vielleicht ist das, was in der Bibel steht, doch nicht so dumm", überlegte Felix laut.
„Gut kombiniert!", bestätigte Norbert. „Und wenn mehr Leute genauso schlau wären wie du und weniger die Bibel für überholt hielten, sähe es auf unserem Planeten heute anders aus."
„Meinst du die ganze Umweltzerstörung?", wollte Yvonne wissen. „Das auch. Vor allem der Umgang der Menschen miteinander wäre anders, wenn Gottes Maßstäbe unser Denken und Handeln bestimmen würden. Es gäbe zum Beispiel mehr Kinder, die ihren Vater kennen würden."
Der „heitere" Felix sah den Studenten wie vom Donner gerührt an. So ernst hatte Paula ihren Klassenkameraden noch nie gesehen.
Norbert warf einen Blick auf die Uhr über der Tafel und schlug sich mit den Handflächen auf die Oberschenkel. „Wenn ich einigermaßen pünktlich zu meiner Vorlesung in der Uni sein will, muss ich diese anregende Diskussion leider abbrechen. Wenn ihr noch mehr zu dem Thema wissen wollt, könnt ihr mir eine E-Mail schreiben. Diese junge Dame hier hat meine Adresse." Er deutete auf Paula und rutschte vom Tisch. „Mach's gut, Cousinchen", grinste er. „Und lass dich nicht weichklopfen." Mit ein paar langen Schritten war er aus der Tür hinaus.
„Der ist ganz schön fit", meinte Felix anerkennend. Er hatte sich wieder gefangen. „Gibst du mir die Adresse?"
Paula schrieb sie auf eine Ecke ihres Collegeblocks und riss das Stück ab.

„Mir kannst du sie auch geben“, sagte Finn.
„Mir auch.“
„Ich will sie auch haben.“
„Ich will ihn auch noch was fragen.“
Das Blatt wurde immer kleiner. Die Tür ging auf.
„Was ist denn hier los?“ Frau Sielberg war eingetroffen. „Paula, Autogramme verteilen kannst du nachher. Setzt euch bitte auf eure Plätze. Es tut mir leid, dass ich zu spät komme. Ich war verhindert.“
„Das sage ich demnächst auch“, schnaubte Felix leise. „Mein Kopfkissen hat mich verhindert.“ Paula kicherte.
„Nehmt bitte die Blätter zur Bibel heraus“, forderte die Lehrerin die Klasse auf. „Wir wollen sehen, was wir herausfinden können.“
Yvonne meldete sich: „Dass der Hase als Wiederkäuer bezeichnet wird, ist nicht unwissenschaftlich. Er frisst nämlich seine Köttel.“
„Die Zeit hat wirklich stillgestanden. Und zwar auch in China.“ Das kam von Finn.
„Und die Arche Noah gab es echt“, wusste Jonas zu berichten. „Auf dem Berg Arafat hat man Reste davon gefunden.“
„Ararat, du Trantüte!“, wies Felix ihn zurecht. „Und wussten Sie“, fuhr er an Frau Sielberg gewandt fort, „dass die auf dem Grund des Roten Meeres Wagenräder gefunden haben? Wenn es nicht der Meeresgott war, der da vorbeigefahren ist, dann vielleicht der Pharao.“ Herausfordernd sah er seine Lehrerin an. „Vielleicht ist die Bibel doch nicht so ‚veraltet‘, wie Sie denken. Vielleicht hat sie sogar etwas mit unserem Leben zu tun.“
Sichtlich verdattert sah Frau Sielberg von einem Schüler zum anderen. „Wie kommt ihr denn auf all diese Dinge?“, fragte sie höchst verwundert.
„Tja“, machte Felix und hob die Schultern, „gestern waren wir noch nicht so gut informiert. Aber heute wissen wir mehr ...“

Jesus sagt: „Himmel und Erde werden vergehen; aber meine Worte werden niemals vergehen.“
Matthäus 24,35

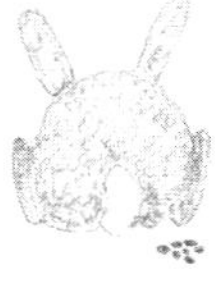

„Die Frucht des Geistes aber ist Liebe, Freude, Friede, Geduld, Freundlichkeit, Güte, Treue, Sanftmut, Selbstbeherrschung.“
Galater 5,22-23a

Neun Königskinder

Ein gütiger König hatte neun schöne Kinder. Er gab ihnen die Namen Lilly Liebe, Felicitas Freude, Frieder Friede, Gerti Geduld, Freddy Freundlichkeit, Günther Güte, Trudi Treue, Susi Sanftmut und Sonja Selbstbeherrschung. Obwohl er für jedes von ihnen ein eigenes Kindermädchen zur Aufsicht hätte einstellen können, übernahm er die Erziehung seiner Kinder selbst. Durch gütige Unterweisung, aber vor allem durch sein Vorbild prägte der König die jungen Prinzen und Prinzessinnen. So lebten sie in Freude und gutem Einvernehmen miteinander. Nun war es kurz vor Weihnachten. Die Neun liebten ihren Vater sehr und überlegten, was sie ihm schenken könnten.
„Vielleicht können wir ihm Plätzchen backen“, piepste Sonja Selbstbeherrschung. „Ich werde gehen und ihn fragen, was er sich wünscht.“ Sie war die Jüngste und hatte selber viele Vorlieben. Dazu gehörten vor allem Vanillekipferl.
„Eine gute Idee“, sagte Felicitas Freude. „Es soll ja etwas sein, über das er sich wirklich freut.“ Die anderen stimmten ihr zu.
Als Sonja Selbstbeherrschung allerdings mit des Königs Antwort zurückkam, herrschte verwirrtes Schweigen. Er hatte auf die Frage, was er sich von seinen Kindern zu Weihnachten wünsche, geantwortet: „Ich wünsche mir die Frucht eurer Namen.“
„Wo sollen wir mitten im Winter Obst herbekommen?“, fragte Gerti Geduld.
„Wir könnten zum Bauern gehen“, schlug Günther Güte vor, und fragen, ob er uns von seinem eingekellerten Obst etwas verkauft.“ Den anderen schien das eine gute Idee zu sein, und so stimmten sie zu. Gleich am folgenden Morgen wollten sie sich mit Rucksäcken und einem Picknick gemeinsam auf den Weg machen.

Lilly Liebe konnte es kaum erwarten. „Dann merkt er, wie sehr wir ihn lieben!“, freute sie sich.
Doch am nächsten Tag wachte Gerti Geduld mit Kopfschmerzen und Fieber auf. Es war klar, dass sie nicht mitkommen konnte. Darüber war sie sehr traurig. Den Tag alleine im Bett zu verbringen, statt ein Weihnachtsgeschenk für ihren Vater zu kaufen, war keine rosige Aussicht! Aber sie jammerte nicht und beschloss, geduldig auf die Rückkehr ihrer Geschwister zu warten.
Da ging die Tür auf und Lilly Liebe kam herein. „Lilly“, rief Gerti erstaunt, „du wolltest doch so gerne mit!“
Ihre Schwester schloss leise die Tür. Sie stellte ihren Rucksack neben Gertis und setzte sich an ihr Bett. „Ja“, sagte sie lächelnd, „aber noch lieber wollte ich, dass du nicht einsam bist.“

Die anderen Sieben zogen ihre Mäntel, Mützen und Schals an. Sie packten die Brote ein, die sie neben ihren Tellern vorgefunden hatten, und zogen los. Günther hatte noch ein Tüte Plätzchen eingesteckt. Oben am Fenster stand ihr Vater und sah ihnen lächelnd nach, wie sie über den weißen Schlosshof stapften.
Die Königskinder wanderten über schneebedeckte Hügel, bis sie schließlich zu einem Hof kamen. Als sie vor der Tür des Bauernhauses standen, wurde ihnen doch etwas mulmig. So weit waren sie noch nie von zu Hause weg gewesen. Schließlich fasste sich Trudi Treue ein Herz und klopfte an.
Ein erschöpft aussehender Mann öffnete. Mit finsterem Blick musterte er die Wanderer. „Was wollt ihr?“, brummte er unfreundlich. „Ich kann keine weiteren Kinder gebrauchen. Hab selbst schon genug. Außerdem ist meine Frau krank. Wenn ihr hausieren wollt, dann macht, dass ihr wegkommt!“
„Bitte“, begann Freddy freundlich, „wir wollten fragen, ob Sie noch Obst vom Sommer haben. Unser Vater ...“ Weiter kam er nicht.
„Das ist ja wohl die Höhe!“, ereiferte sich der Mann. „Soll euer Vater sich selber Obst einkellern, statt seine Kinder betteln zu schicken!“
Er war noch am schimpfen, da erschien ein kleiner Junge mit Rotznase an der Tür. „Papa, komm schnell!“, rief er ängstlich.

„Die Mama hustet so, dass sie kaum noch Luft kriegt!"
Der Bauer knallte eilig die Tür zu.
Kurz darauf öffnete sie sich allerdings wieder, und der kleine Junge sah die Königskinder mit großen Augen an. „Man darf keine Türen knallen", sagte er entschuldigend. „Besuch darf auch nicht draußen stehen. Das ist unhöflich." Er hielt die Tür auf und bat die Besucher herein.
Sie betraten die Diele. Günther beugte sich zu dem Kleinen hinab. „Dein Papa hat es im Moment nicht leicht", sagte er gütig. „Wir nehmen es ihm nicht übel."
„Ist deine Mama sehr krank?", erkundigte sich Freddy teilnahmsvoll.
Der Kleine nickte ernst. Dann fing er an zu weinen. „Sie soll nicht sterben!", schluchzte er.
Frieder nahm das Bürschchen auf den Arm und strich ihm beruhigend über den Rücken. „Es wird alles gut werden", flüsterte er ihm ins Ohr. Dabei dachte er an seinen Vater, den König. Bestimmt würde er sich für diese Familie einsetzen.
Aus einem Raum klangen weinerliche Kinderstimmen und Babygeschrei. Da kam der Bauer in den Flur. Aufgebracht sah er seinen Sohn und die sieben Besucher an. Er wollte gerade Luft holen, um seinen Ärger herauszulassen, da sagte Susi sanft: „Sie haben gerade eine schwere Zeit, nicht wahr? Würde es Ihnen helfen, wenn wir ein bisschen nach ihren Kindern sähen, damit Sie bei Ihrer Frau sein können?"
Der Mann starrte sie einen Moment lang verblüfft an. Dann fuhr er sich über sein stoppeliges, müdes Gesicht. „Ja", seufzte er erleichtert, „das wäre gut. Sie sind in der Küche. Peterchen, zeig ihnen den Weg. Ich gehe wieder zu Mama." Er öffnete eine Tür und verschwand.
Die Prinzen und Prinzessinnen folgten Peter in die Küche. Eine wohlige Wärme schlug ihnen entgegen. Sonja ließ sich sofort auf den weichen Teppich vor dem Ofen fallen. Das war aber auch das einzig Gemütliche, denn ansonsten bot sich ihnen ein trauriges Bild: Ein kleines Mädchen, anscheinend die Älteste, aber kaum größer als Sonja, versuchte vergeblich, einem schreienden Säugling die Flasche zu geben, während zwei Jungen, ein rothaariger

und ein blonder, sich auf dem Boden rauften. Der Tisch stand voller schmutzigem Geschirr, Kleidungsstücke lagen herum, und der Fußboden war übersät mit allerhand Krimskrams. In einem kleinen Eimer türmten sich Gemüseabfälle.
Felicitas erholte sich als Erste. Sie ging zu dem Mädchen und sagte: „Du bist aber eine liebe große Schwester, dass du dich so um das Baby kümmerst!“
Sofort hellte sich das Gesicht des kleinen Mädchens etwas auf. Doch gleich darauf sagte es weinerlich: „Aber das Baby schreit so und will nicht trinken. Hier, willst du mal versuchen?“ Sie reichte Felicitas das Kleine.
Felicitas schaukelte das Baby sachte hin und her und sang dabei leise ein fröhliches Kinderlied. Das Mädchen stimmte mit ein. Das Baby hörte auf zu schreien und lauschte. Auf einmal verzog sich sein Mündchen zu einem zahnlosen Lächeln, dann fing es an zu lallen.
Seine Schwester klatschte in die Hände und lachte glücklich. „Es singt mit!“, rief sie begeistert.
In der Zwischenzeit war Frieder zu den raufenden Jungen getreten. „Worüber streitet ihr denn überhaupt?“, erkundigte er sich. Die beiden Kampfhähne ließen einander kurz los und sahen den fremden Jungen verblüfft an.
Doch gleich darauf rief der Rothaarige mit zornig funkelnden Augen: „Er hat meinen Griffel verschlampt!“
„Hab ich gar nicht!“, fauchte der Blonde wütend zurück.
Sie wollten gerade wieder aufeinander losgehen, doch Frieder trat dazwischen. „Dann lasst uns doch gemeinsam nach dem Griffel suchen“, schlug er ruhig vor. „Davon, dass ihr euch verprügelt, taucht er auch nicht wieder auf.“
Auch Günther half mit beim Suchen, und als sie den Griffel gefunden hatten, malte er für die Jungen lustige Bilder auf ihre Tafeln.
Trudi nahm den Eimer mit den Küchenabfällen. „Habt ihr Hühner?“, fragte sie den Blonden.
Der nickte. Dabei stahl sich ein schuldbewusster Ausdruck in seine Augen. Er streckte die Hand aus. „Eigentlich soll ich sie füttern. Aber ich vergess das manchmal“, murmelte er.

Trudi ging mit ihm nach draußen. Als die beiden wiederkamen, hatten sie ein paar Hühnerfedern dabei. Der Blonde steckte sie in einen Schlitz in der Wand neben der Tür.
Trudi nickte ihm ermutigend zu. „So erinnerst du dich bestimmt daran", lächelte sie. „Die Federn werden dir helfen, treu deine Aufgabe zu erfüllen."
Freddy hatte sich neben Peter gesetzt, um ihm vorzulesen. Zwischendurch beantwortete er freundlich die vielen Fragen des kleinen Jungen.
Sonja Selbstbeherrschung beobachtete das alles von ihrem Platz beim Ofen aus. Es war so gemütlich, nach der langen Wanderung auf dem weichen Teppich zu liegen. Viel gemütlicher, als etwas gegen das Chaos im Raum zu unternehmen ... Sie ließ ihren Blick über das schmutzige Geschirr und die Unordnung gleiten. Plötzlich stand sie auf. Sie begann, die herumliegenden Kleidungsstücke aufzulesen und ordentlich über einen Stuhl zu hängen. Dann räumte sie den Tisch ab und stellte die Teller in die Spüle. In einer Ecke fand sie eine fast leere, offene Keksdose. Vier Vanillekipferl lagen noch darin. Der kleinen Prinzessin lief das Wasser im Mund zusammen. Sie verspürte plötzlich großen Hunger. Am liebsten hätte sie von den Plätzchen gegessen. Doch dann beherrschte sie sich. Die Kipferl gehörten ihr nicht. Außerdem wollte sie nicht diesen Kindern die letzten Plätzchen wegessen. Schon gar nicht, wo die Mutter krank war und es keine Aussicht auf neue gab. Sie stellte die Dose auf den Tisch.
Die Tür ging auf, und der Bauer trat in die Küche. Erschöpft ließ er sich auf einen Stuhl fallen. Verwundert sah er sich um. „Nanu, wie sieht es denn hier aus? Alles aufgeräumt und kein Streit, kein Geschrei? Stattdessen zufriedene, frohe Kinder?"
„Kriegt Mama wieder besser Luft?", erkundigte sich Peterchen besorgt.
Sein Vater nickte. „Ja. Und sie schläft endlich. Ich glaube, es wird besser mit ihr." Er sah die Königskinder an. „Ich hätte euch gerne ein paar Äpfel gegeben. Aber es tut mir leid. Ich habe fast nichts mehr. Die paar, die noch da sind, wollte ich für Weihnachten verwahren."

„Das macht nichts“, sagte Susi Sanftmut. „Wir fragen einfach beim nächsten Bauern.“
Während die Geschwister sich von der Familie verabschiedeten, legte Günther unauffällig seine Plätzchentüte in die fast leere Keksdose. Dann machten sich die sieben auf den Weg.

Zu Hause ertrug Gerti geduldig ihre Schmerzen, und Lilly pflegte sie liebevoll. Zwischendurch sah sie immer wieder aus dem Fenster, wann wohl ihre Geschwister zurückkehren würden.
Die wollten ja zum nächsten Bauernhof gehen. Doch da fing es so an zu schneien, dass sie sich auf den Heimweg machen mussten. Als sie im Schloss ankamen, versammelten sie sich alle in Gertis Zimmer, um den beiden zu Hause gebliebenen Schwestern ihre Erlebnisse zu berichten.
Frieder lief die Nase von der Kälte. Er bückte sich, um sich aus seinem Rucksack ein Taschentuch zu holen und rief kurz darauf erstaunt: „Nanu, eine Apfelsine! Wo kommt die denn her? Hat der Bauer uns heimlich doch etwas gegeben? Aber hier wachsen doch keine Apfelsinen!“
Die anderen sahen sofort in ihren Rucksäcken nach, und alle riefen durcheinander. Jeder hatte ein anderes Obst in seinem Rucksack: Eine Banane, Kirschen, Weintrauben, einen Apfel, Erdbeeren und einen Pfirsich.
Felicitas Freude tanzte durch das Zimmer. „Der Vater wird sich freuen!“, sang sie. Dabei stolperte sie über Lilly Liebes und Gerti Gedulds Rucksäcke, die noch vor Gertis Nachtschränkchen standen. Gertis Rucksack ging auf und ... eine Kokosnuss rollte heraus!
„Aber“, stammelte sie, „ich habe doch nur geduldig hier im Bett gelegen. Wo kommt die denn her?“
Inzwischen hatte auch Lilly in ihren Rucksack geschaut. Sie holte ein paar samtweiche Aprikosen heraus. Fragend sahen sich die Kinder an.
„Ob das die Frucht unserer Namen ist?“, kam Sonja Selbstbeherrschungs hohes Stimmchen. Es musste wohl so sein, wenn sich auch keiner die Sache erklären konnte. Es war auch nicht so wichtig. Hauptsache, ihr Vater konnte sich über sein Weihnachtsgeschenk freuen.

So war es dann auch. Als die Kinder dem König das Obst überreichten, strahlte er über das ganze Gesicht. „Die Frucht eurer Namen“, sagte er glücklich. „Das Zeugnis, dass ihr meine Kinder seid.“
Und noch jemand freute sich an diesem Heiligen Abend: Der Bauer hatte den Blonden und den Rothaarigen in den Keller geschickt, um die letzten Äpfel heraufzuholen für Bratäpfel. Was war das für ein Staunen, als die beiden Jungen mit einem Arm voll herrlichen Obstes die Treppe hochkamen: Erdbeeren, Kirschen, Weintrauben, Aprikosen ... sogar eine Kokosnuss war dabei.
Und weil der schwachen Mutter die vielen frischen Vitamine so guttaten, war sie auch bald wieder gesund.

„Die Frucht des Geistes aber ist Liebe, Freude, Friede, Geduld, Freundlichkeit, Güte, Treue, Sanftmut, Selbstbeherrschung.“
Galater 5,22-23a

**„Ihr seid das Salz der Erde.
Wenn nun das Salz seine Wirkung verliert,
womit soll man salzen?
Es ist zu nichts mehr nütze, als dass man es fortschüttet
und von den Leuten zertreten lässt.“
Matthäus 5,13**

Salzig

Eric stand mit Malte, Fenja und ein paar anderen aus der 7b in der Pausenhalle. Da kam Günther aus der Zehnten. „Montag, sechste Stunde Snack-Shop Treffen. Bitte weitersagen“, sagte er kurz zu Eric und Malte.
„Kann diese Besprechung nicht in der ersten und zweiten Stunde stattfinden?“, seufzte Eric. „Dann müssen wir die Steward ‘ne Doppelstunde weniger ertragen ...“
„Dieses Weib ist einfach nicht zum Aushalten!“, bestätigte Malte. Er äffte die näselnde Stimme der Englisch-Lehrerin mit den blond gefärbten Haaren gekonnt nach. Dabei sagte er mit britischem Akzent: „Wenn die ihre Fresse aufmacht ...“
Fenja hielt ihm den Mund zu. „... kriegt man das kalte Kotzen“, beendete sie den Satz. „Hör bloß auf. Es reicht, wenn ich mir das in Englisch anhören muss. Die ist voll scheiße!“ Ihre ganze Abscheu lag in dem letzten Wort.
Malte stimmte ihr zu. „Das kannste laut sagen“, nickte er. „Das fieseste Stück Fleisch, seitdem Lehrer erfunden wurden!“
Fenja sah sich kurz um, dann wiederholte sie ihren Satz in doppelter Lautstärke. Ihre Mitschüler lachten.
Obwohl Eric zu Hause dazu angehalten wurde, nicht verachtend über andere Menschen zu reden, lachte er auch. Den kleinen Stich im Gewissen beruhigte er damit, dass er diese abfällige Bemerkung ja nicht selbst gemacht hatte. Und außerdem hatte Fenja recht, fand er.
Auf dem Weg zurück in den Klassenraum lästerten die Kinder weiter über die unbeliebte Lehrerin. Auch der Geschichts- und der Chemielehrer wurden ordentlich aufs Korn genommen. Die

Siebtklässler waren sich einig: Solche Leute konnten einem echt das Leben schwermachen!
Endlich war auch die letzte Schulstunde geschafft, und das wohlverdiente Wochenende stand vor der Tür. Wenn man sich vorstellte, dass die Schüler früher auch noch samstags in die Schule mussten ... Es war Eric unbegreiflich, wie man so was aushalten konnte. Er machte samstags lieber was anderes: Zum Beispiel seine Großeltern besuchen.

Behaglich räkelte Eric sich auf der Sonnenliege. Bei Oma und Opa war es immer wie Urlaub. Auf seinem Bauch lag Omas Backbuch, voll mit handgeschriebenen Rezepten, Zeichnungen und einigen Fotos. Seine Großeltern hatten früher eine Bäckerei gehabt, und jedes Mal wenn Eric kam, durfte er nach Herzenslust backen.
In einigen der Seiten steckten Zettelchen. Sie markierten die Rezepte, die Eric ausprobieren wollte. Jetzt hörte er durch die geöffnete Terrassentür Stimmen. Aha, seine Großeltern hatten ihre Mittagsruhe beendet. Eric stand auf und ging, das dicke Buch unter dem Arm, ins Haus. Im Flur reichte Opa Oma gerade ihre Gehhilfe. „Wollten wir nicht backen?“, wunderte sich Eric mit einem Stirnrunzeln.
„Tun wir auch“, beruhigte sein Großvater ihn, „falls du dich traust, mit mir alleine zu backen, während Oma bei ihrem Jammer-Club ist.“
Erstaunt zog Eric die Augenbrauen in die Höhe. Oma hatte einen Jammer-Club? Das passte so gar nicht zu seiner Dankbarkeit versprühenden Großmutter. Obwohl sie wegen ihrer Arthrose-Schmerzen einen Stock benutzen musste beim Gehen, hatte Eric sie noch nie *jammern* gehört.
Oma lachte fröhlich. „Dein Opa nennt die Selbsthilfegruppe so, weil alle dort immer so viel schimpfen und jammern“, erklärte sie. „Fast alle“, korrigierte Opa.
Omas Augen blitzten. „Ja, *fast*“, nickte sie. „Ich versuche immer, einen positiven Unterschied zu machen und die Suppe ein bisschen zu würzen.“ Erics Gesicht war ein einziges Fragezeichen.
„Eure Rede sei allezeit freundlich und mit Salz gewürzt“, zitierte

seine Großmutter. „Ich gehe hin, damit wenigstens einer sie in all dem negativen Gerede daran erinnert, dass wir viel Grund haben, Gott zu danken.“ Sie gab Opa ein Küsschen zum Abschied und ging aus der Haustür.
Eric sah ihr nach, wie sie die Einfahrt hinunterhumpelte. Bevor sie ins Auto stieg, drehte sie sich noch einmal um und hob die Gehhilfe zum Gruß. *Wie ein Gewehr*, dachte Eric. Seine Oma war wirklich eine Kanone – ging zur Selbsthilfegruppe, um im Gejammer der anderen einen Unterschied zu machen.

„Und, woran wollen wir uns wagen?“, fragte Opa, als sie mit zwei Schürzen geschmückt in der Küche standen. Eric zeigte auf ein Brötchen-Bild. Obwohl das Foto schon ziemlich verblichen war, lief ihm schon beim Anblick das Wasser im Mund zusammen. Sie begannen, sich Schüssel, Waage, Zutaten und Küchenmaschine zurechtzustellen.
Da klingelte das Telefon. Es war Onkel Ernst. Das konnte länger dauern, wusste Eric. Er beschloss, sich alleine ans Backen zu wagen.
Als der Großvater in die Küche kam, setzte sein Enkel gerade den letzten Teigklumpen auf ein dünn eingefettetes Blech. „Onkel Ernst musste mal wieder Dampf ablassen“, entschuldigte er sich. „Das dauert manchmal etwas länger.“
„Kein Problem“, grinste Eric. Stolz zeigte er auf die weißen Kugeln auf dem Blech. „Ich glaube, die werden gut.“ Der Teig hatte bereits begonnen aufzugehen. Eric konnte kaum erwarten, die Brötchen zu probieren.
Als es endlich soweit war, biss er herzhaft hinein – außen knackig, innen weich. Mmmh ... Doch im nächsten Moment hörte er auf zu kauen. Irgendwie schmeckten die Brötchen seltsam. Er schluckte runter und nahm noch einen Bissen. Was war das nur? Die Brötchen schmeckten nach ... gar nichts!
„Und, sind sie gut geworden?“, erkundigte sich Opa, der gerade in die Küche kam.
„Ich weiß nicht, irgendwas habe ich falsch gemacht“, sagte Eric zerknirscht und legte das angebissene Brötchen auf den Tisch. Opa riss sich ein Stück ab und steckte es in den Mund. Er kaute

bedächtig. „Schmeckt fade“, stellte er fest. „Hast du dich genau nach dem Rezept gerichtet?“
„Ja, ich denke schon“, gab Eric zurück. Gemeinsam schauten sie noch einmal nach. „Mehl, Hefe, Wasser, Salz ... Salz, ich habe kein Salz dran getan!“, rief Eric.
Opa lachte leise. „Na, wenn das mal keine gute Predigt ist“, meinte er vergnügt. „Das wird der Oma gefallen! Ich glaube, da kommt sie gerade.“ Tatsächlich, Oma war von ihrem Jammer-Club – oder Arthrose-Selbsthilfegruppe – zurück. „Unser Enkel hat mir mit seinen Brötchen gerade eine ausgezeichnete Predigt zu Matthäus 5,13 gehalten“, begrüßte Opa sie vergnügt.
„Ihr seid das Salz der Erde“, sagte seine Großmutter sofort. Sie hielt Eric ihren Krückstock hin und ließ sich von Opa aus der Jacke helfen. „Hat er das Salz vergessen?“
Verdattert schaute Eric sie an. Woher wusste Oma das mit dem Salz? Die alte Dame lachte, als sie sein Gesicht sah.
„Na, wo habt ihr denn die guten Stücke?“, fragte sie. Alle drei gingen in die Küche, und Oma probierte. „Schmeckt wie eine Welt ohne Jesus. Oder wie unsere Umgebung, wenn wir uns anpassen“, stellte sie fest.
Eric verstand nur Bahnhof. „Häh?“, fragte er verwirrt.
„Eine Welt ohne Jesus ist wie ein Essen ohne Salz. Wer mit Jesus lebt in dieser selbstsüchtigen, gottlosen Welt, hat die gleiche Wirkung wie Salz“, erklärte Oma. „Du erinnerst dich doch bestimmt an Pfarrer Waldschmidt, der immer in unserer Kirche gepredigt hat.“ Eric nickte. Dem freundlichen Geistlichen konnte man gut zuhören, fand er. „Nun, er ist leider nicht mehr bei uns. Er hat das mit dem Salz der Erde sehr ernst genommen und immer versucht, sich nach Gottes Wort zu richten. So hat er sich z. B. geweigert, zwei Männer zu trauen. Die haben sich über ihn beschwert, und er wurde beim Kreiskirchenamt vorgeladen. Wenn er nicht bereit sei, sich der Gesellschaft anzupassen, werde er strafversetzt, hieß es. Daraufhin antwortete er den Herren von der Kirchenbehörde: ‚Wenn nun das Salz seine Wirkung verliert, womit soll man salzen?‘ Jetzt predigt er in einem winzigen Örtchen zehn Kilometer von hier. Die kleine Kirche dort platzt fast aus den Nähten.“

Beim Abendessen – mit Schinken waren die Brötchen nicht *zu* schlecht – erzählte Opa noch ein bisschen von dem mutigen Pfarrer.

Eric war sehr nachdenklich. Das Salz der Erde zu sein, konnte einen ganz schön was kosten. Die Situation in der Pausenhalle fiel ihm wieder ein. Er war nicht besonders „salzig“ gewesen. Auch nicht, als er mal wieder von Malte die Mathehausaufgaben abgeschrieben hatte. Oder wenn er sich, wie alle anderen Mitarbeiter im Snack-Shop, einfach an den Sachen dort bediente. Immer mehr Situationen fielen ihm ein, in denen er sich jeden Tag anpasste.

Oma legte eine faltige Hand auf seine. „Na, komm, so schlecht schmecken die Brötchen gar nicht“, versuchte sie Eric aufzumuntern. „Aus dem Rest machen wir arme Ritter, und morgen backen wir noch eine richtig schöne Torte.“ Sie lächelte ihren Enkel fröhlich an. Der nickte nur schweigend.

Opa betrachtete ihn mit geschürzten Lippen und schief gelegtem Kopf. „Ich glaube, es sind nicht nur die Brötchen, die unserem Enkel zu schaffen machen“, sagte er freundlich.

Eric schluckte. „Es ist ganz schön schwer, salzig zu sein“, murmelte er.

Sein Großvater nickte bedächtig. „Ja, mein Junge, da hast du recht. Aus eigener Kraft schafft man das auch nicht. Aber wenn wir ganz eng mit Jesus in Verbindung sind, ist Er es, der uns salzig macht.“

Als Eric am Sonntagabend zu Hause in seinem Bett lag, nahm er seit langer Zeit mal wieder seine Bibel zur Hand. Er schlug das Matthäus-Evangelium auf und las das fünfte Kapitel. Was Jesus da sagte, war ein ziemliches Kontrastprogramm zu dem, worauf es den meisten Menschen ankam. Da konnte man ganz schön auffallen. Das mochte er eigentlich gar nicht. Er musste wieder an seine faden Brötchen denken. Und an Pfarrer Waldschmidt. „Jesus, bitte hilf mir, dir zu folgen und Salz zu sein“, betete Eric, bevor er einschlief.

Am Montagmorgen versuchten Eric und ein paar andere im Hau-Ruck-Verfahren schnell noch ein paar Vokabeln für den Englischtest in ihr müdes Hirn zu donnern, als Malte in die Klasse gestürzt kam. Seine Augen blitzten, und er hatte ein hämisches

Grinsen auf dem Gesicht. „Kein Wort!“, zischte er und rutschte auf seinen Platz.
Frau Steward betrat den Raum. Malte, der in der ersten Reihe saß, drehte sich noch einmal um und hielt warnend den Finger auf die Lippen.
Was hatte er nur? Eric sah sich um. Einige seiner Klassenkameraden machten todernste Gesichter, andere hatten mit dem Kichern zu kämpfen. Frau Steward holte aus ihrer Tasche die Blätter für die Englischarbeit und begann, sie auszuteilen. Fenja prustete los.
Die Lehrerin wandte sich zu ihr um. „What is so funny?“, näselte sie streng.
Fenja lief rot an und beherrschte sich. Jetzt sah Eric, was los war: Der weite Rock der Frau steckte hinten an einer Stelle in ihrer Nylonstrumpfhose. Wenn sie einen Schritt machte, blitzte durch die Falten des Stoffs ein rosa-geblümter Slip.
Eric grinste schadenfroh. *Sie hatte es wohl auf dem Klo ziemlich eilig*, schloss er. Bisher hatte keiner etwas gesagt, um sie auf die Panne aufmerksam zu machen. *Geschieht ihr recht!* Er begann, die Fragen zu beantworten. Auch seine Klassenkameraden saßen über ihre Tests gebeugt da und ließen sich nichts anmerken. Ohne Worte hatte anscheinend jeder beschlossen, die unbeliebte Lehrerin auflaufen zu lassen.
Eric füllte den Lückentext aus. Aber es fiel ihm schwer, sich zu konzentrieren. Aufgabe 7 hatte es in sich. Da sollten sie selbst Sätze bilden. Für jeden Satz gab es auch noch vier Punkte. Ein Beispiel war vorgegeben, das die Schüler übersetzen sollten: „Peter goes to the store to buy salt.“ Peter geht zum Laden, um Salz zu kaufen.
Plötzlich fühlte sich der Füller in Erics Hand wie eine Brennnessel an. Salz! Erschrocken sah er nach vorne zum Lehrerpult, an dem Frau Steward seelenruhig irgendwelche Hefte durchsah. Sie hatte ihren festgeklemmten Rock noch nicht bemerkt. Nach dem Test hätten sie noch eine weitere Englisch-Stunde. Frau Steward schrieb immer einiges an die Tafel. Dabei würde sie die ganze Zeit ihren Slip zeigen und sich blamieren.
Einige Schüler begannen bereits, ihre Tests nach vorne zu bringen.

Was soll ich tun? Eric war sich sicher, dass Jesus die Frau irgendwie auf ihr Missgeschick aufmerksam gemacht hätte. Immerhin hatte er doch gesagt, dass man für andere das tun sollte, was man selber von ihnen wollte. So ein festhängender Rock war schließlich genauso peinlich wie ein offener Hosenstall.
Plötzlich kam ihm eine Idee. Er kritzelte schnell zwei Sätze bei Aufgabe 7 hin. Sie waren ziemlich primitiv, und einer davon war bestimmt falsch. Aber was Besseres fiel ihm im Moment auch nicht ein. Dann schrieb er vorne auf seinen Test: „Your skirt is wrong! – Ihr Rock ist falsch!“ und stand auf, um seine Arbeit abzugeben. Er legte sie auf die anderen auf dem Schreibtisch. Während er zurück zu seinem Platz ging, hoffte er inständig, dass Frau Steward den Test sofort korrigieren würde. Mit klopfendem Herzen glitt er auf seinen Stuhl. Gespannt sah er die Lehrerin an. Jetzt nahm sie tatsächlich seinen Test. Sie runzelte kurz die Stirn, dann griff sie nach hinten. Damit niemand seine Erleichterung sah, machte Eric sich schnell an seinem Ranzen zu schaffen. Dabei fiel es ihm schwer, nicht breit zu grinsen. Er fühlte sich auf einmal irgendwie so ... salzig!
Kurz vor Ende der zweiten Stunde teilte Frau Steward die bereits fertig korrigierten Tests wieder aus. Eric nahm sein Blatt ohne große Erwartungen entgegen. Umso mehr wunderte er sich, als er sah, dass er fast die volle Punktzahl hatte! Und dann musste er doch grinsen. Und zwar von einem Ohr bis zum anderen: Vor seinem Rock-Hinweis stand eine rote „7.)“. Dahinter eine „4/4“. Frau Steward hatte ihn als einen der Sätze aus Aufgabe 7 bewertet und er hatte die volle Punktzahl dafür bekommen!
Zufrieden steckte Eric den Test weg. Vielleicht war salzig sein manchmal doch nicht so schlecht ...

„Ihr seid das Salz der Erde.
Wenn nun das Salz seine Wirkung verliert,
womit soll man salzen?
Es ist zu nichts mehr nütze, als dass man es fortschüttet
und von den Leuten zertreten lässt.“
Matthäus 5,13

„Selig sind, die nicht sehen und doch glauben.“
Johannes 20,29b

Tomaten auf den Augen

Christian war auf dem Weg zum Konfirmandenunterricht. Eigentlich wäre er lieber unterwegs zum Sportplatz gewesen. Mit diesem ganzen Glaubenskram konnte er herzlich wenig anfangen. Warum sollte man sich mit Dingen beschäftigen, die man weder sehen, hören, fühlen, schmecken noch riechen konnte? Aber es war nun einmal nicht zu ändern. Außerdem hatte er das meiste davon hinter sich gebracht: Bald würde er konfirmiert, und dann hatte er diese langweiligen Freitagnachmittage geschafft. Dann wäre er auch endlich Santana los. So was Dämliches und Albernes wie sie war Christian noch nie begegnet. Dieses Mädchen war einfach nur nervig. Meistens versuchte er, sich so weit wie möglich von ihr wegzusetzen und sie zu ignorieren. Aber letzten Freitag hatte sein Bus Verspätung gehabt, und der einzige freie Platz war ihr gegenüber gewesen. Er hatte einen ganzen Konfiunterricht lang mit ansehen müssen, wie sie sich an Andreas ranschmiss. Er warf einen Blick auf seine Uhr. Auch heute würde es wieder knapp ...

Als er den Raum betrat, saßen schon alle. Ein Stuhl war noch frei: Gegenüber von ... Santana! Irgendwie hatte sie es wieder geschafft, sich neben Andreas zu platzieren. Mit einem Seufzer ließ Christian sich auf seinen Sitz fallen.

„Heute geht es um ein sehr interessantes Thema ...“ Pfarrer Schnorr sah seine Konfirmandengruppe freundlich an. Christian grunzte innerlich: Für den Mann mit den dicken Brillengläsern war jedes Thema interessant, das irgendetwas mit Gott zu tun hatte.

„Es geht um den Glauben“, fuhr der Geistliche fort und blickte in die Runde.

Das ist ja mal was ganz Neues!, dachte Christian spöttisch.

„Nun gebrauchen wir ja den Ausdruck ‚ich glaube‘ jeden Tag viele Male“, fuhr der Pfarrer fort. „Wir sagen zum Beispiel: Ich glaube, heute regnet es.“

„Ich glaube, da irren Sie sich“, unterbrach Andreas grinsend und deutete zum Fenster, durch das man den strahlend blauen Himmel sah.
Santana prustete los. Dabei sah sie den Jungen neben sich bewundernd an. Christian wandte angewidert den Blick ab. War ja klar! Dieses Mädchen fand alles, was Andreas sagte, super geistreich.
„Ich glaube, morgen regnet es aber“, schmunzelte Pfarrer Schnorr. „Das haben sie nämlich in den Nachrichten gesagt. Fallen euch noch mehr Beispiele für so alltägliche ‚Glaubensaussagen‘ ein?“
„Ich glaube, heute Abend gibt es Hawaii-Toast.“
„Mmmh, lecker!“
„Ich glaube, ich schreibe in der Französisch-Arbeit eine Vier ...“
Santana schloss die Augen und streckte tastend die Hand aus. Gerade noch rechtzeitig konnte Andreas ihr ausweichen. „Ich glaube, neben mir sitzt ein Junge mit braunen Haaren“, verkündete sie theatralisch. Schnell duckte Andreas sich unter den Tisch.
Ich glaube, Santana spinnt!, dachte Christian, während das Mädchen ihm gegenüber mit dem Arm fuchtelte, auf der Suche nach dem braunhaarigen Jungen, an den sie glaubte. Schließlich öffnete sie die Augen und blickte verdutzt auf den leeren Stuhl neben sich. Andreas war inzwischen unter dem Tisch ein Stück weggekrochen. Die anderen Konfirmanden lachten schallend.
„Wie ihr seht“, sagte Pfarrer Schnorr, „sind die Dinge nicht immer so, wie wir glauben ...“
Allerdings, stimmte Christian ihm im Stillen zu. Santana schien zu glauben, dass ihr Verhalten auf Andreas eine anziehende Wirkung hatte. Es war Christian unerklärlich, wie der es schaffte, zu verbergen, wie sehr sie ihn nervte. Christian hatte selbst große Mühe, seine Abneigung dieser Tusse gegenüber nicht raushängen zu lassen. Aber ihn ließ sie wenigstens in Ruhe. Der arme Andreas. Wie sie ihn wieder anglotzte mit ihren Schmacht-Blicken!
Als Andreas wieder auf seinem Stuhl saß, fuhr der Pfarrer fort: „Wir gebrauchen die Formulierung ‚ich glaube‘, wenn wir zum Ausdruck bringen wollen, dass wir etwas annehmen, aber nicht genau wissen. Und genau da liegt der Unterschied zu unserem

Glauben an Gott. Die Bibel sagt in Hebräer 11,1, dass der Glaube eine ‚feste Zuversicht' und ein ‚Nicht-Zweifeln' an Dingen ist, die wir nicht sehen können."
Christian konnte nicht nachvollziehen, worin dieser Unterschied bestand. Er glaubte schon irgendwie, dass es Gott grundsätzlich gab. Aber dieser ganze andere Kram, der da im Glaubensbekenntnis vorkam, den konnte er sich einfach nicht vorstellen. Für ihn kam der Glaube an das, was in der Bibel stand, dem Glauben an den Hawaii-Toast oder das Wetter so ziemlich gleich. Für das Wetter gab es ja noch die Meteorologen. Er hatte sogar selbst zu Hause so eine Wetterstation. Wenn man da draufklopfte und das Barometer fiel, konnte man davon ausgehen, dass es regnete – wenigstens meistens. Und andere unsichtbare Dinge konnte man an ihren Auswirkungen beweisen – den Strom, zum Beispiel, oder den Wind. Aber für das, was mit Gott zu tun hatte, gab es so gar keine messbaren Anhaltspunkte. Wie konnte man sich dann darüber *sicher* sein? Für Pfarrer Schnorr schien das überhaupt kein Problem zu sein.
Christian beschloss, eine Frage zu stellen. Wenn er schon freitagnachmittags seine Zeit hier absitzen musste, dann wollte er auch wenigstens ein paar Antworten haben. Immerhin hatten sie ja extra diesen Unterricht, oder nicht? „Wie können Sie sich über etwas sicher sein, von dem man weder die Auswirkungen noch irgendwelche Anhaltspunkte sieht?" Das war bissiger rausgekommen, als er beabsichtigt hatte. Mit verschränkten Armen lehnte er sich auf seinem Stuhl zurück.
Pfarrer Schnorrs Blick war direkt auf ihn gerichtet. Durch die Brillengläser wirkten seine Augen riesig. „Ich bin froh, dass du das fragst", sagte er. „Es ist nämlich eine sehr wichtige Frage, weil es dabei eigentlich um die Grundlage unseres Glaubens geht." Er sah sich in der Runde um. „*Warum* glauben wir das, was wir glauben?" Keiner sagte etwas.
„Ich will versuchen, es euch zu erklären. Wie jeder Vergleich hinkt er, aber stellt euch einen Jungen und ein Mädchen vor, die sehr, sehr gute Freunde sind, beste Freunde sozusagen. Sie leben zu einer Zeit, in der man noch nicht skypen, simsen oder sogar telefonieren kann. Aus bestimmten Gründen werden sie getrennt

und leben auf unterschiedlichen Kontinenten weiter – sie in Europa, er in Australien. So oft es geht, schreiben sich der Junge und das Mädchen, und auch nach etlichen Jahren vermissen sie einander noch sehr. In der Zwischenzeit verarmt die Familie des Mädchens und es geht ihr auch sonst schlecht. Ein Lichtblick ist jedes Mal die Post aus Australien. Eines Tages bekommt das Mädchen, mittlerweile eine Frau, wieder einen Brief. Es ist eine Liebeserklärung von dem Jungen, inzwischen ein Mann, aus Australien. Er bittet sie, ihn zu heiraten und verspricht ihr eine gesicherte Zukunft bei ihm auf dem fünften Kontinent. Was meint ihr, wird sie ihm glauben?"
„Natürlich!", meinte Santana spontan. Es war offensichtlich, dass sie sich sofort in die Rolle des armen europäischen Mädchens versetzt hatte. Man brauchte nicht lange zu überlegen, wen sie sich als Australier vorstellte. In Andreas' Haut wollte Christian bestimmt nicht stecken ...
„Warum würdest du ihm auch ohne Beweise glauben?", fragte Pfarrer Schnorr die Konfirmandin interessiert.
„Na, ist doch klar, weil er mich liebt! Da würde er mich doch nicht anlügen!" Sie strahlte einen gewissen braunhaarigen Jungen an.
Ein paar der anderen lachten. Christian vermied es, Andreas anzusehen. Dieses Mädchen war einfach nur peinlich!
„Ganz ähnlich ist es mit dem, was Gott uns in der Bibel sagt", nickte der Pfarrer lächelnd. „Ich glaube ihm, weil er mich liebt und mich nicht anlügt." Der freundliche Mann beugte sich nach vorne und sah jeden seiner Konfirmanden nacheinander an. „Seht ihr", fuhr er fort, „ob wir jemandem glauben oder nicht, hängt davon ab, ob wir dieser Person vertrauen. Wir glauben so viel von dem, was wir hören oder lesen, ohne es zu überprüfen – selbst wenn die Informationen von Menschen kommen, über deren Vertrauenswürdigkeit wir nicht viel oder sogar gar nichts wissen. Gott dagegen ist absolut vertrauenswürdig. Deswegen können wir auch alles glauben, was er uns sagt. Jesus sagte einmal zu einem, der nur glauben wollte, was er sehen und fühlen konnte: ‚Selig sind, die nicht sehen und doch glauben.' Diese Menschen verlassen sich nämlich nicht auf ihren Verstand oder das, was

sie mit ihren Sinnen wahrnehmen. Ihr Vertrauen liegt außerhalb von ihnen selbst. Es liegt bei Dem, der unser Vertrauen niemals enttäuscht."
Nachdenklich betrachtete Christian das Muster auf der Tischplatte. Das war ein ziemlich guter Vergleich, fand er. Das mit dem Glauben hatte etwas mit Vertrauen zu tun und das wiederum mit Liebe. Jemand – so wie er –, für den Gott bloß irgendeine unpersönliche Vorstellung war, hatte auch keinen Grund, ihm zu glauben. Wer dagegen davon ausging, dass Gott ihn liebte – so wie Pfarrer Schnorr –, würde auch darauf vertrauen, dass Gott die Wahrheit sagte. Christian war so in Gedanken versunken, dass er noch nicht einmal mehr auf Santana und Andreas achtete.

Am nächsten Freitag hatte der Bus wieder Verspätung. Wenn er noch einmal einen Freitagnachmittag lang Santana gegenübersitzen musste, würde er von nun an mit dem Fahrrad kommen. Christian ahnte nichts Gutes. Er schloss kurz die Augen und wappnete sich gegen das, was ihn erwarten würde. Dann stieß er die Tür des Gemeindehauses auf. Da, ein freier Platz, ohne Blick auf die nervige Schmalz-Backe! Erleichtert rutschte Christian auf seinen Stuhl. Auf einmal fiel ihm auf, dass Santana nicht bloß nicht in seiner Nähe saß. Sie saß auch nicht in der Nähe von Andreas. Sie saß nirgendwo.
Pfarrer Schnorr begrüßte seine Schüler. „Weiß jemand, wo Santana ist?", erkundigte er sich.
Andreas meldete sich zu Wort. „Sie ist krank."
„Oh, das tut mir leid", sagte Pfarrer Schnorr teilnahmsvoll. Andreas nickte. Er sah tatsächlich traurig aus! Dabei war eine Konfistunde ohne Anmache doch sicher eine Wohltat für ihn.
Andreas bückte sich nach seinem Rucksack und legte etwas auf den Tisch. Es war eine Karte, die einen Teddy-Bären mit einem großen Pflaster auf der Stirn zeigte. „Ich habe ihr eine Karte besorgt. Santana ist mit dem Fahrrad gestürzt und hat eine Gehirnerschütterung. Ich dachte, die Karte passt ganz gut. Ich dachte, vielleicht könnten wir alle darauf unterschreiben?"
Christian meinte, nicht richtig gehört zu haben. Wie konnte Andreas so etwas tun? Wusste er nicht, dass das ein völlig fal-

sches Signal setzen würde? Es würde Santana nur bestärken und ermutigen in ihren Gefühlen! Er musste ihn unbedingt warnen. Aber nicht vor allen. Vielleicht konnte eins von den Mädchen die Karte überbringen. Während Christian noch überlegte, wie Andreas so dumm sein konnte, begann der Unterricht. Es ging noch einmal um das Thema Glauben. Christian fand das trotz Pfarrer Schnorrs Beispiel vom letzten Freitag ganz schön schwierig. Woran sollte er denn feststellen, dass Gott ihn liebte? Bisher hatte er jedenfalls nichts davon gemerkt. Nachdem sie beispielsweise die Lektion über das Gebet durchgenommen hatten, hatte er das mal ausprobiert: Er hatte für ein iPod gebetet. Aber bis heute war keins bei ihm eingetroffen. Auch für den Vokabeltest, den sie in der Woche danach geschrieben hatten, hatte er gebetet – und hatte ihn verhauen. Wie sollte man dann trotzdem diese Dinge, die in der Bibel standen, glauben? Woher wusste man, dass man Gott vertrauen konnte? Wenn Gott ihn angeblich liebte, warum spürte er das nicht? So etwas merkte man doch! Er wünschte, einer von den anderen würde auch mal eine Frage stellen. Er wollte sich nicht schon wieder outen. Doch leider schienen diese Dinge für die anderen kein Problem zu sein. Pfarrer Schnorr klappte seine Bibel zu. „Und denkt daran: Nächsten Freitag proben wir den Ablauf der Konfirmation in der Kirche. Da Spickzettel dabei nicht zugelassen sind, gehe ich davon aus, dass Vater Unser und Glaubensbekenntnis sitzen."
„Hoffentlich bringe ich nicht die Reihenfolge durcheinander: Begraben, gestorben, auferstanden ...", murmelte Andreas.
„Andersherum", verbesserte Christian. „*Gestorben*, begraben ..."
Kein Wunder, dass Andreas den Text nicht draufhatte. Er wurde ja auch jeden Freitag abgelenkt. Christian musste unbedingt etwas unternehmen, damit nicht alles noch schlimmer würde.
„Andreas, das mit der Karte kannst du nicht machen", fing er an, als sie nach draußen gingen.
Erstaunt blickte sein Mit-Konfirmand ihn an. „Wie meinst du das?", wunderte er sich.
„Hast du etwa Tomaten auf den Augen? Merkst du nicht, wie sie dich anhimmelt?"
„Ja und?", fragte Andreas verständnislos.

Christian schnaufte ungeduldig. „Du würdest sie nur ermutigen!"
„Ich will sie doch auch ermutigen. Sie ist total down."
„Oh Mann, du peilst es einfach nicht!" Christian schüttelte den Kopf. „Also ... sie ist in dich verknallt. Das ist ganz offensichtlich. Wenn du ihr jetzt so einen ‚Liebesbeweis' schenkst, wird sie dich erst recht weiter nerven und zwar gnadenlos, weil sie denkt, dass du sie auch magst!"
Andreas sah Christian merkwürdig an. „Ich *mag* Santana."
„Das glaube ich dir nicht!", sagte Christian platt. Das konnte einfach nicht sein.
„Santana und ich sind seit einem Jahr zusammen", erwiderte Andreas.
Christian schüttelte den Kopf. „Das glaube ich einfach nicht", meinte er hartnäckig.
„Dann lass es halt", gab Andreas zurück. Er ließ Christian stehen und ging über das Rasenstück in Richtung Straße.
„Das kann überhaupt nicht sein!", rief Christian ihm spöttisch hinterher. „Davon habe ich nie etwas gesehen! Sie ist viel zu dämlich, um von irgendjemandem gemocht zu werden!"
Andreas drehte sich um. Er kam noch einmal zurück. „Santana ist das coolste Mädchen, das ich kenne!", sagte er heftig. „Glaubst du wirklich nur, was *du siehst*? Ich will dir was sagen: Dann bist du derjenige, der dämlich ist!" Mit blitzenden Augen sah er Christian an, bevor er sich umwandte.
Völlig perplex starrte Christian ihm hinterher. Die beiden gingen zusammen? Schon seit einem ganzen Jahr? Und für ihn hatte es immer so ausgesehen, als ob Andreas es einfach nur irgendwie schaffte, seine Abneigung zu verbergen! Denn welcher Junge konnte in Santana schon irgendetwas anderes sehen als eine dämliche Schmalz-Backe?! Kopfschüttelnd ging er zum Bus. Andreas *mochte* Santana ...!

In der nächsten Woche trafen sie sich an der Kirche. Santana war auch wieder da. Pfarrer Schnorr begrüßte sie besonders, und sie bedankte sich bei allen für die Karte.
„Dann wollen wir mal", sagte der Pfarrer, während er die schwere Holztür öffnete. Sie würden jeweils zu zweit durch den Mit-

telgang nach vorne laufen. Christian ging neben einem anderen Jungen. Vor ihnen waren Santana und Andreas. Christian fiel es immer noch schwer zu glauben, dass die Zuneigung gegenseitig war. Da kam ihm plötzlich ein anderer Gedanke: Wenn die Dinge in Bezug auf Andreas und Santana in Wirklichkeit ganz anders waren, als das, was er wahrgenommen hatte, dann traf das vielleicht auch auf andere Sachen zu – so wie die Dinge, die in der Bibel standen. Vielleicht hatte Andreas recht, dass er, Christian, derjenige war, der dämlich war, weil er nur glaubte, was *er sah*. Diese Gedanken ließen ihn während der gesamten Probe nicht mehr los. Mechanisch begann er, die Worte des Glaubensbekenntnisses aufzusagen. „Ich glaube an Gott, den Vater, den Allmächtigen, den Schöpfer des Himmels und der Erde. Und an Jesus Christus, seinen eingeborenen Sohn, unseren Herrn ..." Dabei hatte er den Blick nach vorne gerichtet, auf das bunte Glasfenster. Es zeigte Szenen der Passionsgeschichte. In der Mitte befand sich ein etwas größeres Bild, auf dem Jesus am Kreuz zu sehen war. Darüber stand: „Aus Liebe zu dir."

Christian bekam eine Gänsehaut. „Aus Liebe zu dir." Stimmte das? Hatte Jesus das für ihn gemacht? Mechanisch bewegte Christian seine Lippen: „Gelitten unter Pontius Pilatus, gekreuzigt, gestorben, ..."

Auf einmal konnte er nicht mehr weitersprechen. Er merkte nicht, wie Andreas neben ihm ihm einen verwunderten Blick zuwarf.

„Aus Liebe zu dir." Christian stiegen die Tränen in die Augen. Für ihn hatte Jesus dort gehangen. Und wenn er ihn wirklich so sehr liebte, war er dann nicht auch vertrauenswürdig? Was hinderte ihn also daran, ihm zu glauben? Wollte er sich wirklich nur auf das verlassen, was ihm seine offensichtlich beschränkte Wahrnehmung zeigte?

„... Vergebung der Sünden ...", hörte er Andreas neben sich murmeln.

Christian schluckte. Auf einmal wusste er: Was sie da jeden Freitag in der Bibel gelesen hatten, stimmte!

Die anderen waren bei „... Auferstehung der Toten und das ewige Leben." angekommen.

„Amen!“, schloss Christian laut und deutlich. Er klang so erleichtert und froh, dass Andreas fragend die Augenbrauen hob. Christian grinste. „Du hattest recht“, flüsterte er. „Ich war wirklich dämlich. Aber jetzt nicht mehr. Jetzt bin ich selig.“
Andreas lachte leise. „Weil der Pfarrer nicht gemerkt hat, dass du den Text vergessen hast?“
Christians Grinsen wurde breiter. „Ich habe den Text nicht vergessen. Ich glaube ihn endlich.“

„Selig sind, die nicht sehen und doch glauben.“
Johannes 20,29b

„Denn wir haben ja nicht einen Hohenpriester, der mit unseren Schwächen kein Mitleid haben könnte, sondern der wie wir in allem versucht worden ist, doch ohne Sünde. Darum lasst uns mit Zuversicht vor den Thron der Gnade treten, damit wir Barmherzigkeit empfangen und Gnade finden, wenn wir Hilfe nötig haben.“
Hebräer 4,15-16

Jay

„Hast du deine Zahnbürste?“
„Ja.“ Paul schnallte die Isomatte seitlich an seinen Rucksack und setzte ihn auf.
„Hast du Pflaster eingepackt?“
Er nickte und ging zur Tür.
„Und das Insektenspray?“
„Hab ich.“
„Die Zeckenzange?“
„Hier drin“, sagte er und klopfte auf die kleine Reißverschlusstasche.
„Und du bist sicher, dass ich dich nicht abholen soll?“
Paul unterdrückte einen Seufzer. „Nein. Ich meine, ja. Ich komme alleine nach Hause. Ich weiß ja noch nicht genau, welchen Zug wir nehmen.“ Dann umarmte er schnell seine Mutter und schwang sich auf sein Fahrrad, bevor sie weitere Fragen stellen konnte. Hastig trat er in die Pedale. Erst als das Haus außer Sichtweite war, fuhr er langsamer. Puh, das wäre geschafft!
Paul grinste. Seit Wochen schon hatte er sich auf dieses Wochenende gefreut: Mit Simon zu biwakieren – ohne Zelt, ohne unnötiges Gepäck und vor allem ohne einen Erwachsenen, nur er und sein bester Freund. Sie wollten mit der Bahn in die Nähe des Hermannswegs fahren und dann einfach loslaufen. Vor einem Monat hatten sie sich bereits die Fahrkarte gekauft.
Eigentlich hatte er das schon viel länger vorgehabt. Genau genommen schon seit er mit acht Jahren zum ersten Mal bei Oma

und Opa im Garten gezeltet hatte. Es war immer sein großer Traum gewesen: Alleine in der Wildnis zu überleben, nur mit dem Nötigsten. Aber das hatte er nicht gedurft.
„Du kannst im Garten zelten", hatte seine Mutter gesagt.
„Im Garten. Und dann auch noch *zelten*!", hatte Paul verächtlich geschnaubt. „Man kann doch auch einfach unter freiem Himmel schlafen. Die Leute früher, zur Zeit der Bibel, haben doch auch nicht alle ein Zelt gehabt. Jakob, zum Beispiel, als er auf der Flucht war", hatte er argumentiert. Er war richtig stolz darauf gewesen, dass ihm so ein gutes Argument eingefallen war.
Doch selbst das hatte nichts genützt. „Du bist nicht auf der Flucht, und Jakob war ein erwachsener Mann!", hatte es nur geheißen.
Sein Vater war nicht ganz so dagegen. „Wenn du einen findest, der mit dir auf Tour geht, von mir aus", hatte er gesagt.
Aber es hatte gedauert – bis Paul 13 gewesen war –, bis er so jemanden gefunden hatte: Simon. Die zwei waren sofort unzertrennlich gewesen. Doch dann war noch einmal ein ganzes Jahr vergangen, bis Pauls Traum Gestalt angenommen hatte. Immer wieder war etwas dazwischen gekommen. Das hatte nicht zuletzt an Pauls überängstlicher Mutter und deren Insektenphobie gelegen.
„Was, ihr wollt ohne Zelt im Wald übernachten?", hatte sie entsetzt gerufen, als Pauls Traum endlich Erfüllungsaussichten gehabt hatte. „Da kann ja alles Mögliche an Getier auf dir herumkrabbeln!"
„So ist das nun mal beim Biwakieren", hatte Paul erklärt.
„Kannst du nicht wenigstens ein Moskitonetz mitnehmen? Im Wald wimmelt es doch von Mücken, Schnaken, Spinnen und Käfern!"
„Du hast die Zecken vergessen", hatte ihr Mann trocken ergänzt.
Seine Frau hatte ihn erschrocken angesehen. „Du hast recht! An die habe ich gar nicht gedacht!"
So war das noch eine ganze Weile weitergegangen. Schließlich war es Paul und seinem Vater mit vereinten Kräften gelungen, die Mutter davon zu überzeugen, dass ein Wochenende unter freiem Himmel nicht lebensgefährlich und für einen 14-jährigen Jungen nichts Außergewöhnliches sei, sondern einen Hauch von Abenteuer habe.

Simon hatte sich halb schlapp gelacht, als Paul ihm von seiner Mutter und den Insekten erzählt hatte.
All das ging Paul durch den Kopf, als er in die Stadt fuhr. Er würde Simon am Bahnhof treffen, und gemeinsam wollten sie nach Leopoldstal fahren, ein kleines, verschlafenes Nest am Hermannsweg. Von dort aus würden sie dann loslaufen.
Als er an einer roten Ampel warten musste, brummte sein Handy. Weil sein Schlafsack direkt über seiner Hosentasche hing, dauerte es ein bisschen, bis er es herausgefischt hatte. Die Ampel schaltete auf Grün. Paul warf einen Blick aufs Display: Simon.
Das ist ja mal eine Überraschung! Sein Freund hatte sich seit einer Woche wenig bis selten gemeldet. Und das, obwohl sie heute loslaufen wollten. An der nächsten Kreuzung musste Paul wieder warten. Das gab ihm Zeit, die Nachricht zu lesen: „Kann doch nicht biwaken. Zoe hat mich zu ihrem Geburtstag eingeladen. Sorry."
Paul grinste. Simon war wirklich ein Komiker. Anscheinend war er schon am Bahnhof und hatte Langeweile. „Haha", schrieb er zurück, steckte das Handy in die Tasche und wartete ungeduldig auf Grün. Dann trat er fest in die Pedale. Doch dadurch war er auch nicht schneller. Offensichtlich hatte er rote Welle, denn die Ampel vor ihm schaltete gerade auf Rot, als er ankam.
Wieder brummte sein Telefon: „Wir sind seit drei Tagen zusammen."
Paul lachte in sich hinein. Die Vorstellung war einfach zu komisch – Simon und ein Mädchen. Zoe – wie kam er nur auf so einen Namen? Er würde ihn die ganze Zugfahrt mit diesem Witz aufziehen.
Paul erreichte den Bahnhof. Er schloss sein Fahrrad an und sah sich nach Simon um. Sie wollten sich um 16.00 Uhr vor dem Haupteingang treffen. Weil Simon nicht zu sehen war, holte Paul sein Handy heraus. „Wo bist du?", schrieb er.
„Bei Zoe", kam die Antwort.
Paul sah auf seine Uhr. Inzwischen war es zehn nach vier. Eigentlich war es nicht Simons Art, so spät zu sein. In fünf Minuten kam ihr Zug. Ob er am Gleis wartete?
„Treffe dich an Gleis 4", schrieb Paul. Er steckte das Handy weg und ging in die Bahnhofshalle.

Auf dem Weg zu Gleis 4 ertönte eine Ansage: „Ihr Zug hat 25 Minuten Verspätung." Gleichzeitig summte wieder sein Handy. Simon: „Geht nicht."
Paul runzelte die Stirn. So langsam hatte er genug von diesem Zoe-Witz. „Hör auf mit dem Mist und komm endlich!", tippte er.
„Bin bei Zoe."
Er stieß die Luft aus. Also gut, dann machte er den Quatsch eben mit. „Gib ihr ein Abschiedsküsschen (bei der Vorstellung musste er kichern), pack dein Zeug und komm her. Zug hat 25 min Verspätung."
„Hey Mann, ich fahre nicht mit!", erschien die Antwort.
Paul wischte mit dem Daumen über das Display. Er las die Nachricht noch einmal. Was? War das hier etwa doch kein Witz?
„Häh?", schrieb er. Sein Herz begann schneller zu klopfen, während er auf eine Antwort von seinem Freund wartete. Doch es kam nichts mehr.
Paul konnte es nicht fassen. Seit Wochen hatten sie diese Tour geplant, er hatte es geschafft, seiner Mutter zu entfliehen und jetzt kam Simon einfach nicht mit? Wegen eines Mädchens?
Paul spürte, wie Wut und Enttäuschung in ihm hochstiegen. Wie konnte sein Freund ihm so etwas antun? Er fühlte sich wieder so einsam wie früher, bevor Simon hergezogen war. Aber diesmal war es noch schlimmer. Simon hatte ihn fallenlassen. Für ein Mädchen. Einfach so.
Die Wut gewann die Oberhand. Dieser miese Kerl! Ihn so hängenzulassen! Paul trat so fest gegen eine leere Getränkedose, dass sie mit einem Knall gegen einen Deckenpfeiler schlug und fünf Meter zurückprallte. Was sollte er das ganze lange Wochenende machen? Er ballte die Fäuste. *Auf den bin ich nicht angewiesen! Ich komme auch alleine klar!*, dachte er grimmig. Er ging in die Bahnhofsbuchhandlung und steuerte auf die Ecke mit den Computerspielen zu. An der Kasse stand eine Schlange. Aber das machte nichts. Er hatte ja *Zeit*.
Paul sah die Spiele durch, dann holte er eins aus dem Regal. Es war ab 16, aber das war ihm egal. Je brutaler, desto besser. Seine Eltern müssten das ja nicht wissen.
„Das Spiel ist Schrott", hörte er auf einmal jemanden sagen.

Ein jüngerer Mann in ausgetretenen Turnschuhen stand neben ihm. Er hatte ein Kissen unter den Arm geklemmt. Paul fiel sein gebräuntes Gesicht auf. Entweder kam der Kerl gerade aus dem Urlaub oder verbrachte jede Minute draußen. „Es ist wirklich schlecht. Reinste Geldverschwendung“, wiederholte der Mann. Paul zuckte die Schultern und wollte zur Kasse gehen. *Na und?*, dachte er. *Was geht dich das an? Das ist mein Geld!*
Sein Blick fiel auf die Uhr über der Tür. Gleich kam der Zug. Auf einmal wurde er unsicher. Ob Simon es sich vielleicht doch anders überlegt hatte? Er hatte nichts mehr geschrieben. Vielleicht hatte er doch Witze gemacht mit dieser Zoe-Sache. Was, wenn er jetzt da oben am Gleis stand und auf ihn wartete? Hastig stellte Paul das Spiel zurück und lief die Treppen hoch.
Der Zug musste wohl ein paar Minuten eher gekommen sein, denn die letzten Passagiere stiegen gerade ein. Hektisch überflog Paul den Bahnsteig. Ob Simon schon im Zug war? Vielleicht suchte er dort drin nach ihm. Paul rannte zum Gleis und schaffte es gerade noch, hineinzuspringen. Schwer atmend lehnte er an der Wand. Puh, das war knapp! Jetzt musste er nur noch Simon finden. Er holte sein Handy heraus. Aber dann steckte er es wieder ein. Er hatte keine Lust mehr auf Zoe. Er würde einfach durch den ganzen Zug gehen und in jedem Wagon nachschauen. Er sah in jedes Abteil. Wo Simon wohl war? Doch tief drinnen kannte er die Antwort bereits: Wenn er biwakieren wollte, musste er es alleine tun. Einen Moment überlegte er, ob er das wirklich machen sollte. Seiner Mutter wäre es bestimmt nicht recht. Aber sein Vater hätte nichts dagegen. In diesem Fall würde er sich nach seinem Vater richten.
Mechanisch fing er an, die Müsliriegel zu essen, die er eingepackt hatte. Schließlich hatte er nur noch die Dose mit den Ravioli übrig. Den Rest des Proviants hatte Simon.
An der kleinen Haltestelle am Rand des Eggegebirges stieg Paul aus. Er musste nicht lange suchen, bis er auf ein Wanderwegschild mit dem weißen „H“ stieß, das den Hermannsweg markierte. Mit geballten Fäusten lief er los. Er lief und lief bis es dunkel wurde. Eigentlich würden sie jetzt gemütlich ihre Ravioli brutzeln. Aber Simon hatte den kleinen Gaskocher. Und außer-

dem war es Paul sowieso nicht nach Essen zumute. Seit Stunden lag in seinem Magen ein schwerer Stein.
Er ging ein Stück in den Wald, bis er fast nichts mehr sah. Dann rollte er seine Isomatte aus und legte den Schlafsack darauf. So ganz wohl war ihm nicht. Er versuchte, das Gefühl zu ignorieren. Aber es gelang ihm nicht. Er nahm sein Handy heraus. Doch außer einer Nachricht von seiner Mutter, die ihnen eine gute Nacht wünschte und ihn daran erinnerte, sich nach Zecken abzusuchen, hatte ihm niemand geschrieben.
Am nächsten Morgen wurde Paul davon wach, dass er schrecklich hungrig war. Der Stein in seiner Magengrube war zu einem gähnenden Loch geworden. Paul schälte sich aus seinem Schlafsack und griff nach seinem Rucksack. Er trank den Rest aus seiner Wasserflasche und versuchte, sich auf seiner Wanderkarte zu orientieren. Eigentlich müsste hier irgendwo ein Bach entspringen. Er stand auf. Seine Beine fühlten sich an wie Blei, und am rechten Fuß hatte er anscheinend eine große Blase. Jedenfalls tat es beim Laufen ganz schön weh. Er sah lieber nicht nach. Weil es ihm zu anstrengend war, alle Luft aus seiner Isomatte zu drücken, damit sie in die Anschnallvorrichtung an seinem Rucksack passte, und der Schlafsack auch irgendwie über Nacht zugenommen zu haben schien – jedenfalls passte er auf einmal nicht mehr in den Beutel –, klemmte er sich die Sachen unter den Arm und lief los.
Er war noch gar nicht weit gegangen, als ihm auf einmal ein köstlicher Duft in die Nase stieg: Es roch wie irgendwas Gegrilltes. Ob er hier in der Nähe eines Gehöfts war? Er folgte seiner Nase, und schon bald erkannte er zwischen den Bäumen hindurch in einiger Entfernung eine Lichtung und aufsteigenden Rauch. Vielleicht ließ ihn wer auch immer das Feuer gemacht hatte seine Ravioli erwärmen.
Als Paul näher kam, sah er, woher der Geruch kam: Ein Mann hatte einige Spieße über einem kleinen Feuer. Das Feuer schien aus der Erde zu kommen. Auf den Spießen steckte etwas, das aussah wie Möhren.
Paul blieb stehen. Das war ja der Typ aus der Buchhandlung! Schnell machte er einen Schritt zurück. Lieber aß er seine Ravioli kalt.

Doch bevor er unbemerkt verschwinden konnte, winkte der Mann ihm zu. „Schon gefrühstückt?“, rief er.
Pauls Magen knurrte so laut, dass er sicher war, dass es bis über die Lichtung geschallt hatte. Kein Wunder. Inzwischen war ihm fast schwindelig vor Hunger.
Was soll's!, dachte er und ging weiter. Der Mann brutzelte irgendwas, und vielleicht ließ er ihn ja sein Feuer benutzen, auch wenn Paul keins sehen konnte. Als er näher kam, erkannte er, dass sich das Feuer in einer Grube befand. Ziemlich schlau. Auf diese Weise konnte es sich jedenfalls nicht ausbreiten.
„Kann ich das nachher über Ihrem Feuer warm machen?“, fragte er zögernd.
„Klar!“ Der Mann streckte die Hand aus, um die Dose entgegenzunehmen. Er zog den Deckel ab und stellte sie ins Feuer. Dann nahm er einen der Spieße und hielt ihn Paul hin. „Hier, müsste gut sein“, sagte er.
Gegrillte Möhren hatte Paul zwar noch nie probiert, aber er murmelte ein „Danke“ und begann zu essen. Es schmeckte gar nicht schlecht. Als er seinen Spieß alle hatte, reichte der Mann ihm einen neuen.
„Hier draußen bekommt man ganz schön Hunger, was?“ Er stellte sich vor. Es klang wie „Jaycee“. In Pauls Englischbuch hieß ein Mädchen so. „Du kannst einfach Jay sagen. So nennen mich meine Freunde“, fuhr der Mann fort, während Paul noch überlegte, ob er wohl aus England oder Amerika käme und ob Jaycee auch ein männlicher Name war.
Plötzlich fiel ihm ein, dass es wohl unhöflich wäre, sich nicht auch vorzustellen. „Äh, ich bin Paul“, sagte er hastig. „Die Möhren sind echt gut.“
„Danke“, grinste der Mann – Jay. „Das sind Pastinaken. Möhren sind auch nicht schlecht, aber Pastinaken sind einfach aromatischer. Möchtest du noch eine?“
Paul nickte. Besser als gar nichts. Ob der Mann hier auf der Lichtung übernachtet hatte? Dann wäre er ja ganz in seiner Nähe gewesen. Paul sah sich um. Ein paar Meter weiter lag ein Kissen auf einem Haufen Heidekraut. Keine Isomatte, kein Schlafsack, nur ein Kissen.

Jay musste seinen verwirrten Gesichtsausdruck bemerkt haben, denn er sagte: „Wenn der Kopf gut liegt, kann ich so ziemlich überall schlafen. Man braucht nicht viel, um zu überleben. Das meiste ist unnützer Ballast.“ Mit zwei Stöcken holte er vorsichtig die Dose aus der Feuergrube und stellte sie vor Paul hin. „Guten Appetit!“

Paul suchte in seinem Rucksack nach seinem Spork – ein Gerät, das Löffel, Messer und Gabel in einem war. Er hatte es extra für diese Tour gekauft. Wo war das Ding nur? Paul wühlte und wühlte, und als er es nicht fand, kippte er den gesamten Inhalt seines Rucksacks ins Gras: Ersatzkleider, Desinfektionsmittel, Pflaster, Taschenmesser, Streichhölzer, Zeckenzange ... Er spürte, wie Jay ihn beobachtete.

„Insektenspray?“, fragte der Mann amüsiert.

„Meine Mutter“, sagte Paul nur und wurde rot.

„Mach dir nichts draus. Das haben Mütter so an sich.“ Jay lachte leise. „Meine war früher auch so. Ich war ungefähr zwölf, als ich begriff, dass sie einfach nicht aus ihrer Haut können.“

Paul warf Jay einen Blick zu. So hatte er das noch nie gesehen. Wenn seine Mutter wüsste, dass er letzte Nacht mutterseelenallein mitten im Wald verbracht hatte ... Sie dachte ja immer noch, er wäre mit Simon unterwegs.

Da war der Spork. Wieder warf Paul einen Blick auf Jay. Eigentlich müsste er ihm was von den Ravioli anbieten. Ob er einen Löffel hatte?

„Äh, willst du auch welche?“, fragte er unsicher.

„Gern“, sagte Jay. Er stand auf und suchte sich ein Stück Holz.

Will der etwa damit essen?, wunderte sich Paul.

Jay holte sein Taschenmesser aus der Hosentasche und begann, an dem Holz herumzuschnitzen. Fasziniert beobachtete Paul, wie ein einfacher Löffel entstand. Als der Löffel fertig war, sah Jay sich suchend um. Er steuerte auf ein paar ziemlich große Blätter zu, die in einem Büschel aus der Wiese wuchsen. Er pflückte ein paar davon und rollte sie wie eine Eiswaffeltüte zusammen. Dann schöpfte er mit seinem selbstgemachten Löffel etwas von den Ravioli in die Blätter.

Paul war so fasziniert, dass er ganz vergaß, dass er ja eigentlich selber auch etwas essen wollte.
„Schmeckt gut", sagte Jay lächelnd und hob den Holzlöffel. „Musst du unbedingt probieren."
„Äh, ja." Schnell beugte Paul sich über die andere Hälfte des Doseninhalts und fing an zu essen. Dieser Jay schien so was wie ein Profi-Pfadfinder zu sein. Als die Ravioli alle waren, fragte Paul: „Sag mal, weißt du zufällig, ob hier in der Nähe irgendwo ein Bach ist?"
Jay nickte. „Er entspringt gar nicht weit von hier. Ich zeige dir die Quelle. Aber vorher graben wir noch ein paar Pastinaken aus für unser Mittagessen. Die können wir dann gleich waschen." Er stand auf und deckte die Feuergrube mit zwei Schieferplatten ab, so dass in der Mitte noch ein Schlitz blieb.
Paul sah ihn überrascht an. *Wir ..., unser ...?* Doch dann dachte er: *Dieser Jay scheint in Ordnung zu sein. Bestimmt kann er mir so einiges beibringen. Außerdem muss ich dann nicht den ganzen Tag alleine verbringen.* Weit laufen konnte er heute sowieso nicht. „Okay. Ich räume nur schnell meine Sachen ein."
Als er fertig war, grub Jay bereits eifrig. Er benutzte dazu sein Taschenmesser. Paul grub auch ein paar Wurzeln aus. Das war es also, was er eben gegessen hatte. Er hatte gar nicht gewusst, dass es im Wald so etwas gab. Ein paar Kräuter pflückten sie auch. Dann zeigte Jay ihm die Quelle. Die leere Dose nahmen sie mit, um sie auszuwaschen. Als die Pastinaken sauber waren, gingen sie zurück.
„Was willst du dazu essen: Honig oder Heuschrecken?", erkundigte sich Jay locker, als ob es um Käse oder Wurst ginge.
Paul dachte zuerst, das wäre ein schlechter Scherz. Doch Jay sah ihn abwartend an und Paul begriff, dass die Frage durchaus ernst gemeint gewesen war. „Heuschrecken?", fragte er angewidert.
„Vielleicht etwas ungewohnt, aber nicht schlecht", meinte Jay.
Aber anscheinend hatten die Insekten ihn gehört, denn Paul stellte erleichtert fest, dass weit und breit keine Heuschrecke zu sehen war. Allerdings schwirrten etliche Bienen herum.
„Also Honig", meinte Jay. „Kommst du mit?"

„Wohin?“, fragte Paul verwundert.
„Wenn wir Honig haben wollen, müssen wir nur den Bienen folgen.“
„Fallen die dann nicht über uns her?“, fragte Paul besorgt. Seine Mutter wäre bestimmt nicht begeistert.
„Nicht, wenn wir uns ganz, ganz ruhig verhalten. Aber du kannst auch hierbleiben.“
Obwohl er zunehmend von diesem sonderbaren Mann fasziniert war, beschloss Paul, lieber keinen Honig mit ihm zu suchen. Die Vorstellung, dass Hunderte, womöglich sogar Tausende von Bienen sich auf ihm niederließen, war selbst ihm nicht geheuer.
Nach einer Stunde kam Jay zurück. In der Hand trug er etwas: Ein Stück Bienenwabe. Er hatte nicht einen einzigen Stich. Paul war mehr als beeindruckt.
Jay legte die Wabe auf ein großes Blatt. Dann fachte er die Glut in der Grube wieder an. „Ist zwar ein bisschen gemogelt, aber jetzt, wo wir eine Dose haben, können wir sie auch benutzen“, meinte er und grinste. Er stellte die Pastinaken in die Glut und deckte eine Schieferplatte darüber. „Wir können uns Fladenbrot dazu machen“, sagte er. Er zeigte Paul, dass es Pflanzen gab, deren Samen man essen konnte. Jay zerrieb sie zwischen zwei Steinen, formte mit etwas Wasser kleine Fladen daraus und legte sie auf die heiße Schieferplatte.
Paul kam aus dem Staunen nicht mehr heraus. Er vergaß seine Enttäuschung über Simon und ließ sich von Jay zeigen, welche Wurzeln man noch essen konnte, wie man aus Brennnesseln ein Seil herstellte und diese Schnüre zu einem Netz zusammenknüpfte. Er lernte, ohne Streichhölzer Feuer zu machen und welches Holz sich am besten zum Schnitzen eignete. Obwohl Jay offensichtlich total viel wusste, hatte Paul nicht ein Mal das Gefühl, von oben herab behandelt zu werden. Im Gegenteil: Jay behandelte ihn wie einen Freund. Während sie arbeiteten, redeten sie über alles Mögliche.
Als der Tag zu Ende war, legte Jay sich auf sein Heidekraut. Paul rollte seine Isomatte neben der Feuergrube aus. Es war ganz selbstverständlich, dass er bei Jay blieb. Heute Nacht war ihm nicht mulmig zumute. Schließlich war er mit einem erfahrenen Outdoor-Menschen zusammen.

„Sag mal, was wolltest du eigentlich mit dem Ballerspiel?“, fragte Jay plötzlich unvermittelt.
Paul wurde rot. Aber die Frage war berechtigt. Wer kaufte sich schon zum Biwakieren ein Computerspiel? Im Gegensatz zum Insektenspray konnte er das noch nicht einmal auf seine Mutter schieben.
Vielleicht lag es daran, dass es fast dunkel war, vielleicht war auch Jays offene Art der Grund, jedenfalls erzählte Paul von Simon.
„Voll mies!“, sagte Jay leise, als er fertig war. Und nach einer Pause fügte er hinzu: „Mir ist das auch ein paarmal passiert. So was tut echt weh.“
Paul nickte. Während er erzählt hatte, war der Schmerz wieder aufgebrochen. „Ich hatte mich so lange auf dieses Wochenende gefreut. Und dann so was!“ Er lachte bitter. „Toller Freund!“
„Und dann wolltest du dir selber beweisen, dass du nicht auf Simon angewiesen bist. Dass du auch alleine klarkommst“, sagte Jay sachlich.
Überrascht stellte Paul fest, dass es genauso gewesen war.
Jay richtete sich auf einen Ellenbogen auf und schaute durch die Dunkelheit zu Paul. „Ich weiß, wie das ist“, fuhr er fort. „Es gab eine Zeit in meinem Leben, die war echt hart. Gerade als ich am absoluten Tiefpunkt angekommen war, tauchte auf einmal ein Typ auf, den ich von früher kannte – ein absolut mieser Kerl. Er versuchte, mir weiszumachen, dass ich aufhören solle, mich auf Gott zu verlassen und auf sein Eingreifen in meine Situation zu warten. Es sei sowieso fraglich, ob der sich für mich interessiere. Ich könne genauso gut mein Leben selber in die Hand nehmen. Auf den ersten Blick schien das wie ein einfacher Ausweg. Aber tief drinnen wusste ich, dass das eine Lüge war, und ich beschloss, Gott zu vertrauen – mit allem.“ Jay schwieg einen Moment. Dann sagte er: „Wenn du dich ganz auf Gott verlässt, stellst du fest, dass dein Glück nicht von den Umständen abhängig ist.“
Paul lag auf dem Rücken und schaute zu den Sternen. Gott. An den hatte er überhaupt nicht gedacht. Aber Jay hatte mit dem, was er gesagt hatte, genau ins Schwarze getroffen.
Kein Wunder.

Er hatte das ja selbst so erlebt.
Auch ohne Simon und ohne Ballerspiel fühlte Paul sich so zufrieden wie lange nicht mehr. Ob Gott etwas damit zu tun hatte? Oder lag es daran, dass er Jay getroffen hatte?

Als Paul am nächsten Morgen wach wurde, war Jay schon dabei, Frühstück zu machen.
„Heute muss ich leider wieder zurück", seufzte Paul, während sie Samenfladen mit Honig aßen. Am Freitag hatte er bis hierher fünf Stunden gebraucht. Er würde mindestens ebenso lange für den Rückweg brauchen. Außerdem hatte er keine Ahnung, wann ein Zug fahren würde.
„Ich komme ein Stück mit", sagte Jay.
Paul war sehr froh. Dann konnte er noch ein bisschen mehr Zeit mit ihm verbringen, bevor er morgen wieder allein dastand. *Simon kann ich ja vergessen!*, dachte er bitter.
Unterwegs fragte er: „Was ist aus deinen Freunden geworden, die so gemein zu dir waren?"
„Nachher tat es ihnen leid."
„Und, was hast du gemacht?"
„Ich habe ihnen vergeben."
Paul biss die Zähne aufeinander. Vergeben – selbst wenn es Simon leidtäte, er wusste nicht, ob er das könnte. Wer garantierte ihm denn, dass nicht das Gleiche nochmal passieren würde?
Schweigend liefen sie nebeneinander her – Jaycee mit seinem Kissen und Paul mit seinem Rucksack, seiner Isomatte und seinem Schlafsack. Jay bot an, ihm was abzunehmen, aber das war Paul zu peinlich. Schlimm genug, dass er diesen ganzen Krempel dabeihatte. Zwischendurch machten sie immer wieder eine Pause und pflückten Blaubeeren und späte Himbeeren.
Kurz bevor sie den kleinen Bahnhof erreichten, verabschiedete sich Jay. Paul überlegte gerade, ob es eine Möglichkeit gab, mit ihm in Kontakt zu bleiben, da gab der ihm eine Karte und sagte: „Wenn ich irgendwas für dich tun kann, melde dich einfach."
Erstaunt bedankte sich Paul und steckte das Kärtchen ein. Irgendwie hätte er nicht gedacht, dass so ein Typ wie Jay Visitenkarten hatte. „Wo gehst du heute noch hin?", fragte er.

„Ich helfe ein paar Freunden“, sagte Jay und hob eine Hand zum Gruß. Dann war er auch schon zwischen den Bäumen verschwunden.

Als Paul im Zug saß, war er seltsamerweise froh. Er hatte ein super Wochenende gehabt, und er hatte einen neuen Freund. Während er die vorbeiziehende Landschaft betrachtete, dachte er über alles nach, was er erlebt hatte. Schon irgendwie krass, dass er Jay getroffen hatte. Das war echt ein Typ!

Sein Handy summte. Simon.

Was will der denn auf einmal? Nur widerwillig öffnete Paul die Nachricht.

„Wo bist du?“, wollte Simon wissen.

Das kann dem ja wohl egal sein!, dachte Paul bitter. Er steckte das Handy in die Tasche zurück. Eine Weile später summte es wieder. Simon hatte ihm nochmal die gleiche Frage gestellt.

„Im Zug“, schrieb Paul knapp zurück.

Sofort kam wieder eine Nachricht: „Hey, Mann, es tut mir leid, dass ich nicht mitgekommen bin!“

Jetzt auf einmal! Paul presste die Lippen zusammen. Dann schaltete er sein Handy aus und steckte es weg. Den Rest der Fahrt starrte er aus dem Fenster. Er wünschte sich, im Wald auf der Lichtung zu sein.

Er nahm Jays Visitenkarte aus der Hosentasche. „J. C.“, stand auf der Vorderseite.

Ach so, Jaycee ist gar nicht sein richtiger Name, dachte Paul. *Es sind bloß seine Initialen englisch ausgesprochen.* Wenn er seine englisch aussprechen würde, käme Peajay raus. Nee, Paul war ihm lieber. Er drehte die Karte um.

Aber zu seiner großen Verwunderung stand auf der Rückseite weder eine Adresse noch eine Telefonnummer, sondern ein kleingedruckter Text: „Denn wir haben ja nicht einen Hohenpriester, der mit unseren Schwächen kein Mitleid haben könnte, sondern der wie wir in allem versucht worden ist, doch ohne Sünde. Darum lasst uns mit Zuversicht vor den Thron der Gnade treten, damit wir Barmherzigkeit empfangen und Gnade finden, wenn wir Hilfe nötig haben.“ Hebräer 4,15-16

„Komische Visitenkarte", murmelte Paul. Jay schien jedenfalls Christ zu sein. Warum sonst sollte er einen Vers abdrucken, in dem es darum ging, dass Jesus ganz Mensch geworden war und deshalb alles verstehen konnte, was man so durchmachte, und einem helfen konnte. Er drehte das Kärtchen noch einmal um und betrachtete die Buchstaben: „J. C." Wie Jay wohl richtig hieß? Jürgen vielleicht. Oder Jörg. Oder Jens. Und mit Nachnamen ...
Plötzlich riss Paul die Augen auf. Das konnte doch gar nicht sein! Doch mit einem Mal bekamen Dinge, die Jay erzählt hatte, eine neue Bedeutung: Als er zwölf gewesen war, hatte er kapiert, dass eine Mutter nicht aus ihrer Haut kann. Als Jesus zwölf gewesen war, wäre er am liebsten im Tempel geblieben, aber seine Mutter hatte sich riesige Sorgen um ihn gemacht.
Ein mieser Kerl hatte versucht, Jay von seinem Vertrauen auf Gott abzubringen. Jesus war nach vierzig Tagen Fasten und Einsamkeit in der Wüste vom Satan versucht worden.
Jays Freunde hatten ihn versetzt. Jesus war von Judas verraten und von Petrus verleugnet worden.
Und dann das mit dem Kissen: „Wenn der Kopf gut liegt, kann ich fast überall schlafen", hatte Jay gesagt. Hatte Jesus nicht einmal in einem Boot mitten im Sturm auf einem Kissen geschlafen?
Paul starrte immer noch auf die Visitenkarte. „... der wie wir in allem versucht worden ist ...", stand dort. Jesus wusste, wie das war mit den Müttern. Er kannte das Gefühl, etwas beweisen zu müssen. Er hatte das Gleiche, was Paul mit Simon durchgemacht hatte, auch erlebt. Noch viel schlimmer sogar.
Paul merkte, wie eine Gänsehaut seinen Rücken hochkroch. Konnte es sein, dass er das Wochenende mit niemand anderem verbracht hatte als mit Dem, der den Himmel verlassen und selbst als Mensch auf dieser Erde gelebt hatte? Fassungslos schüttelte er den Kopf. Das war unmöglich! *Oder vielleicht doch nicht?*
Dann war die Fahrt zu Ende. Paul ließ sich Zeit mit dem Aussteigen. Er war noch völlig umgehauen von seinem Verdacht. Erst kurz bevor der Zug weiterfuhr, verließ er das Abteil.
Auf einer Bank neben einem Snackautomaten saß ein Junge. Simon! Schlagartig landete Paul wieder im normalen Leben. Er

blieb stehen. *Was will der denn hier?* Simon sah ziemlich niedergeschlagen aus. Jetzt hob er den Kopf. Als er Paul sah, stand er auf und kam auf ihn zu.
„Was machst du hier?", fragte Paul kühl.
„Ich hab auf dich gewartet."
„Du wusstest doch gar nicht, wann ich komme."
„Ich bin einfach nach dem Mittagessen hierhergefahren. Irgendwann würdest du schon kommen, dachte ich."
Paul schaute auf die Uhr. Simon musste mindestens drei Stunden gewartet haben.
„War wohl nix mit Zoe?", fragte er eine Spur spöttisch.
Simon schüttelte den Kopf. „Nicht mit Zoe. Mit *mir*", sagte er zerknirscht. „Ich hab mich echt sch... dir gegenüber verhalten. Ich hab einfach meinen besten Freund sitzenlassen."
Paul musste daran denken, was Jay gesagt hatte, auf die Frage hin, was er gemacht hatte, als es seinen Freunden leidgetan hatte. „Ich hab ihnen vergeben", hatte er gesagt.
Paul atmete tief durch. „Okay", sagte er, „war echt mies. Aber Schwamm drüber."
Ungläubig sah Simon ihn an. „Was, echt jetzt?"
Paul grinste. „Echt jetzt." Er fühlte sich unglaublich erleichtert – so, als würde er ganz ohne Gepäck biwakieren. Höchstens mit einem Kopfkissen.

„Denn wir haben ja nicht einen Hohenpriester, der mit unseren Schwächen kein Mitleid haben könnte, sondern der wie wir in allem versucht worden ist, doch ohne Sünde. Darum lasst uns mit Zuversicht vor den Thron der Gnade treten, damit wir Barmherzigkeit empfangen und Gnade finden, wenn wir Hilfe nötig haben."
Hebräer 4,15-16

„Seid von Herzen dankbar.“
Kolosser 2,7

„Und sagt Gott, dem Vater, allezeit Dank für alles, in dem Namen unseres Herrn Jesus Christus.“
Epheser 5,20

Monas Oma

Laurentia saß auf der Schaukel. Mit ihrem rechten Fuß trat sie missmutig die kleinen Rindenstückchen auf dem Boden, dass sie durch die Luft flogen. Dabei starrte sie trübsinnig auf das Beet vor ihr. Die wunderschönen Blumen darin nahm sie überhaupt nicht wahr. Sie war zu sehr in ihrer schlechten Stimmung versunken. Dabei war eigentlich gar nichts Schlechtes passiert. Ganz im Gegenteil. Mittags hatte es sogar ihr Lieblingsessen gegeben: Pfannkuchen mit Apfelmus. Und für den Nachmittag hatte eine Freundin sich mit ihr verabreden wollen. Aber Laurentia hatte keine Lust gehabt. Stattdessen saß sie wieder einmal genervt auf der Schaukel. Genervt und unzufrieden.

Neulich hatte Papa eine ernste Unterredung mit ihr gehabt. Die Dankbarkeit, so hatte er gesagt, sei eines der wichtigsten Dinge im Leben. Wichtiger als viel zu haben, sei die Dankbarkeit für das, was man habe. Und sie hätten ja obendrein auch noch viel davon: Eine liebevolle Familie, gutes Essen, saubere Kleidung, ein Dach über dem Kopf ... So war es eine Weile weitergegangen. Laurentia hatte gar nicht richtig zugehört. Bald hatte sie Geburtstag, und während der „Rede“ ihres Vaters hatte sie sich überlegt, was sie sich noch alles wünschen könnte. So waren die weisen Worte auf taube Ohren und ein verschlossenes Herz gefallen.

Die Schaukel ist zu klein!, dachte sie gerade ärgerlich. *Ich will eine haben, mit der ich bis über den Kirschbaum schaukeln kann! Oder, noch besser, eine eigene Achterbahn. Ja, genau! Nicht so eine dämliche kleine Schaukel in einem langweiligen Garten!*

Plötzlich erschien über dem weiß gestrichenen Zaun ein kleines braunes Gesicht mit schwarzen Locken. Laurentias Fuß hielt still. „Was willst du?“, fragte sie.

Das fremde Kind lächelte schüchtern. „Darf ich mal schaukeln?“, fragte es sehnsüchtig. Es war ein Mädchen etwa in Laurentias Alter.
Laurentia rutschte überrascht von ihrem Sitz. „Wenn‘s weiter nichts ist“, meinte sie gönnerhaft.
Das Mädchen kletterte über den Zaun und setzte sich auf die Schaukel. Mit leuchtenden Augen stieß es sich vom Boden ab. Immer höher schaukelte es und lachte dabei, als ob es nichts Schöneres gäbe, als zu schaukeln. Dieses Lachen war so fröhlich und so ansteckend, dass Laurentia unwillkürlich mitlachen musste. Schließlich sprang das fremde Kind von der Schaukel und ließ sich ins Gras fallen. Es strahlte immer noch über das ganze Gesicht.
„Wie heißt du?“, wollte Laurentia wissen.
„Mona“, bekam sie zur Antwort. „Und du?“
„Ich heiße Laurentia. Wo wohnst du, Mona? Ich habe dich noch nie hier gesehen.“
Mona stand auf. „Komm mit, ich zeige es dir“, sagte sie.
Laurentia kletterte hinter ihr über den Zaun. Nicht etwa, weil es kein Törchen gegeben hätte, nein, aber das hier war lustiger.
„Du hast aber ein schönes Kleid an“, sagte Mona und befühlte bewundernd den weichen Stoff.
„Ach, das ist nur mein Spielkleid“, gab Laurentia abfällig zurück. Dabei warf sie verstohlen einen Blick auf Monas viel zu großes T-Shirt und ihre zu kurze Hose. Dieses Mädchen sah irgendwie aus wie eins von den Straßenkindern aus dem Vortrag der Wohltätigkeitsveranstaltung, zu der Mama Laurentia einmal mitgenommen hatte. Laurentia hatte es nicht gefallen.
Mona bemerkte ihre Blicke nicht. Fröhlich lief sie neben ihr her.
„Ist es noch weit?“, fragte Laurentia nach einer Weile. In dieser Gegend kannte sie sich überhaupt nicht aus. Es gab keine Gärten und kaum noch Bäume. Außerdem standen die Häuser sehr dicht nebeneinander.
„Siehst du da vorne den Schornstein?“ Mona zeigte auf einen hohen, rauchgeschwärzten Schlot. „Dahinter wohnen wir.“
Laurentia zog die Stirn etwas kraus. So ganz geheuer war ihr das hier nicht mehr. Aber sie wollte so kurz vor dem Ziel auch nicht aufgeben und umkehren. Außerdem war Mona interessant.

Endlich standen sie vor einem ärmlichen Mietshaus. Mona zog einen Schlüssel aus der Tasche. „Wir wohnen ganz oben", sagte sie vergnügt. „Da hat man die beste Aussicht. Und wir haben sogar einen Balkon!" Sie sprang wie eine Gämse die Treppen hoch. *Na, ob die Aussicht so toll ist ...*, überlegte Laurentia. Sie sah sich im Treppenhaus um. Die Wände waren schmutzig und der Putz hatte Löcher und Risse. Endlich waren sie oben.
„Hereinspaziert!", sagte Mona mit einer Verbeugung. Dann rief sie: „Omi, ich habe Besuch mitgebracht!" Sie drehte sich zu Laurentia um und bedeutete ihr, mitzukommen.
Etwas unbehaglich folgte Laurentia ihr durch den engen, dunklen Flur in ein kleines Wohnzimmer. An der Tür blieb sie stehen. So ein Zimmer hatte sie noch nie gesehen! Jedes Möbelstück schien von einer anderen Entrümpelung zu stammen. An den Wänden hingen ausgeschnittene Kalenderbilder und auf dem Fußboden lag ein abgetretener Teppich. Nichts passte zusammen, und trotzdem wirkte der Raum irgendwie gemütlich. Vielleicht verbreitete auch die alte Frau, die strickend in einem Sessel am Fenster saß, die heimelige Atmosphäre. Als sie die Mädchen hörte, blickte sie auf.
„Hallo Omi!" Mona sprang zu ihr und gab ihr einen Kuss auf die runzelige Wange. „Ich habe Laurentia mitgebracht. Laurentia, komm doch näher, damit meine Omi dich begrüßen kann."
Zögernd ging das Mädchen zu der alten Frau. Mona nahm Laurentias Hand und legte sie auf die ihrer Großmutter.
„Guten Tag, mein Kind. Ich kann dich zwar nicht sehen, aber an deiner Hand merke ich, dass du wohl ungefähr so alt wie meine Mona bist." Die Frau tastete nach Laurentias Kopf und strich ihr behutsam über das Haar. „So schönes, weiches Haar", sagte sie bewundernd. „Und du riechst gut. Schön, dass du uns besuchst!" Die Großmutter strahlte über das ganze Gesicht. „Mona, biete doch unserem Gast etwas zu trinken an!"
Während Mona verschwand, starrte Laurentia diese fremde Frau an. Sie sah aus wie aus einer anderen Zeit in ihrem hochgeschlossenen, schwarzen Kleid mit der Spitze am Kragen, den dünnen, weißen Haaren, die zu einem Knoten aufgesteckt waren, und den vielen kleinen Falten, die ihr Gesicht durchzogen. Der Sessel, in

dem sie saß, war mindestens genauso alt. Sie konnte offensichtlich nicht sehen und war anscheinend bettelarm. Trotzdem strahlte sie!
„Wie können Sie so glücklich sein?“, rutschte es Laurentia leise heraus. Im nächsten Moment schämte sie sich für ihre Bemerkung. Hoffentlich hatte die Frau sie nicht gehört!
Doch da fragte Monas Oma auch schon erstaunt zurück: „Ja, sollte ich denn nicht glücklich sein? Ich kann hören und riechen und sprechen. Ich habe eine liebe Enkelin und ein Zuhause. Wir haben zu essen und anzuziehen, und ich kann sogar noch stricken – wenn es auch nur noch rechte und linke Maschen sind. Aber selbst wenn ich all diese Segnungen nicht hätte, so bliebe mir doch noch die größte von allen: mein Heiland!“
Mona kam zurück. Sie trug ein Plastiktablett, das einen Sprung hatte und dem eine Ecke fehlte. Darauf standen drei Gläser mit Leitungswasser und ein Tellerchen mit Zwieback. Sie reichte erst der Großmutter ein Glas, dann Laurentia. Danach verteilte sie den Zwieback.
Laurentia wollte gerade daran knabbern, als die Großmutter den Kopf neigte und sagte: „Wir danken dir, lieber Herr, für diese guten Gaben und dass wir nicht hungern müssen. Amen!“
Peinlich berührt hielt Laurentia ihren Zwieback in der Hand. Doch Mona sorgte mit ihrem „Fröhlich sei das Kaffeetrinken, guten Appetit!“ schnell dafür, dass Laurentia sich nicht mehr seltsam vorkam.
Nach dem Essen holte Mona ein selbstgemachtes Mühlespiel hervor, und die Mädchen setzten sich damit auf den Teppich. Als sie keine Lust mehr zu dem Brettspiel hatten, zog Mona aus einer Schublade eine Schachtel Knöpfe und erfand Personen zu den einzelnen Knöpfen. Begeistert machte Laurentia mit. Es war ein sehr lustiger Nachmittag. Schließlich schlug die Pendeluhr.
„Oh, ich muss nach Hause!“, rief Laurentia erschrocken.
„Ich begleite dich noch ein Stück“, bot Mona an, „damit du dich nicht verläufst.“
Laurentia war froh über das Angebot. Alleine hätte sie den Weg bestimmt nicht gefunden. Bevor sie das Zimmer verließ, verabschiedete sie sich von der Großmutter. „Vielen Dank, es war sehr schön bei Ihnen“, sagte sie und meinte es von ganzem Herzen.

„Ja, nicht wahr, wir haben es schön hier“, sagte die Großmutter und strich ihr über die Hand. Dabei schmunzelte sie verschmitzt. „Aber nicht wegen unserer tollen Einrichtung ...! Zufriedenheit kommt nicht von dem, was man hat, sondern von der Dankbarkeit für Gottes Güte, nicht wahr? Besuch uns bald mal wieder!“

„Seid von Herzen dankbar.“
Kolosser 2,7

„Und sagt Gott, dem Vater, allezeit Dank für alles,
in dem Namen unseres Herrn Jesus Christus.“
Epheser 5,20

„Gott bleibt wahrhaftig.“
Römer 3,4

„All sein Tun ist Wahrheit,
und seine Wege sind recht.“
Daniel 4,34

Ein oranger Button

„Und jetzt kommen mal bitte alle Kinder nach vorne, die gestern in die erste Klasse eingeschult wurden.“ Pastor Wilt griff unter die Kanzel und holte einen Korb hervor. Darin steckten lauter Mini-Schultüten, die anscheinend einige Mitarbeiter extra für diesen Familiengottesdienst gebastelt hatten.
An mehreren Stellen im Saal standen Kinder auf und gingen zur Bühne. Sascha drehte die Knie zur Seite, um ein kleines Mädchen aus seiner Reihe durchzulassen. Kurz darauf kam die Kleine freudestrahlend wieder. Sofort riss sie ihre Schultüte auf und kippte sie auf ihrem Schoß aus. Dabei kullerte etwas Rundes, Gelbes auf den Boden. Sascha bückte sich, um den Gegenstand aufzuheben. Es war ein Button. Darauf stand: „Gott sagt: Ich passe auf dich auf.“ Der Junge gab der Mutter des Mädchens den Anstecker und stand mit den anderen zusammen zum Segen auf. *So was könnte ich auch gebrauchen!*, dachte er und unterdrückte einen Seufzer. Er war auch eingeschult worden. Freitag war die Veranstaltung gewesen. Aber nicht in die erste Klasse, sondern in die fünfte. Und ihm war alles andere als wohl zumute. Das Ganze hatte zwar mit einem Einschulungs*gottesdienst* begonnen, aber von Gott und Jesus war nicht viel zu spüren gewesen. Bei der anschließenden Begrüßung auf dem Schulhof hatten die anwesenden Lehrer auf ihn auch nicht gerade einen vertrauenserweckenden Eindruck gemacht. Und in der einen Schulstunde, die sie danach noch gehabt hatten, hatte er sich völlig blamiert, weil er eine Frage falsch verstanden hatte.
Vor den Sommerferien, als die neuen Kleinen zum Schnupperunterricht in die Grundschule gekommen waren, da hatte er sich groß, überlegen und cool gefühlt. Doch davon war jetzt nicht

mehr viel übriggeblieben. Dass seine Schwester Sonja, die bereits in die achte Klasse kam, auch in seiner neuen Schule sein würde, war nur ein geringer Trost.
Sascha war so in seine Sorgen vertieft, dass er gar nicht merkte, dass der Segen zu Ende war. Mit gesenktem Kopf stand er weiter da, bis Sonja ihn unsanft anstieß. Durch den verstopften Mittelgang schoben sie sich langsam zum Ausgang. Zu Saschas Freude stand dort ein Korb mit weiteren Buttons bereit, aus denen man sich einen aussuchen konnte. Am liebsten hätte er von jeder Farbe einen genommen: Alle Zusagen waren so schön! Er wusste: Was da draufstand stimmte, weil Gott keine leeren Versprechen gab. Schließlich entschied er sich für einen orangen: „Jesus sagt: Ich liebe dich!“ Das fand er sehr gut, zumal er noch nicht wusste, ob er in der neuen Klasse Freunde finden würde. Er könnte den Button in der Jackentasche behalten, wenn er morgen in diese furchterregende Schule ging.
Am nächsten Tag wurde Sascha viel zu früh wach. Frühstücken konnte er sowieso fast nichts, und so wartete er angespannt auf Sonja. Als sie endlich kam, warf er ihr einen neidischen Blick zu. In den geerbten Markenklamotten und mit ihren langen dunklen Haaren machte sie richtig was her.
Während sie auf die Schule zugingen, war er so nervös, dass er dauernd schlucken musste. Er schob schnell seine Hände in die Hosentaschen, damit er nichts entsetzlich Peinliches tat – so wie Sonjas Hand umklammern.
„Mach dir keine Sorgen. Ich pass schon auf dich auf“, beruhigte sie ihn. Sie betraten die volle Eingangshalle, und Sonja sah sich um. Die beiden merkten nicht, wie sie dabei von einem größeren Schüler mit sehr kurzen braunen Haaren, der an der Heizung lehnte, gemustert wurden. Kurz darauf waren sie von Sonjas Freundinnen umringt. Die Mädchen begrüßten Sascha, doch schon bald gingen sie schwatzend mit seiner Schwester davon und ließen ihn stehen. Sascha sah ihnen mit einem Anflug von Panik nach. Sonja wollte doch auf ihn aufpassen! Was sollte er jetzt machen? Warum hatte er noch niemanden aus seiner neuen Klasse gesehen? Er musste dringend zur Toilette. Aber wo? Hoffentlich hatte er noch Zeit dazu. Und wo war überhaupt nochmal sein Klassenraum?

Ein Gong ertönte. Da, da vorne war ein Junge, der ihm bekannt vorkam. Sascha hastete ihm hinterher einen Gang entlang und eine Treppe hoch. „5B“ stand an einem Schild neben der letzten Tür. Erleichtert atmete Sascha auf. Er war richtig!
Im Laufe der ersten Stunde entspannte er sich immer mehr. „Ihr seid die beste fünfte Klasse, die ich je hatte!“, verkündete sein Klassenlehrer, Herr Dörner, vor der großen Pause. Er strahlte die Kinder an. Sascha strahlte zurück. Genauso einen netten Lehrer hatte er sich gewünscht. Wenn das mal keine guten Voraussetzungen waren.
Als er durch die Pausenhalle auf den Schulhof gehen wollte, trat ihm einer der älteren Schüler entgegen. Er war zwei Köpfe größer als Sascha und hatte sehr kurze braune Haare. Er erinnerte Sascha an irgendjemanden, aber ihm fiel nicht ein, an wen. Der Junge zeigte auf sich und sagte: „Axel. Erster Tag heute?“ Sascha nickte. Der Braunhaarige hielt ihm ein Bonbon hin. „Hier, willste?“, fragte er großzügig.
Erstaunt nahm Sascha die Süßigkeit. Er war so überrascht, dass er sogar vergaß, sich zu bedanken. Anscheinend gab es an dieser Schule mehr nette Menschen, als er gedacht hatte. Aber dass seine Schwester ihr Versprechen, auf ihn aufzupassen, nicht gehalten hatte, war überhaupt nicht nett gewesen. Als er sie nach der Schule darauf ansprach, meinte sie nur genervt: „Das war doch nicht ernst gemeint. Oder dachtest du etwa, ich würde deine Hand halten?“
Sascha kam sich ziemlich dumm vor und wünschte, er hätte nichts gesagt. Woher hatte er denn wissen sollen, dass sie das nicht ernst gemeint hatte?
Beim Mittagessen erzählte er von seinem netten Klassenlehrer. „Und wir sind die beste Klasse, die Herr Dörner je hatte!“, verkündete er stolz.
Sonja verdrehte die Augen. „Der Döner sülzt immer so rum. Das darf man nicht ernst nehmen. Das sagt er jedem.“
Wieder kam Sascha sich dumm vor. Von dem netten Jungen mit dem Bonbon erzählte er lieber nichts. Am Ende belehrte Sonja ihn wieder, „dass man das nicht ernst nehmen könne ...“ Das wollte er einfach nicht mehr hören.

Am Dienstag sah er Axel schon, als sie die große Glastür aufstießen. Der ältere Junge drückte sich von der Fensterbank ab und schlenderte auf sie zu. Sonja hatte ihn nicht bemerkt. Sie verschwand mit ihren Freundinnen. Axel bot Sascha ein Kaugummi an.
Diesmal bedankte er sich. „Cool. Echt nett von dir!“, grinste er. Na also! Die Freundlichkeit war also doch ernst gemeint. So schnell konnte man Freunde finden!
„Ich kann dir ein bisschen die Schule zeigen“, bot Axel an.
Sascha fühlte sich geehrt. Er war sich zwar sicher, dass er sich sowieso nicht merken konnte, wo was war, aber er ging trotzdem mit. Hoffentlich brachte der ältere Junge ihn wieder in die Pausenhalle zurück.
„Ist das deine Schwester, die morgens immer mit dir in die Schule kommt?“, wollte der Große beiläufig wissen, während sie durch die Gänge schlenderten.
„Äh, ja“, gab Sascha einsilbig zurück. Er versuchte krampfhaft, sich zu orientieren.
„Und in welche Klasse geht sie?“, fragte Axel weiter.
„Wer?“
„Na, deine Schwester.“
„Ach so. In die Achte.“
„In welche Achte?“
Warum interessierte der Junge sich auf einmal so für seine Schwester? „Weiß nicht. B oder C. Oder vielleicht auch A. Ich werde sie fragen, wenn ich sie sehe“, versprach Sascha. Er sah sich um. Mussten sie nicht allmählich zurückgehen? Gleich würde es läuten. „Ich, ich gehe jetzt besser zu meinem Klassenraum“, meinte er besorgt. „Sind wir eben von links oder von rechts gekommen?“
„Von rechts“, sagte der Junge. Sascha rannte los. Das Grinsen auf dem Gesicht des älteren Schülers sah er nicht. Aber er stellte fest, dass er offenbar falsch gelaufen war ... Ob er den Jungen falsch verstanden hatte?
Am Tag darauf trat Axel ihm in den Weg, als er mit Sonja in die Schule kam. „Willst du deiner Schwester nicht deinen neuen Freund vorstellen?“, fragte er lässig.

Sascha sah ihn erstaunt an. „Äh, doch, natürlich. Also, Sonja, das ist Axel ...“ Im nächsten Moment kam eine von Sonjas Freundinnen und schnappte sie weg. Aber Sascha beobachtete, dass seine Schwester Axel über die Schulter einen interessierten Blick zuwarf. „Sie ist in der 8D“, sagte er, stolz darauf, seinem neuen Freund auch endlich mal einen Dienst zu erweisen. Axel klopfte ihm auf die Schulter und grinste. Wieder erinnerte er Sascha an irgendjemanden. Aber er konnte einfach nicht sagen, an wen.

„Woher kennst du Axel?“, wollte Sonja wissen, als sie aus der Schule kam.

„Er hat mir ein Bonbon und ein Kaugummi geschenkt und mir die Schule gezeigt. Er ist echt nett“, erklärte Sascha.

Sonjas Gesichtsausdruck war schwer zu deuten. „Da hast du wohl recht“, meinte sie nur.

Den Rest der Woche bekam Sascha von seinem neuen Freund nicht mehr viel zu sehen. Er hatte sich einfach in Luft aufgelöst. Dann entdeckte Sascha ihn: Er stand mit Sonja hinter einem Baum auf dem Schulhof. Schnell lief Sascha hin.

Doch als Axel ihn kommen sah, legte er den Arm um Sonja und ging mit ihr weg. „Kleine Kinder nerven nur“, hörte Sascha ihn sagen.

Er starrte den beiden mit offenem Mund hinterher. Axel war mit Sonja zusammen? War er deswegen so nett zu ihm gewesen, um an Sonja zu gelangen? Und er hatte geglaubt, Axel mochte ihn! Dabei hatte die ganze Freundlichkeit anscheinend einzig und allein dem Zweck gedient, sich Sonja zu angeln. Sascha fühlte sich wie eine weggeworfene McDonald‘s-Tüte.

Sonja dagegen schwebte auf Wolke sieben. Seit sie mit einer langstieligen roten Rose nach Hause gekommen war, lief sie die ganze Zeit mit so einem verträumten Blick herum, und auf einmal hatte sie jeden Nachmittag etwas in der Stadt zu tun. Das war sehr ungewöhnlich. Denn Sonja ging sonst fast nie in die Stadt. Sie war die Sparsamkeit in Person und gab ihr Geld nie aus. Trotzdem lieh sie sich einige Zeit später von ihm fünf Euro. Das war sehr, *sehr* ungewöhnlich. Irgendetwas stimmte hier nicht. Ob es etwas mit Axel zu tun hatte?

Eines Mittags lief Sascha gerade durch die Fußgängerzone nach Hause, als vor ihm aus der Imbissbude ein großer Junge mit kurzen braunen Haaren und ein perfekt gestyltes blondes Mädchen kamen. Das Mädchen steckte gerade ein Portemonnaie in ihre elegante Handtasche. Dabei lächelte sie verliebt zu dem Jungen hoch. „Das hab ich doch gerne gemacht", flötete sie.
„Du bist mein Engel! Ich liebe dich!", erklärte der Junge und drückte einen Kuss auf ihre Haare.
Einen Moment lang dachte Sascha, er sähe nicht richtig, dann ballte er die Fäuste. Axel! Und auf einmal wusste er, warum dieser Junge ihm irgendwie bekannt vorkam: Es war etwas in seinen Augen. Er hatte den gleichen Blick wie Las Vegas, der Kater, den Sascha mal gehabt hatte. Der hatte auch so freundlich getan, nur um etwas zu bekommen. Das Tier war immer um seine Beine gestrichen oder auf seinen Schoß gesprungen, bis Sascha ihm etwas zugesteckt hatte. Dann hatte es ihn ganz plötzlich gekratzt. Einmal hatte Sascha sogar zum Arzt gemusst deswegen. Axel war genauso falsch wie Las Vegas! Er musste seine Schwester vor diesem Typen warnen. So bald es ging.
Nach dem Abendessen ging er in ihr Zimmer. Sie hatte diesen verliebten Blick auf dem Gesicht und telefonierte.
„Warte kurz", säuselte sie ins Handy. „Was?!", knurrte sie im nächsten Moment unwirsch an ihren Bruder gewandt.
„Ich muss mit dir reden", sagte Sascha.
„Ich telefoniere!"
„Es ist aber wichtig", beharrte Sascha. Auf einmal wusste er nicht, wie er es sagen sollte.
Sonja rollte die Augen. „Dann sag schon!" Ungeduldig sah sie ihn an.
„Axel ist wie Las Vegas!", platzte ihr Bruder heraus.
„Was?"
„Er ist falsch."
„Raus!", zischte seine Schwester ärgerlich.
Schnell verließ Sascha das Zimmer. Er stieß frustriert die Luft aus. Hoffentlich kratzte Axel seine Schwester nicht – im übertragenen Sinne. Er musste ihr unbedingt von seiner Beobachtung in der Stadt erzählen. Aber noch einmal würde sie sich

nicht stören lassen, ohne auf ihn loszugehen. An seiner Unterlippe kauend stand er vor der verschlossenen Tür und überlegte.
Im nächsten Moment öffnete sie sich und seine Schwester fauchte: „Hör auf zu lauschen!"
„Er hat 'ne andere geküsst!", rief Sascha schnell, bevor sie die Tür wieder zuknallen konnte.
Sonja sah ihn entgeistert an. Doch dann wurde sie wütend.
„Du kleiner Lügner! Er liebt mich!" Ihr Gesicht hatte rote Flecken. Sie knallte die Tür so fest zu, dass auf der anderen Seite der Schlüssel auf den Boden fiel.
Sascha ging in sein Zimmer und setzte sich auf sein Bett. Er rief sich noch einmal die Szene in der Stadt in Erinnerung. „Nee, Sonja, er liebt nicht dich. Er liebt dein Geld", murmelte er. „Oder vielleicht besser gesagt meins", fügte er trocken hinzu. Er holte seinen Collegeblock und schrieb: „Ein reiches Mädchen mit blonden Haaren hat für ihn Essen bezahlt. Da hat er gesagt: ‚Ich liebe dich!' und sie geküsst." Den Zettel schob er unter der Tür seiner Schwester hindurch. Dann setzte er sich in den Flur und wartete. Er musste ziemlich lange warten. Während er da saß, grübelte er trübsinnig vor sich hin. Konnte man überhaupt jemandem glauben? Entweder meinten die Leute es nicht ernst oder sie benutzten einen nur.
Schließlich kam Sonja heraus und winkte ihn herein.

Am nächsten Nachmittag gingen die beiden Geschwister zusammen in die Stadt.
„Alles klar?", fragte Sonja. Sie wirkte nervös. „Und lass dich erst blicken, wenn ich dir ein Zeichen gebe." Sascha nickte und verschwand hinter einer großen Skulptur gegenüber einer Eisdiele. Kurz darauf kam Axel herangeschlendert.
„Hey, Süße!", begrüßte er Sonja. Er nahm ihre Hand und führte sie an seine Lippen. „Ich liebe dich!", murmelte er. Von seinem Platz hinter der Skulptur konnte Sascha sehen, dass seine Schwester mit den Tränen kämpfte. Axel schien das nicht zu bemerken. „Essen wir was?", fragte er und ging, ohne eine Antwort abzuwarten, in die Eisdiele gegenüber.

Sonja folgte ihm. Sie wählte einen Tisch in der Nähe der Tür und setzte sich so, dass sie die Skulptur sehen konnte. Bald darauf wurde jedem von ihnen ein Eisbecher serviert.
Mann, brauchen die lange!, wunderte sich Sascha, der das Paar die ganze Zeit über beobachtete. Axel tätschelte Sonjas Arm. *Der Heuchler!* Und sie waren auf ihn reingefallen! Sascha bohrte die Hände in die Jackentaschen. Da fühlte er etwas Glattes, Rundes. Er zog den kleinen Gegenstand heraus. Es war der orange Button vom Familiengottesdienst. Den hatte er ganz vergessen.
„Jesus sagt: Ich liebe dich!" Sascha drehte den Anstecker in seinen Fingern hin und her. Einen gab es, der es ernst meinte und nicht nur so tat als ob. Dem man glauben konnte, weil er die Wahrheit selbst war. Bei ihm musste man keine Angst haben, reingelegt oder ausgenutzt zu werden. Jesus war nicht so wie Axel oder Las Vegas.
Sascha sah wieder zu den beiden in der Eisdiele. Schließlich winkte Axel dem Kellner. Lächelnd reichte der schwarz-weiß gekleidete Mann dem Jungen die Rechnung. *Gleich ist dein betrügerisches Spiel zu Ende!*, dachte Sascha. Er konnte sehen, wie Axel in seine Hosentasche griff und den Kopf schüttelte. Er suchte seine Jackentaschen ab und schüttelte wieder den Kopf. Dabei machte er ein bestürztes Gesicht. Das Lächeln des Kellners verrutschte. Der Mann wandte sich an Sonja. Die hob entschuldigend die Hände und schüttelte ebenfalls den Kopf. Das war Saschas Zeichen. Er kam hinter der Skulptur hervor und schlenderte auf die Eisdiele zu.
„Hallo Sonja!", begrüßte er seine Schwester.
Sonja wirkte sehr erleichtert. „Oh, Sascha, kannst du mir Geld leihen?"
Ohne Axel anzusehen, zog Sascha sein Portemonnaie heraus. „Viel ist nicht mehr drin", meinte er und goss ein paar Münzen in die Hand seiner Schwester.
„Da meine Begleitung schon wieder das Geld vergessen hat, müssen wir wohl doch getrennt bezahlen", sagte Sonja kühl. „Es reicht nur für mein Eis." Sie gab dem Kellner den Betrag sowie ein winziges Trinkgeld und stand auf. Ihre Stimme zitterte, als sie sich an Axel wandte: „Ruf doch eine von deinen anderen

Damen an, und lass dich von denen durchfüttern!" Damit ließ sie Axel und den Kellner zurück und verließ hastig den Raum. Sascha folgte ihr. Er hörte noch, wie der Kellner auf Italienisch losschimpfte, aber er sah sich nicht um.

Sonja stürmte durch die Fußgängerzone ohne ein Wort zu sagen. Dabei liefen ihr die Tränen über die Wangen und verschmierten ihre Schminke. Sie sah aus wie ein Monster. Doch Sascha war klug genug, nichts zu sagen. Es musste sie noch viel mehr getroffen haben als ihn. Und sie hatte ihr ganzes Taschengeld für diesen Betrüger ausgegeben. Sie tat ihm leid.

Sie braucht jetzt unbedingt einen Button, überlegte Sascha, während er neben ihr hertrabte. *Damit sie weiß, wem sie glauben kann.*

Während Sonja später zu Hause ihr Gesicht wusch, schlich er sich unbemerkt in ihr Zimmer und legte den orangen Button auf ihr Kopfkissen. Am liebsten hätte er ihr noch einen Zettel dazugelegt: „Jesus betrügt dich nicht. Er meint es ernst." Aber er war sich nicht sicher, ob sie sich dann angepredigt fühlen würde. Also ließ er es.

Seine Schwester sagte rein gar nichts über den Button, und Sascha überlegte, ob sie ihn vielleicht gar nicht bemerkt hatte. Doch am nächsten Morgen auf dem Weg zum Bus sah er, dass etwas Rundes, Oranges an Sonjas Schultasche befestigt war: ein Button mit den Worten „Jesus sagt: Ich liebe dich!"

„Gott bleibt wahrhaftig."
Römer 3,4

„All sein Tun ist Wahrheit,
und seine Wege sind recht."
Daniel 4,34

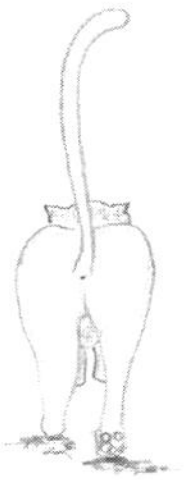

Jesus sagt:
„Und ich will den Vater bitten,
und er wird euch einen andern Beistand geben,
der für immer bei euch bleiben soll:
den Geist der Wahrheit ... er bleibt bei euch
und wird in euch sein.“
Johannes 14,16-17

Der Beistand

Leise schlüpfte Sarah aus ihrem Zimmer. In der Wohnung war es ganz still. Ihre Eltern schliefen offensichtlich noch. Sie würde endlich einmal in Ruhe Fernsehen können. Sie schlich die Treppe hinunter. Dabei vermied sie die knarrende Stelle auf der untersten Stufe. Die Wohnzimmertür war nur angelehnt. Sarah huschte hinein und schloss sie so leise wie möglich.
Da hörte sie vom Sofa her ein Geräusch. Es klang wie ein Seufzer. Erschrocken sog sie die Luft ein. Im nächsten Moment erschien hinter der Sofalehne ein zerzauster Haarschopf.
„Papa!“, rief Sarah erstaunt. Ihr Vater drehte sich zu ihr um. Irgendwie sah er zerknittert und übernächtigt aus. „Hast du etwa auf dem Sofa geschlafen?“, fragte Sarah verwundert.
Herr Wiedner gähnte und nickte. Sarah kam um das Sofa herum und setzte sich zu ihm. Ihr Vater legte einen Arm um sie. „Warum bist du denn schon auf?“, erkundigte er sich.
Sarah zuckte die Schultern. Dann grinste sie. „Ich wollte das Wohnzimmer mal ganz für mich alleine haben.“
Ihr Vater zog eine Augenbraue hoch. Aber er fragte nicht weiter. Stattdessen sagte er: „Dann will ich dir nicht in die Quere kommen“ und stand auf. Dabei rieb er sich das Kreuz.
Sarah hielt ihn fest. „Warum hast du denn auf dem Sofa geschlafen?“, wollte sie wissen. „Hat Mama gesägt oder was?“
Ihr Vater sah kurz auf sie hinunter. „So könnte man es nennen“, sagte er müde und verließ den Raum.
Armer Papa. Schnarcher waren schlimm. Sarah hatte sich auf einer Klassenfahrt mal ein Zimmer mit einem Mädchen teilen müssen, das geschnarcht hatte. Sie wusste, wie das war. Zu dumm,

dass sie kein Gästezimmer hatten, in das ihr Vater auswandern konnte. Sie schaltete den Fernseher ein. Nach einer Weile hörte sie ihre Mutter in der Küche hantieren. Sarah bekam Hunger. Sie stand auf und ging nach nebenan.
„Guten Morgen, Frühaufsteher“, begrüßte Frau Wiedner ihre Tochter und gähnte.
„Wenn du so laut schnarchst ...“, neckte Sarah. Verständnislos sah Mama sie an. Sie sah blass aus und hatte schwarze Ringe um die Augen. „Scherzchen“, meinte Sarah. „Papa sagte, du hättest geschnarcht. Deswegen hat er im Wohnzimmer geschlafen.“
Ihre Mutter fuhr sich mit der Hand über die Stirn. Sie öffnete den Kühlschrank und sah hinein. Dabei gähnte sie noch einmal. „Das wird wieder anders“, meinte sie müde. Damit schloss sie die Kühlschranktür wieder und verließ die Küche.
Verwundert sah Sarah ihr nach. Irgendwie hatte sie das Gefühl, dass Mama eben eher mit dem Gemüse und den Milchprodukten geredet hatte als mit ihr. Ob man sich durch sein eigenes Schnarchen wecken konnte?

Am Nachmittag, als Sarah auf dem Balkon saß und las, kam ihre Mutter mit einigen Zeitschriften heraus. Sie zog sich einen Sessel heran. „Hier, schau mal, was ich letzte Woche mitgebracht habe.“ Sie hielt Sarah einige Reisebüroprospekte von Stränden hin. „Wo würdest du im Sommer gerne hinfahren?“, fragte sie fröhlich.
Erstaunt sah Sarah auf. „Ich dachte, wir fahren in die Berge. Letztes Jahr waren wir ja schon am Meer. Da ist doch jetzt Papa dran mit Wandern.“
Frau Wiedner schlug eins der Hefte auf. „Papa ist es egal“, erwiderte sie betont heiter.
Papa war es *egal*? „Urlaub“ war das absolute Reizthema im Hause Wiedner. Sarahs Eltern hatten sich bisher regelmäßig jedes Jahr deswegen in die Haare gekriegt. Schließlich hatten sie diese Regelung mit abwechselnd Meer und Berge getroffen. Aber auch das räumte nicht alle Probleme weg. Sarah war froh, dass das Leben zum größten Teil aus Alltag bestand und nicht aus Urlaub. Und jetzt war es Papa auf einmal egal? Sie legte ihr Buch beiseite. „Wie meinst du das: Papa ist es egal?“, wollte sie wissen.

Ihre Mutter strahlte sie an. „Er überlässt es uns. Hier, schau mal, wie würde dir das gefallen?“ Sie hielt ihrer Tochter ein aufgeschlagenes Heft mit einem Traumstrand hin.
Immer noch verwundert beugte Sarah sich über den Katalog. „Wow, das ist fantastisch!“, rief sie begeistert. Die nächste Stunde verbrachten sie damit, Pläne zu schmieden. „Können wir das wirklich machen? Papa hat echt nichts dagegen?“, fragte Sarah immer wieder. Und jedes Mal versicherte ihre Mutter ihr, dass es ihrem Vater egal sei.
Als sie den Abendbrottisch deckte, kam ihr Vater in die Küche. Sarah stellte sich auf die Zehenspitzen und drückte einen Kuss auf seine Wange. „Danke, Papa, dass du zwei Mal hintereinander ans Meer fährst! Wir haben sooo was Schönes gefunden!“ Sie griff nach dem Katalog auf der Anrichte und schlug die Seite auf. „Hier!“ Stolz zeigte Sarah auf das Bild, als hätte sie den Strand gemacht. Oder zumindest das Foto.
Ihr Vater nickte langsam. „Ihr habt euch so schnell entschlossen?“ Er klang ein bisschen traurig.
„Papa, ist es dir auch wirklich recht?“, fragte Sarah besorgt.
Herr Wiedner nickte noch einmal. „Ja“, sagte er nur und strich seiner Tochter über die Haare.

Als Sarah am Sonntagmorgen die Treppe herunterging, kam ihr Vater gerade aus dem Wohnzimmer. Er hatte sein Kopfkissen unter dem Arm. „Hat Mama wieder so schlimm geschnarcht?“, fragte sie teilnahmsvoll. Papa fuhr sich mit der Hand durch die wirren Haare und murmelte etwas Unverständliches. Sarah nahm sich vor, ihm gleich morgen Ohrstöpsel zu kaufen. Das hier war ja kein Zustand!
Kurze Zeit später hörte sie ihre Mutter oben im Bad. Sarah beschloss, Frühstück zu machen. Früher hatten sie am Wochenende immer als ganze Familie in aller Ruhe zusammen gegessen. Aber in letzter Zeit war irgendwie immer etwas anderes gewesen, so dass Sarah in der Regel nur mit einem Elternteil am Tisch gesessen hatte. Auch während der Woche hatte Mama morgens keinen Hunger gehabt, und Papa hatte ganz oft länger arbeiten müssen. Sarah holte das Geschirr aus dem Schrank. Und eine Tischde-

cke. Ja, genau. Sie würde ihre Eltern überraschen. Wie wär's mit Rührei? Das mochte Papa so gerne. Und dazu einen kleinen Obstquark. Die Vitamine würden ihrer Mutter sicher guttun, so abgespannt, wie sie die letzten Wochen gewesen war. Sie schien einfach keine Energie zu haben. Sarah holte sich einen Apfel, eine Banane und ein paar Erdbeeren.
War Mama wirklich nur k. o.? Sarah runzelte die Stirn. Plötzlich schoss ihr ein anderer Gedanke durch den Kopf. Er kam so überraschend, dass sie vergaß, das Wasser auszustellen. Das wäre ja ungeheuerlich! Dass sie nicht eher darauf gekommen war! Dabei hatten sie doch in Bio gerade über das Thema gesprochen. Warum war eine Frau auf einmal blass, müde und abgeschlagen und konnte morgens keinen Bissen zu sich nehmen? Weil sie SCHWANGER war! Vielleicht hing sogar das Schnarchen damit zusammen? Darüber hatte die Lehrerin zwar nichts gesagt, aber bei den vielen Veränderungen, die eine Schwangerschaft mit sich brachte, wäre das sicher nicht ausgeschlossen. Kein Wunder, dass ihre Eltern in letzter Zeit öfter plötzlich das Thema zu wechseln schienen, wenn sie hereinkam. Sie hatten ein süßes Geheimnis! Wahrscheinlich war es Papa deswegen auch egal, wo sie den Urlaub verbrachten – Hauptsache Mama und dem Baby ginge es gut. Es passte einfach alles zusammen.
Sarah stellte das Wasser aus. Sie lächelte in sich hinein. Oh ja, sie würde einen schönen Obstquark machen. Einen wunderschönen! Und sie würde niemandem etwas verraten. Wenn ihre Eltern ihr Geheimnis noch ein bisschen für sich behalten wollten, würde sie es auch tun. Sie deckte den Tisch besonders liebevoll. Die ganze Zeit musste sie grinsen. Als alles fertig war, rief sie ihre Eltern.
„Lasst es euch schmecken!“, strahlte sie.
„Oh, das sieht aber gut aus“, meinte Papa. Mama lächelte sie dankbar an. Sie konnte sogar auch etwas essen. Sarah war so glücklich, dass sie am liebsten herumgetanzt wäre. Hoffentlich würden ihre Eltern sie bald einweihen ...

Im Gottesdienst saßen sie hinter Herrn und Frau Süderhoff. Sarah hatte den Platz ausgesucht. So konnte sie das ältere Ehepaar ein bisschen beobachten. Sie fand die beiden einfach zu süß: Wie

fürsorglich der große, hagere, bewegliche Herr Süderhoff sich um seine kleine, rundliche und Arthrose geplagte Frau kümmerte! Sie hielt zwar das Liederbuch für sie beide, aber er stützte ihre kleine Hand mit seiner großen. Und beim Aufstehen stützte er sie auch. Sarah stellte sich vor, wie ihre Eltern wohl einmal aussähen – in 50 Jahren oder so. Immer wieder schielte sie zu Mamas Bauch. Wenn er erst einmal dick und rund war, würde Papa sie vielleicht schon eher stützen müssen ...! Gerade noch rechtzeitig konnte sie ein Kichern unterdrücken.
Beim Segen half Herr Süderhoff seiner Frau, damit sie besser hochkam. Als die beiden standen, hielten sie sich weiterhin an den Händen. Wie ein verliebtes Pärchen. Sarah beugte sich leicht nach hinten, um zu sehen, ob ihre Eltern auch Händchen hielten. Doch ihr Vater hatte die Hände in den Hosentaschen. Sarah stieß ihre Mutter an und deutete unauffällig nach vorne. Frau Wiedner öffnete kurz die Augen, nickte und schloss sie wieder.
Auf der Heimfahrt fragte Sarah: „Können wir nicht mal die Süderhoffs einladen? Die haben bestimmt viel zu erzählen."
Ihr Vater sagte mit einem Seitenblick auf ihre Mutter: „Genau das habe ich auch schon vorgeschlagen."
Frau Wiedner atmete tief durch. Sie sah aus dem Fenster. „Ach, ich weiß nicht", meinte sie abwehrend. „Ich glaube, ich habe am Sonntag lieber meine Ruhe."
Es ist bestimmt wegen des Babys, fuhr es Sarah durch den Kopf. Sie legte eine Hand auf Mamas Schulter. „Wird es dir im Moment zu viel?", fragte sie teilnahmsvoll.
Ihre Mutter legte ihre Hand darüber. „Ja, mein Schatz. Danke, dass du so verständnisvoll bist", lächelte sie.
Ihr Vater fasste das Lenkrad fester und sagte den Rest der Fahrt nichts mehr.

An diesem Abend konnte Sarah lange nicht einschlafen. Sie musste die ganze Zeit an das Baby denken. Zu gerne hätte sie ihrer Freundin Marie davon erzählt. Heute Nachmittag, als sie stundenlang mit ihr telefoniert hatte, wäre es ihr ein paarmal fast herausgerutscht. Man stelle sich nur einmal vor: Sie, die zwölfjährige Sarah, bekäme ein kleines Geschwisterchen ...! Als sie endlich einschlief, träumte sie von süßen Babys, die sie schaukelte. Eins davon ließ sich aber nicht beruhigen. Es weinte immer weiter. Dabei machte es ganz komische tutende Geräusche. Schließlich wurde Sarah wach. Sie blinzelte auf ihren Wecker: Halb eins. Da tutete es wieder. Direkt neben ihrem Kopfkissen. *Oh, Schrott!* Sie hatte vergessen, das Telefon zurück auf die Station zu legen, und jetzt war der Akku fast leer. Es blieb ihr nichts anderes übrig, als aufzustehen und das Ding zurück auf die Ladestation zu bringen. Sonst würde sie die nächste Stunde alle zehn Minuten daran erinnert, dass die Batterie neuen Saft brauchte. Mit einem Seufzer stand sie auf und ging leise die Treppe hinunter. Da hörte sie aus dem Wohnzimmer Stimmen. Nanu, ihre Eltern waren noch wach?

„Unsere Tochter ist nicht dumm", sagte Papa gerade. Sarah blieb stehen. „Wahrscheinlich ahnt sie es sowieso schon. Als sie mich fragte, ob es mir egal wäre mit dem Urlaub, wusste ich nicht, was ich sagen sollte." Seine Stimme klang angespannt.

Sarah lächelte. Vielleicht sollte sie einfach hineingehen und es ihren Eltern sagen.

Da redete ihr Vater schon weiter. „Sie hat mich auf dem Sofa erwischt. Sie meinte, du hättest geschnarcht." Er lachte trocken. „Ich hab sie in dem Glauben gelassen." Seine Stimme wurde lauter: „Dass du keine Bäume gesägt hast, sondern permanent meine Nerven zersägst, habe ich ihr nicht auf die Nase gebunden. Aber ich weiß nicht, wie lange ich dieses Versteckspiel noch ertragen kann."

Wie festgefroren stand Sarah auf der Treppe. Was redete Papa da?

„Meinst du etwa, mir fiele das leichter?", kam die aufgebrachte Stimme ihrer Mutter. „Aber immer denkst du nur an dich! Lass sie wenigstens das Schuljahr abschließen, bevor wir es ihr sagen!"

„So, ich bin der Egoist, ja? Dabei muss doch immer alles nach deiner Nase gehen! Trotzdem kann ich es dir nie recht machen. Ich sag dir was: Du bist diejenige, die unsere Ehe kaputt gemacht hat!", rief er zornig.

Sarah starrte die Wohnzimmertür an. Die Angst griff mit eiskalten, stahlharten Fingern nach ihr. Sie hatte das Gefühl, kaum noch Luft zu bekommen. Zitternd schlich sie rückwärts die Treppe hoch, den Blick auf die Tür gerichtet, hinter der ihre Eltern sich gegenseitig fertigmachten. Ihre Mutter war nicht schwanger. Ihre Eltern wollten sich trennen! Sie kam sich vor wie eine Schlafwandlerin in einem schrecklichen Albtraum. Leise ging sie in ihr Zimmer und setzte sich vorsichtig auf ihr Bett.
„Tuut, tuut."
Erschrocken fuhr sie zusammen. Sie hielt immer noch das Telefon in der Hand. Unten wurde die Wohnzimmertür energisch geschlossen. Gleich darauf hörte sie eilige Schritte auf der Treppe und ersticktes Schluchzen. Mit weit aufgerissenen Augen saß Sarah auf ihrem Bett. Sie war *keine* Schlafwandlerin ...!
Als der Akku des Telefons vollständig leer war, saß sie immer noch dort. Sie merkte nicht, dass es längst aufgehört hatte zu tuten. Sie merkte nicht, dass es empfindlich kühl war im Zimmer. Sie merkte nicht, wie die Nachtstunden dahinschlichen. Das einzige, was sie spürte, war das Gefühl, in ein tiefes, dunkles Loch zu fallen.
Als ihr Wecker klingelte, saß Sarah immer noch auf der Bettkante. Die Panik war einer bleiernen Erschöpfung gewichen. Und kalt war ihr. Furchtbar kalt. Mechanisch stand sie auf. Sie suchte sich einen Rollkragenpulli und eine dicke Strickjacke aus dem Schrank und kleidete sich langsam an. Jede Bewegung ging in Zeitlupe. Mühsam zog sie die Bürste durch ihr dichtes, braunes Haar. Dann schleppte sie sich die Treppe hinunter in die Küche. Papa saß im eleganten Hemd und Krawatte am Tisch. Ach ja, er würde ja diese Woche auf die Messe fahren. Sarah ließ sich auf einen Stuhl fallen.
Herr Wiedner hob die Kaffeetasse. „Moin", grüßte er. Er musterte seine Tochter mit einem erstaunten Blick. „Sag mal, rechnest du mit einem Wintereinbruch?"
Sarah rieb sich fröstelnd die Hände. „Mir ist so schrecklich kalt", erklärte sie mit klappernden Zähnen.
„Kalt?", wunderte sich ihr Vater. „Du bist doch nicht etwa krank?" Sarah zuckte die Schultern. War sie krank? Was für einen Unterschied machte es.

Ihre Mutter kam herein. „Sarah, wie siehst du denn aus?“, rief sie besorgt. Sie legte eine Hand auf Sarahs Stirn und schüttelte den Kopf. „So kannst du nicht in die Schule. Bestimmt hast du dich bei Marie angesteckt. Leg dich schnell wieder ins Bett.“
Sarah stand auf. Vor ihren Augen verschwamm alles. Gerade noch rechtzeitig fing Papa sie auf. Er trug sie ins Wohnzimmer auf das Sofa. „Hier liegt man auch ganz gut“, versuchte er zu scherzen. Doch keinem war nach Lachen zumute. Er fuhr ihr über den Kopf. „Mach‘s gut. Und werd schnell wieder gesund“, wies er sie an. „Dann können wir zusammen grillen, wenn ich wieder da bin.“ Er verließ das Zimmer.
Mama kam mit dem Fieberthermometer, einem Glas Wasser und einer Paracetamol. Dann ging sie noch einmal in die Küche und holte ein Tablett mit Tee und Zwieback. Sie setzte sich kurz zu Sarah und nahm ihre Hand. „Am liebsten würde ich zu Hause bleiben, aber es geht einfach nicht.“ Sie seufzte frustriert. „Meine Kollegin hat ab heute Urlaub. Und die andere ist schon seit Wochen krank. Meinst du, du schaffst es, alleine zu bleiben?“ Besorgt sah sie ihre kranke Tochter an.
Sarah wollte nicht allein sein. Sie wünschte sich jemanden, der bei ihr blieb. Jemanden, der ihre Hand hielt und ihr versicherte, dass alles gut werden würde. Stattdessen nickte sie. Was blieb ihr auch anderes übrig? Sie war ja kein kleines Kind mehr.
Ihre Mutter gab ihr einen Kuss auf die Stirn. „Du kannst mich jederzeit anrufen“, sagte sie und stand auf. Sarah schloss die Augen.
Papa steckte noch einmal den Kopf herein: „Ich habe Süderhoffs angerufen“, erklärte er. „Sie kommen und bleiben bei dir, bis Mama nach Hause kommt.“ Er schloss leise die Tür.
Sarah hörte ihre Mutter im Flur: „Du hast Süderhoffs angerufen? Ohne mich zu fragen?“ Ihre Stimme hatte einen ärgerlichen Unterton. „Ich will nicht, dass sie kommen!“, sagte sie heftig.
Ihr Mann beachtete sie nicht. „Ich habe ihnen gesagt, wo der Ersatzschlüssel ist, dann muss Sarah nicht aufstehen.“
„Du hättest mich vorher fragen können!“, schleuderte seine Frau ihm entgegen.
„Du hättest doch sowieso ‚nein‘ gesagt“, erwiderte Herr Wiedner kühl.

„Ich rufe sie an und sage ihnen, dass sie nicht kommen müssen", kam Mamas entschlossene Stimme.
„Sie sind schon unterwegs. Sie waren sowieso gerade auf dem Sprung zu einem Arzttermin und danach kommen sie hierher."
Die Wohnungstür fiel ins Schloss.
Mit geschlossenen Augen lag Sarah auf dem Sofa. Süderhoffs würden kommen. Irgendwo zwischen den Kopfschmerzen und dem bleiernen Gefühl war so etwas wie ein Funke Erleichterung: Sie würde nicht allein sein.

Als das ältere Ehepaar eine Stunde später eintraf, schlief Sarah. Irgendwann wurde sie wach. Zuerst dachte sie, sie würde träumen, als sie Frau Süderhoff im Sessel neben dem Sofa sitzen sah. Aber schneller als ihr lieb war, traf sie die Wirklichkeit mit voller Wucht. Sie war zu schwach, um die Tränen zurückzuhalten. Dank Paracetamol schaffte sie es einigermaßen durch den Tag. Die Süderhoffs waren dabei eine enorme Hilfe.
Mama musste das auch gemerkt haben, denn zu Sarahs großer Erleichterung willigte sie ein, als das ältere Ehepaar anbot, am nächsten Tag wiederzukommen. Und an dem Tag danach.
Sarah ging es etwas besser. Einerseits war sie froh darüber. Andererseits wollte sie für immer krank bleiben, wenn das hieß, dass Süderhoffs jeden Tag kämen. Diese beiden waren einfach eine Wohltat.
Als sie am dritten Tag nach dem Duschen wieder ins Wohnzimmer kam, hatten ihre „Babysitter" den Fernseher eingeschaltet. Der Bildschirm zeigte ein Paar auf der Tanzfläche. Herr Süderhoff gab kritische Kommentare ab. Dabei klang er ziemlich fachmännisch.
Als Sarah ihre Verwunderung zum Ausdruck brachte, erklärte Frau Süderhoff: „Mein Mann war früher Tanzlehrer, musst du wissen." Erstaunt sah Sarah von einem zum anderen. „Haben Sie sich auf der Tanzfläche kennengelernt?", fragte sie neugierig. Sie konnte sich irgendwie schwer vorstellen, dass die gehbehinderte Frau Süderhoff über das Parkett schwebte.
Herr Süderhoff schaltete den Fernseher aus. „Nein", sagte er lächelnd. „Das war ganz anders." Er sah seine Frau liebevoll an.

„Ilse lernte ich im Büro kennen." Da er nicht weitererzählte, wollte Sarah auch nicht unhöflich sein und nachfragen.

Während der nächsten Wochen fiel es Sarah zunehmend schwerer, sich nicht anmerken zu lassen, dass sie ihre Eltern belauscht hatte. Mehrfach kam ihr die Idee zu beten. Doch sie verwarf den Gedanken jedes Mal wieder. Wenn das ihren Eltern nichts genützt hatte – und sie war sich sicher, dass sie gebetet hatten, immerhin waren sie Christen – warum sollte sie es dann tun?
Sie sehnte sich danach, ihre Not mit jemandem zu teilen. Hätte sie doch einen Verbündeten, einen, der sie tröstete und ihr Mut machte. Aber so jemanden gab es nicht.
Immer noch hatten ihre Eltern ihr nichts gesagt. Und Sarah hoffte verzweifelt, dass das ein gutes Zeichen war. Vielleicht würden sie es sich ja doch noch anders überlegen. Deswegen sagte sie auch Marie nichts. Aus Angst, etwas herauszulassen, hielt sie Abstand zu ihrer besten Freundin. Als die sie schließlich darauf ansprach, meinte Sarah nur: „Ich hab Stress mit meinen Eltern."
Marie machte eine wegwerfende Handbewegung. „Irgendwann sind sie da rausgewachsen. Das ist eben der Nachteil, wenn man beide Eltern hat. Als Scheidungskind hat man die Probleme nicht. Da wird man verwöhnt, weil die sich gegenseitig ausstechen wollen mit nett sein." Sie zog eine Grimasse. „Deswegen bin ich auch so schlecht erzogen ...!"
Sarah war es nicht nach Lachen zumute.

Dann kam der Tag, an dem Papa auszog. „Wir sehen uns nächstes Wochenende", flüsterte er und nahm sie in den Arm. Dann war er fort.
Sarah hatte das Gefühl, in der Mitte durchgesägt zu werden. Wie konnten ihre Eltern so etwas tun! Sie hielt es in der Wohnung nicht mehr aus. Sie musste weg. Weg von diesem schrecklichen Schmerz.
Sie rannte aus dem Haus und die Straße entlang. Sie rannte und rannte, wie jemand auf der Flucht. Endlich blieb sie stehen. Sie befand sich im Industriegebiet, am Rand des Städtchens. An der Kreuzung vor ihr stand ein Schild: „Christliche Gemeinde, 100 m".

Sarah atmete tief durch. Unbewusst war sie einmal durch die Stadt zum Gemeindehaus gelaufen. Langsam ging sie das letzte Stück. Vielleicht könnte sie irgendwie hineingelangen und etwas trinken. Ihr Hals fühlte sich ganz trocken an. Die Eingangstür war offen. Erleichtert und verwundert zugleich betrat Sarah das Foyer.
„Sarah! Was machst du denn hier?“, fragte eine erstaunte Stimme. Erschrocken wandte das Mädchen den Kopf. Frau Süderhoff humpelte mit einer Gießkanne in der Hand auf sie zu.
„Ich, ich ...“, stotterte Sarah, dann schrumpelte sie wie ein Luftballon, dem die Luft ausgeht, auf der großen Fußmatte zusammen. Frau Süderhoff eilte zu ihr. „Kindchen, was ist denn los?“, fragte sie entsetzt. Doch Sarah wurde so von Weinkrämpfen geschüttelt, dass sie nicht antworten konnte. „Herbert! Herbert, komm schnell!“, rief Frau Süderhoff aufgeregt, während sie dem Mädchen beruhigend über den Rücken strich.
Aus einem der Nebenräume kam Herr Süderhoff angerannt. „Du liebe Zeit, was ist passiert?“, wollte er erschrocken wissen.
Sarah schüttelte nur den Kopf und schluchzte.
Herr Süderhoff kniete sich zu ihr und legte seine große Hand auf ihren Kopf. „Lieber Herr Jesus“, betete er laut, „du kennst ihren Schmerz. Bitte steh ihr bei und zeig uns, wie wir ihr helfen können.“ Beistehen. Ja, sie brauchte dringend einen Beistand! Sie weinte und weinte.
Frau Süderhoff sagte auch etwas. Aber Sarah konnte es nicht verstehen. Die ältere Dame sprach leise immer weiter. Es waren ganz seltsame Worte – fast wie eine Fremdsprache.
Während sie betete, wurde Sarah ruhiger. Sie hatte das Gefühl, von innen gestützt zu werden. Sie holte tief Luft, und Frau Süderhoff hörte auf zu reden. „Mein Vater ist ausgezogen“, flüsterte Sarah mit geschlossenen Augen.
Ohne etwas zu sagen, zog Herr Süderhoff sie behutsam hoch und führte sie in die Sitzecke. Seine Frau humpelte nebenher, immer noch die Gießkanne in der Hand. „Ach, Kindchen!“, murmelte sie bekümmert.
Schweigend saßen die drei in den Korbsesseln. „Möchtest du darüber sprechen?“, fragte Frau Süderhoff schließlich.

Sarah zögerte. Wie gerne wollte sie sich in ihrer Verzweiflung diesen beiden lieben Menschen anvertrauen. Aber Mama wäre es bestimmt nicht recht. Andererseits – Papa schien Vertrauen zu den beiden alten Leutchen zu haben. Sonst hätte er sie nicht angerufen, als Sarah krank gewesen war. „Es ging schon länger nicht gut mit meinen Eltern“, begann sie ...

„Und ich hatte mir immer gewünscht, sie würden mal so ein verliebtes altes Ehepaar wie Sie“, schloss Sarah hoffnungslos. „Bei Ihnen hält die Ehe doch auch noch nach so langer Zeit, obwohl sich viel verändert hat. Sie können zum Beispiel nicht mehr zusammen tanzen.“ Herr Süderhoff warf seiner Frau einen Blick zu. Die tätschelte liebevoll sein Knie. „Erzähl es ihr ruhig“, sagte sie.

„Ilse ist meine zweite Frau“, begann der ältere Herr. „Auf der Tanzfläche lernte ich Marianne kennen. Eines Abends bei der Damenwahl stand sie plötzlich vor mir. Es war Liebe auf den ersten Blick. Ein halbes Jahr später waren wir verheiratet. Zwei Jahre darauf bekam ich eine Knochenhautentzündung und durfte länger nicht aufs Parkett. Anfangs blieb Marianne mit mir zu Hause. Doch irgendwann ging sie alleine Tanzen. Immer häufiger erzählte sie mir von einem Spanier namens Fernando. Als ich wieder gesund war, stellte sie ihn mir einmal vor. Er war temperamentvoll und charmant.

Dann kam ich eines Tages von der Arbeit nach Hause und fand auf dem Küchentisch einen Zettel. Es war ein Abschiedsbrief von Marianne. Die Liebe zu mir sei erloschen, schrieb sie. Schon seit einigen Monaten sei sie mit Fernando zusammen, und jetzt wolle sie einen Schlussstrich unter unsere ohnehin fade Ehe ziehen.

Ich fiel aus allen Wolken. Die Zeit danach will ich dir nicht beschreiben. Meine Arbeit verrichtete ich mechanisch und einsilbig. Das Schlimmste war die Einsamkeit, wenn ich aus dem Büro nach Hause kam. Eines Tages geriet mir ein Heftchen in die Hände. Dort ging es genau um meine Situation. ‚Wer zu Jesus gehört, hat einen Beistand, den Heiligen Geist‘, las ich. ‚In jeder Situation will er uns helfen ...‘ Gerade so einen Beistand brauchte ich. In den nächsten Monaten las ich viel in der Bibel. So erfuhr ich, dass es Gottes Geist ist, der mir Kraft gibt, wenn ich keine mehr habe. Der mir Hoffnung schenkt, wenn alles in Schutt und Asche liegt. Und der mich tröstet, wenn der Schmerz zu groß wird.

Eines Tages erhielt ich die Nachricht, dass Marianne schwer krank sei. Ich fuhr sofort in die Klinik. Auf dem Flur kam mir ein Mann entgegen. Es war Fernando. Als er mich erkannte, sah ich die Schuldgefühle in seinem Blick. *Geschieht ihm recht!*, dachte ich bitter, bevor ich ins Zimmer ging. Marianne war bewusstlos. Zwei Tage später war sie tot. Bei der Beerdigung sah ich Fernando wieder. Er war völlig verzweifelt. Ich wusste, ich sollte mit ihm sprechen. Aber es fiel mir zu schwer. „Geh zu ihm!“, sagte eine leise Stimme in mir. Ich kannte diese Stimme mittlerweile. Es war der Heilige Geist. Aber ich wollte nicht. „Geh hin. Ich komme mit dir.“

Da gab ich mir einen Ruck und ging zu ihm. Ich streckte ihm die Hand hin. „Ich vergebe dir“, sagte ich.

„Danke!“, flüsterte er und griff meine Hand. Als ich vom Friedhof nach Hause ging, spürte ich, dass es stimmte, was ich zu ihm gesagt hatte; denn der Groll war aus meinem Herzen gewichen. Zum ersten Mal seit langer Zeit konnte ich wieder lächeln.

Ilse musste mich die ganze Zeit über auf dem Kieker gehabt haben, denn eine Weile später sprach sie mich im Büro an: „Herr Süderhoff, ich bin so froh, dass es ihnen besser geht!“

Ich war sehr überrascht und sagte ihr, dass ich das meinem Beistand zu verdanken hätte. Da hat sie erstaunt geguckt und vorsichtig gefragt: ‚*Dem* Beistand?‘ Dabei hat sie nach oben gezeigt. Als ich nickte, hat sie gestrahlt und gesagt: ‚Er hat mir auch schon oft beigestanden.‘

Von da an verbrachten wir immer unsere Mittagspause gemeinsam und sprachen über den Heiligen Geist.“ Herr Süderhoff schmunzelte. „Vielleicht ein etwas ungewöhnliches Thema, um sich kennenzulernen.“ Er wurde wieder ernst. „Es stellte sich heraus, dass Ilse die ganze Zeit für mich gebetet hatte, ohne meine Nöte zu kennen.“

„Das tue ich auch heute noch“, fiel seine Frau ein. „Und das gemeinsame Gebet hat uns immer wieder durch schwierige Zeiten in unserer Ehe geholfen.“

Erstaunt sah Sarah sie an. Süderhoffs hatten schwierige Zeiten in ihrer Ehe?

Frau Süderhoff lächelte leise. „Die gibt es in jeder Beziehung, Kindchen, glaub mir. Aber wir haben einen Dritten in unserem Bunde, unseren Beistand. Mit dem Heiligen Geist gibt Gott uns seine Kraft."

„Mama und Papa sind doch auch Christen", erwiderte Sarah unglücklich. „Warum funktioniert das mit dem Heiligen Geist bei ihnen nicht?"

„Der Heilige Geist ist nicht etwas, das mal funktioniert und mal nicht", erklärte Herr Süderhoff. „Er ist immer da, um uns zu helfen, gute Entscheidungen zu treffen. Aber er nimmt uns das nicht ab. Wenn wir nicht auf seine leise Stimme hören, dann ist das unsere Sache, und wir sind für die Konsequenzen verantwortlich. Aber selbst wenn wir eine schlechte Entscheidung nach der anderen getroffen haben, bis uns das zur Gewohnheit geworden ist, kann uns der Heilige Geist die Kraft geben, den Kurs zu wechseln. Das heißt nicht, dass dann automatisch alles gut ist. Selbst wenn wir auf ihn hören, bedeutet das nicht, dass die Menschen um uns herum es auch tun. Oft leiden wir unter den schlechten Entscheidungen anderer Menschen. Und manchmal drohen wir daran zu zerbrechen. Aber auch dann ist der Heilige Geist da, um uns zu stärken oder uns einen Ausweg zu zeigen."

Sarah holte zitternd Luft. Die vielen kleinen schlechten Entscheidungen ihrer Eltern hatten ihre Ehe kaputt gemacht, so viel stand fest. Dadurch war ihr eigenes Leben ein Scherbenhaufen geworden. Trotzdem war der Beistand da. Auch bei ihr. Jetzt, in diesem Moment bot er ihr seine Hilfe an.

Frau Süderhoff lächelte sie freundlich an. „Ein bisschen ist es so wie damals, als du krank warst. Wir haben dir sehr gerne geholfen. Aber du musstest es zulassen."

Das stimmte. Sarah war sich sicher, dass das ältere Ehepaar sich ihr nicht aufgedrängt hätte, wenn sie ihre Hilfe nicht gewollt hätte. Sie stellte sich lieber nicht vor, was passiert wäre, wenn Mama ihren Willen gehabt hätte und Süderhoffs nicht gekommen wären. Sie wusste, sie war nicht verantwortlich für die Entscheidungen ihrer Eltern. Aber sie hatte die Wahl, ob sie den Heiligen Geist ignorieren oder seine Hilfe in ihrem Leben zulassen wollte.

„Ich sollte jetzt nach Hause gehen", sagte Sarah. „Vielen Dank, dass Sie mir Ihre Geschichte erzählt haben." Sie stand auf.
„Wir fahren dich, wenn du möchtest", schlug Herr Süderhoff vor. „Es ist doch ein ganz schönes Stück."
Nur zu gerne nahm Sarah das Angebot an. Vorher holte sie sich aber noch etwas zu trinken.

Ihre Mutter öffnete. Sie sah aus, als ob sie geweint hatte. „Gott sei Dank!", rief sie erleichtert. „Wo warst du denn die ganze Zeit?"
„Ich war in der Gemeinde. Süderhoffs haben mich nach Hause gebracht."
Frau Wiedner ging nach draußen, um sich zu bedanken. Sie blieb eine ganze Weile weg. „Du hast es ihnen erzählt?", fragte sie mit mühsam beherrschter Stimme, als sie zurückkam.
„Bitte, Mama, sei nicht böse", flehte Sarah. „Sie haben mir so geholfen, Mama! Sie haben mir vom Heiligen Geist erzählt. Auch jetzt ist er da."
Frau Wiedner schluckte. Dann lehnte sie sich gegen die Wohnungstür und schlug die Hände vor das Gesicht. „Sarah, es tut mir so leid!", schluchzte sie. In dem Moment klingelte es. Erschrocken schaute sie ihre Tochter an.
„Ja, bitte?", sagte Sarah zögernd in die Sprechanlage.
„Sarah, hier ist nochmal Ilse Süderhoff. Wollt ihr beide nicht am Sonntag zu uns zum Kaffee kommen?" Sarah sah ihre Mutter an. Die presste die Finger vor den Mund und schloss die Augen. Statt eine Antwort zu geben, drückte sie auf den Türöffner ...
Süderhoffs blieben noch lange nachdem Sarah im Bett war.

Am Sonntagnachmittag besuchten Sarah und ihre Mutter das ältere Ehepaar. Während Herr Süderhoff mit Sarah im Garten Federball spielte, sprach seine Frau mit Frau Wiedner. Sarah hätte zu gerne gewusst, worüber sie sich unterhalten hatten. Aber an Mamas Gesicht sah sie, dass sie wieder geweint hatte. Deshalb stellte sie lieber keine Fragen.
Die erste Woche ohne Papa verlief erstaunlich gut. Es war eine große Erleichterung für Sarah, nicht mehr immer die angespannte Atmosphäre zwischen ihren Eltern mitzubekommen. Eine

mindestens ebenso große Erleichterung war es, mit Mama über ihre Gefühle reden zu können. Immer wieder kamen sie dabei auf Süderhoffs zu sprechen. Und auf den Beistand.
Am Freitagnachmittag, ihre Mutter war gerade einkaufen, holte ihr Vater sie ab. Seine Wohnung war sehr klein. Und sie war auch nicht besonders gemütlich eingerichtet. Aber weil sie die meiste Zeit draußen unterwegs waren, störte es Sarah nicht zu sehr. Und der Sonntag war sowieso nur kurz: Morgens ging sie mit ihrem Vater in den Gottesdienst – ihre Mutter war nicht da –, und danach holten sie sich in der Stadt etwas zu essen.
Den Sonntag darauf ging sie mit ihrer Mutter in die Gemeinde, und nachmittags waren sie nochmal bei Süderhoffs. Mit der Zeit pendelte sich das als Rhythmus ein: an den Wochenenden, die sie mit ihrer Mutter verbrachte, gingen sie sonntagnachmittags zu dem älteren Ehepaar. Sarahs Federballkünste wurden immer besser.
An einem Freitag, als Mama sie zu Papa brachte, hörte sie, wie ihre Mutter sagte: „Du hattest recht mit Süderhoffs. Es tut mir leid, dass ich nicht auf dich gehört habe. Es war so gut, dass du sie angerufen hast, als Sarah diese Grippe hatte."
Überrascht hielt Sarah die Luft an. Das zu sagen, war Mama bestimmt nicht leichtgefallen! Sie wünschte, dass ihr Vater sich doch auch mit Süderhoffs treffen würde. Diese Besuche taten ihrer Mutter so gut. Ob sie die beiden bitten konnte, ihn einzuladen, wenn sie mit Mama am Meer war? Aber irgendwie hatte sie das Gefühl, dass das aufdringlich wäre. Wenn, dann müsste Papa selbst auf die Idee kommen, mit ihnen zu reden.
Ihr Vater kam ins Zimmer. Er sah aus, als ob er gerade ein Geschenk bekommen hätte. Ob das an Mamas Entschuldigung lag?

Der Strand war traumhaft. Aber Papa fehlte. Als sie mit ihrer Mutter darüber sprach, lächelte die traurig und sah aufs Meer hinaus. „Er mag doch keinen Sand", sagte sie nur. Sarah sagte nichts mehr.
Am letzten Tag bekam sie eine Nachricht von ihrem Vater: „Hey, Wassernixe, hast du schon Flossen?"
„Ja", schrieb sie zurück, „bau schon mal ein großes Aquarium."

„Tuts auch die Badewanne?“, kam die Antwort. Sarah lachte. Sie wollte gerade zurückschreiben, da erschien noch eine Nachricht. „Ich soll euch grüßen von Süderhoffs.“

Von Süderhoffs? Aber Papa war letzten Sonntag doch gar nicht im Gottesdienst gewesen! „Wo hast du die denn getroffen?“, schrieb sie zurück.

„War diese Woche drei Mal zum Essen bei ihnen.“

Sarah schaute ungläubig auf die Nachricht im Display. Papa war bei Süderhoffs gewesen! Gleich drei Mal! Ob doch noch einmal alles gut würde? Sie schloss die Augen und presste das Handy an ihr Herz. Trotz der guten Nachricht merkte sie, wie sie sich verspannte. Was, wenn Papa nicht auf Süderhoffs hörte? Oder wenn Mama nicht bereit wäre für einen Neuanfang? Mehr als alles andere wünschte sie sich, dass ihre Eltern wieder zusammenfinden könnten.

„Bitte, Gott, bitte, bitte hilf ihnen! Ich will nicht ohne Papa leben. Ihn nur am Wochenende zu sehen, reicht nicht. Er fehlt mir so sehr. Und ich weiß, dass Mama ihn auch vermisst. Wir brauchen ihn! Und er braucht uns!“ Das Handy umklammernd lag sie auf ihrer Liege.

Sie hörte die Brandung und spürte die Sonne auf ihrem Gesicht. Irgendwie erinnerte sie das warme Licht und das Rauschen der Wellen an den Heiligen Geist. „Mit dem Heiligen Geist gibt Gott uns seine Kraft“, hatte Frau Süderhoff gesagt.

Sarah atmete tief die salzige Luft ein. Wie auch immer sich die Dinge entwickeln würden, eins wusste sie: Ihr Beistand würde da sein und ihr helfen.

Jesus sagt:
„Und ich will den Vater bitten,
und er wird euch einen andern Beistand geben,
der für immer bei euch bleiben soll:
den Geist der Wahrheit ... er bleibt bei euch
und wird in euch sein.“
Johannes 14,16-17

„Wenn eure Sünde auch blutrot ist,
soll sie doch schneeweiß werden,
und wenn sie rot ist wie Scharlach,
soll sie doch wie Wolle werden.“
Jesaja 1,18

Das Lamm

Mike war immer gerne ins Schwimmbad gegangen. Er liebte es, im Wasser herumzuplantschen und sich abzukühlen. Aber dann hatte er eines Tages so einen hässlichen, blutroten Fleck auf seiner Brust entdeckt. Wie der Fleck dahin gekommen war, konnte er sich nicht erklären. Er hatte versucht, ihn wegzuwaschen, aber es ging nicht. Er schien eingewachsen zu sein. Von dem Tag an traute er sich nicht mehr, mit freiem Oberkörper irgendwo aufzutauchen.

Dazu kam, dass der Fleck juckte. Tagsüber merkte Mike es nicht so. Aber wenn er abends im Bett lag, war das Jucken manchmal unerträglich.

Eines Tages hatte Mike nach der Schule einen heftigen Streit mit seiner Schwester Antje. Er wurde so wütend, dass er sie packte und mitsamt Ranzen in die nächste Pfütze warf. Als sie auf der Straße lag, gab er ihr noch einen Tritt. Antje kam tropfnass mit aufgeschürften Händen und Knien nach Hause. Mike erhielt eine saftige Strafe. Im Grunde wusste er, dass er sie verdient hatte. Und er bemühte sich den Rest des Tages, besonders freundlich zu seiner Schwester zu sein.

Als er sich an diesem Abend auszog, war der rote Fleck um einiges größer geworden. Und er juckte fürchterlich. Mike kratzte, bis die Haut wund war.

Am nächsten Tag schickte seine Mutter ihn, Brot und Butter einzukaufen. Mike kaufte sich noch ein Überraschungsei von einem Teil des Wechselgeldes. Den Rest legte er auf den Küchentisch.

Am Abend war der Fleck wieder gewachsen. Er bedeckte fast seine halbe Brust. *Komisch*, dachte Mike, *wo das nur herkommt? Ob ich mal Salbe draufschmiere?* Er kramte im Badschrank und fand eine Wundheilsalbe. Aber das einzige Ergebnis war, dass sein Schlafanzug an ihm festklebte. Helfen konnte die Salbe nicht. Am Wochenende hatte er ein Fußballspiel. Freitagnachmittag war noch einmal Training. Seit einigen Wochen war Alfons dazugekommen. Er spielte nicht besonders gut, und er redete irgendwie nicht normal. Keiner mochte ihn.

Mike zog sich gerade seine Schuhe an, als der Neue sich neben ihn auf die Bank setzte. „Hallo, Mike!“, nuschelte er.

Angewidert rümpfte Mike die Nase und rutschte ein Stück weg, ohne eine Antwort zu geben. Auch auf dem Fußballfeld und nach dem Training schnitt er ihn.

An diesem Abend stellte er mit Schrecken fest, dass die blutrote Verfärbung seiner Haut sich bis auf seinen Rücken ausgedehnt hatte. Nach dem Duschen brannte sie wie Feuer. Obwohl Mike sehr müde war von dem harten Training, konnte er nicht einschlafen, so sehr juckte und brannte sein Oberkörper.

Beim Spiel am Samstag war er dann auch nicht gut in Form. Kein einziges Tor schoss er. Er ließ seine Wut an Alfons und an seiner Schwester aus.

Von Tag zu Tag wurde es mit seiner Haut schlimmer. Nachts war das Jucken unerträglich geworden, und alles tat ihm weh. Schließlich gab es kaum eine Stelle an seinem Körper, die noch gesund war. Er trug nur noch langärmelige Hemden und lange Hosen. Als er eines Morgens feststellte, dass die rote Färbung begann, sich auf sein Gesicht auszubreiten, war er so verzweifelt, dass er weglief.

Er rannte in den Wald. Er lief und lief, bis er nicht mehr laufen konnte. Er hatte jegliche Orientierung verloren. Hier war er noch nie gewesen. Hohe, dunkle Tannen ließen kaum noch Licht durch. Mike fing an zu weinen. Erst leise, dann immer heftiger, bis er laut schluchzte. Dabei kratzte er sich am ganzen Körper. „Hilfe!“, rief er schließlich mit letzter Kraft. „Kann mir irgendeiner helfen? Ich brauche Hilfe!“ Er ließ sich auf den Waldboden fallen und schlug verzweifelt mit seiner Faust in die Tannennadeln.

Da hörte er ein leises Blöken. Er sah auf. Zwischen den Tannen stand ein Lamm. Schneeweiß war es. Fast schien es zu leuchten in dem dunklen Schatten des Waldes. Es kam auf ihn zu.

Mike setzte sich auf. Er bemerkte an der Brust des Lammes eine Wunde, aus der es blutete. Vor dem Jungen blieb das Lamm stehen. Seine sanften, freundlichen Augen blickten ihm direkt ins Gesicht. Dann drehte es sich um und ging ein paar Schritte zurück in die Richtung, aus der es gekommen war. Das Tier drehte den Kopf und sah wieder den Jungen an. In seinem Blick schien eine Aufforderung zu liegen. Es ging noch einige Schritte.
Ich soll mitkommen!, dachte Mike. *Vielleicht kennt das Lamm den Ausweg!* Mühsam stand er auf und folgte dem Lamm. Was hatte er zu verlieren?
Er musste sich bücken, um unter den Ästen hindurchzukommen. Immer tiefer führte das Lamm ihn in den Wald, bis sie ganz plötzlich vor einem Felsen standen. Mike hörte Wasser plätschern. Ja, da aus dem Felsen sprudelte Wasser. Es bildete einen Teich am Fuße des Felsens, bevor es als kleiner Bach weiterfloss.
Das Lamm blieb stehen und drehte sich um. Es sah Mike wieder direkt in die Augen. Dann drehte es seinen Kopf in Richtung Wasser. „Komm mit!“, schien es zu sagen.
Mike zog seine Schuhe aus, dann seine Kleider. Am Rand des Wassers blieb er stehen. Obwohl er am liebsten kopfüber in das kühle, klare Wasser gesprungen wäre, um seiner Haut Linderung zu verschaffen, hatte er auf einmal Angst.
Das Lamm trat ganz dicht neben ihn. Mike konnte sein weiches, weißes Fell spüren. Das Lamm schob seinen wolligen Kopf unter Mikes Hand. Dann machte es einen Schritt nach vorne. Und noch einen. Mit seiner Hand auf dem Kopf des Lammes kam Mike mit. Zusammen traten sie ins Wasser. Erst die Füße, dann die Waden, Oberschenkel, immer tiefer wurde der Teich. Überall dort, wo das Wasser seine Haut berührte, verschwand das Brennen und der quälende Juckreiz. Mike streckte seine Hände nach vorne und stürzte sich kopfüber in das klare Wasser. Als er wieder auftauchte, betrachtete er staunend seine Arme: Sie waren völlig geheilt. Auch seine Brust und seine Beine hatten keine roten Stellen mehr. Er tauchte unter und wieder auf und plantschte ausgelassen in dem herrlichen Wasser. Dabei jauchzte und lachte er aus vollem Halse. Mike war so erleichtert, dass es ihm gar nicht in den Sinn kam, sich darüber zu wundern, dass ein Schäf-

chen freiwillig ins Wasser gegangen war. Endlich stieg er mit dem Lamm zusammen wieder aus dem Teich. Da sah er, dass das Wasser ganz rot geworden war. Ob das Blut des Lammes es so gefärbt hatte? Oder kam die scharlachrote Farbe von seiner wunden Haut? Er wusste es nicht.

Immer noch staunend zog er seine Kleider wieder an. Das Lamm hatte das Wasser aus dem Fell geschüttelt und wartete. Als Mike fertig war, ging es ihm voran, den Weg zurück, den sie gekommen waren. Mike konnte immer noch nicht glauben, was geschehen war. Schließlich kamen sie an einen kleinen Waldweg. Hier blieb das Lamm stehen.

Mike kniete sich vor es hin und nahm seinen weißen Kopf in seine Hände. „Liebes Lamm“, sagte er, „ich kann mir das alles zwar nicht erklären, und ich glaube auch nicht, dass du verstehst, was ich rede, aber ich will dir danken, dass du mich zu dieser Stelle geführt hast. Du hast mich von meinen Qualen befreit.“

Da fing das Lamm an zu sprechen. Erschrocken ließ Mike dessen Kopf los und kniff die Augen zusammen. Er hörte, wie das Lamm sagte: „Wenn eure Sünde auch blutrot ist, soll sie doch schneeweiß werden, und wenn sie rot ist wie Scharlach, soll sie doch wie Wolle werden.“

Mike riss die Augen auf. Doch er war allein. Das Lamm war verschwunden.

„Wenn eure Sünde auch blutrot ist,
soll sie doch schneeweiß werden,
und wenn sie rot ist wie Scharlach,
soll sie doch wie Wolle werden.“
Jesaja 1,18

„Er (der Heilige Geist) ist das Unterpfand des Erbes, das wir erhalten sollen, der Erlösung, durch die wir sein Eigentum werden, zum Lob seiner Herrlichkeit.“
Epheser 1,14

„Seine Liebe hört niemals auf; jeden Morgen ist sie neu wieder da, und seine Treue ist unfassbar groß.“
Klagelieder 3,22b-23 (GNB)

Das Pfand des Königssohns

Den ganzen Morgen schon war Eva zappelig wie ein junges Fohlen. Schließlich hatte die Stiefmutter sie aus der Hütte gescheucht. Das Mädchen war in den Wald gelaufen und hatte einen dicken Strauß Maiglöckchen und Vergissmeinnicht gepflückt. Die Blumen füllten die ganze Hütte mit ihrem süßen Duft. Heute wurde die königliche Parade erwartet. Die Blumen wollte Eva dem Prinzen schenken. *Ihrem* Prinzen.

„Eines Tages wird alles gut, mein Kind“, hatte ihr Vater ihr damals auf seinem Sterbebett mit letzter Kraft gesagt. „Du bist dem Königssohn versprochen.“

Sie hatte ihn fragen wollen, was das bedeutete, aber es waren seine letzten Worte gewesen. Die Zeit danach war für das zierliche Mädchen schlimm gewesen. Dauernd hatte die Stiefmutter etwas an Eva auszusetzen. „Was soll ich nur mit dir machen?“, rief sie immer wieder klagend. Und auch wenn Eva es nicht direkt zu hören bekam, hatte sie zunehmend das Gefühl, nicht erwünscht zu sein.

Heute konnte die ablehnende Haltung der Stiefmutter Eva allerdings nicht bekümmern. Heute würde sie ihren Prinz treffen. Ungeduldig wartete sie, dass ihre Stiefmutter bereit war zum Aufbruch. Als die große Frau sich die Haare hochsteckte und ihr gutes Tuch umlegte, nahm Eva den Strauß und lief zur Tür.

„Halt!“ Die herrische Stimme ihrer Stiefmutter ließ sie innehalten. „Du bleibst in der Hütte!“, befahl sie streng. „Auf gar keinen Fall gehst du nach draußen!“

Eva starrte sie ungläubig an. „Aber der Prinz kommt doch ...“, fing sie an.
„Das geht dich gar nichts an!“, kam die schroffe Erwiderung.
„Aber ich bin ihm doch versprochen!“, wagte Eva schüchtern einzuwenden.
Die Frau sah sie einen Moment lang an, als ob sie den Verstand verloren hätte. Dann lachte sie laut auf. „Versprochen? Du? Mit deinen Lumpen und deinem hässlichen Gesicht?“
„Aber Papa hat es gesagt ...“, stammelte Eva.
Die Stiefmutter machte eine wegwerfende Handbewegung. „Dein Vater war nicht mehr bei klarem Verstand. Er hat fantasiert und dummes Zeug geredet“, sagte sie verächtlich. Sie packte Eva am Handgelenk und schubste sie auf das Bett. „Untersteh dich, auf die Straße zu gehen!“, drohte sie. „Hässliche, dürre Mädchen wie du haben bei der Parade nichts zu suchen! Der Prinz kriegt ja das Gruseln, wenn er dich sieht! Und außerdem“, ihre Stimme klang bitter, „wenn du wirklich dem Königssohn versprochen wärst, müssten wir nicht in dieser erbärmlichen Hütte hausen!“
Sie schlug die Tür hinter sich zu.
Ganz benommen saß Eva auf der dünnen Matratze.
Mit deinem hässlichen Gesicht ... dein Vater war nicht mehr bei klarem Verstand ...
Die schneidenden Worte ihrer Stiefmutter zerfetzten ihre Freude und ihre Hoffnung wie scharfe Dornen ein Stück Tuch. Wie dumm war sie gewesen, sich all die Jahre dem Gedanken hinzugeben, der Prinz könnte sich auch nur im Geringsten für sie interessieren. Sie war viel zu hässlich, um ihm überhaupt unter die Augen zu treten. Tränen begannen, über ihr schmales Gesicht zu laufen.
Sie hörte, wie draußen Hoch-Rufe erklangen. Die Parade schien in der Nähe zu sein. Der Jubel wurde immer lauter. Eva rutschte vom Bett und spähte durch die Schlitze in der Wand der ärmlichen Hütte. Einer war so groß, dass sie alles beobachten konnte, ohne selbst gesehen zu werden. Nur wer ganz genau hinschaute, konnte ein paar staunende, haselnussbraune Augen erkennen.
Da, jetzt erklang ein Fanfarenstoß. Ein Reiter kam, dann noch zwei und danach ein großer Trupp Männer in schmucken Uni-

formen. In ihrer Mitte ritt, auf einem edlen, weißen Pferd, der Königssohn.
Eva klopfte das Herz bis zum Hals. Wie würdevoll er aussah, wie majestätisch, wie stark! Jetzt war er auf der Höhe der Hütte. Da wandte der junge Prinz den Kopf. Eva vergaß zu atmen. Der Königssohn hatte das schönste Gesicht, das sie je gesehen hatte. Dann war er vorüber.
Eva lehnte sich an die raue Hüttenwand und atmete langsam aus. Sie hatte ihn gesehen! Wie wunderschön er war! Unwillkürlich ging ihre Hand an ihr Gesicht. „Mutter hat recht", flüsterte sie. „Es war besser, in der Hütte zu bleiben. Ich bin viel zu hässlich für den Königssohn. Papa hat fantasiert auf dem Sterbebett." Ihr Blick fiel auf den Maiglöckchenstrauß. Die Blumen waren so schön, sie würden niemanden erschrecken. Der Wunsch, sie dem Prinzen zu schenken, wurde immer größer. Als die letzten Soldaten und Reiter vorbeigezogen waren, schlüpfte Eva unbemerkt aus der Hütte und lief mit ihrem Strauß in den Wald. Sie wollte ihn auf den Weg legen, wo die Straße aus den Bäumen herauskam und durch die Felder führte. Vielleicht würde der Prinz die Blumen finden und sie mitnehmen, wenn der königliche Zug auf dem Weg zum Schloss dort vorbeiritt.
So schnell ihre dünnen Beine sie trugen, sprang Eva wie ein Reh zwischen den Laubbäumen hindurch. Sie kannte den Wald gut und nahm eine Abkürzung. Außer Atem erreichte sie den Waldrand. Da war die Straße. Sie wollte sich gerade bücken, um den Strauß gut sichtbar in die Mitte zu legen, als sie Hufgetrappel hörte. Erschrocken sah sie auf. Die ersten Pferde erschienen gerade um die Kurve.
Eva ließ die Blumen am Wegrand liegen und verschwand mit einem Satz im Gebüsch. Da vorne war eine Eiche, auf der niemand sie entdecken würde! Hastig kletterte sie hoch. Da ritt die königliche Garde auch schon heran. Eva konnte den Prinzen auf seinem prächtigen Pferd sehen. Ihr Herz klopfte zum Zerspringen. Kurz vor der Eiche, auf der sie saß, hielt er an. Alle Soldaten blieben stehen. Der Königssohn sprang von seinem Pferd und hob etwas auf, das am Wegrand lag. Die Männer der Garde reckten erstaunt ihre Hälse, um zu sehen, was ihr Gebieter in der Hand hatte. Es

war ein Strauß Maiglöckchen! Der Prinz stieg wieder auf sein Pferd. Ein kleines Lächeln spielte um seinen Mund.
Niemand achtete darauf, wie er kurz nach oben blickte, als er an einer dicken Eiche vorbeikam. Keiner hatte das dünne, zerlumpte Mädchen gesehen, das in den Zweigen kauerte. Nur der Königssohn. Er blickte der fassungslosen Eva direkt in die aufgerissenen Augen und lächelte. Dann ritt er weiter.
Eva saß wie erstarrt auf ihrem Ast. Lange nachdem die Parade vorbei war, hockte sie immer noch regungslos im Baum. Der Prinz hatte ihre Blumen gefunden! Ihre Blicke waren sich sogar für einen Augenblick begegnet! Er hatte nicht angewidert weggeguckt. Er hatte gelächelt. Eva war wie gelähmt vor Glück.
Erst als es dunkel wurde, kletterte sie herunter und rannte nach Hause. Sie erwartete Schläge von ihrer Stiefmutter für ihr Zuspätkommen, aber das war ihr egal. Auch wenn sie ihn nie wiedersehen würde – der Prinz hatte ihre Blumen bekommen. Und er hatte sie angelächelt. Für diesen Blick würde sie die Strafe ihrer Stiefmutter gerne ertragen.
Doch es war alles still, als sie die Hütte betrat. Es brannte auch kein Feuer in der Kochstelle. Nanu, wo konnte ihre Stiefmutter sein? Das Mädchen sah sich um. Da entdeckte sie, dass einige Dinge aus der Hütte fehlten. Die Kleider der Stiefmutter, die an einem Nagel hinter der Tür gehangen hatten, waren fort. Auch die Decke vom Bett fehlte. Das Geschirr war bis auf einen Topf und einen Teller verschwunden.
Plötzlich verstand Eva, was passiert war: Ihre Stiefmutter war auf und davon! Seitdem der Vater tot war, hatte sie nur auf eine günstige Gelegenheit gewartet, um irgendwo ein neues Leben anzufangen – ohne ein lästiges Anhängsel. Sie hatte die heutige Parade genutzt, um sich aus dem Staub zu machen. Heiße Tränen stiegen Eva in die Augen. Was sollte nun aus ihr werden?
Sie ging zu dem Kasten, in dem das Brot aufbewahrt wurde. Er war leer. Sie schob einen Vorhang beiseite. Ein paar Kartoffeln lagen in der Horde. Und das Fass mit dem Sauerkraut hatte ihre Stiefmutter auch dagelassen.
Eva machte Feuer, setzte den Topf auf und kochte sich ein einfaches Essen. Nachdem sie gegessen und aufgeräumt hatte, legte

sie sich auf das Bett. Aber ohne die Decke fror sie. Sie versuchte, sich so klein wie möglich zusammenzurollen. Nach langer Zeit schlief sie ein. Im Traum saß sie zwischen lauter Maiglöckchen. Sie pflückte einen großen Strauß. Auf einmal trat jemand hinter einem Baum hervor. Es war der Königssohn. Erschrocken sprang Eva auf und bedeckte ihr Gesicht mit den Händen. Die Blumen fielen zu Boden.

Eva wurde wach. Sie musste niesen. Draußen war es noch dunkel. Und kalt war es! Sie machte Feuer und setzte sich so dicht wie möglich davor, um sich zu wärmen.

Allmählich wurden Vogelstimmen laut. Eva überlegte, was sie nun tun sollte. Vielleicht würde ihr jemand Arbeit geben als Magd. Sobald draußen auf den Straßen das Leben begann, machte sie sich auf den Weg. Sie klopfte an viele, viele Türen und bot ihre Hilfe an im Haus oder auf dem Hof. Doch keiner wollte sie haben.

Müde, hungrig und sehr niedergeschlagen ging sie nach Hause. Am Brunnen setzte sie sich hin, um auszuruhen. Eine alte Frau kam ihr schlurfend entgegen. Als sie das Mädchen, das zusammengekauert an der Brunnenmauer saß, erreicht hatte, murmelte sie: „Armes Kind. Ich würde dich ja nehmen, aber ich habe selber nichts. Hier, nimm das. Es ist das Einzige, das ich dir geben kann." Sie nahm ihr Schultertuch ab und legte es Eva um. Dann schlurfte sie weiter.

Langsam ging Eva das letzte Stück bis nach Hause. Ihr Magen knurrte. Sie war so hungrig, dass sie gar nicht erst Feuer machte, sondern die Reste von gestern kalt aß. In dieser Nacht fror sie nicht ganz so sehr.

Am nächsten Tag zog sie wieder los, um Arbeit zu suchen. Doch niemand konnte sie gebrauchen. So ging es viele Tage. Schließlich waren die Kartoffeln und das Sauerkraut aufgegessen. Mit den Beeren, Wurzeln und Nüssen, die sie im Wald fand, schaffte sie es notdürftig durch den Winter. Aber davon wurde eine Heranwachsende auch nicht satt. Eva war vorher schon dünn gewesen, jetzt sah sie fast aus wie ein Skelett. Sie merkte, wie sie immer schwächer wurde. Eines Morgens hatte sie keine Kraft mehr aufzustehen. Ihr dürrer Körper glühte vom Fieber. Vor ihren Augen tanzten lauter grelle Sterne.

Da klopfte es an der Tür. Eva antwortete nicht. Mit geschlossenen Augen lag sie in der kalten Hütte. Die Tür ging auf, und ein junger Mann trat herein. Mit wenigen Schritten hatte er das Bett erreicht und kniete sich davor nieder. Liebevoll sah er die zusammengekauerte Gestalt darauf an. „Endlich habe ich dich gefunden!“, murmelte er glücklich. Doch dann wurde sein Blick besorgt. Er legte eine Hand auf die Stirn des Mädchens und fühlte nach ihrem Puls. Er sah sich kurz in der Hütte um. Schnell stand er auf und verließ den Raum. Kurz darauf kam er mit einer Tasche wieder herein. Er nahm einen Lederbeutel mit Verschluss heraus und schob einen Arm unter das Mädchen. Dann hielt er die Trinkflasche an ihre Lippen und flößte ihr ganz vorsichtig etwas daraus ein. Mit einem Tuch kühlte er Evas heiße Stirn. Er zog sich einen Schemel heran und setzte sich ans Bett der Kranken.

Die Stunden verstrichen. Zwischendurch gab der Fremde dem Mädchen immer wieder schlückchenweise aus seiner Flasche zu trinken und erneuerte das fiebersenkende Tuch auf ihrer Stirn. All das tat er mit so einer Hingabe, dass man hätte meinen können, er würde seine Liebste pflegen.

Eva hatte die ganze Zeit über die Augen geschlossen. Am späten Nachmittag brach das Fieber. Ihre Augenlider flatterten, dann schlug sie die Augen auf. Sie sah den Fremden an ihrem Bett sitzen und stieß einen kleinen Schrei aus. Entsetzt bedeckte sie ihr Gesicht mit den Händen. An ihrem Bett saß ... der Prinz!

„Ich freue mich, dass es dir besser geht“, sagte er lächelnd. „Ich habe lange gesucht, bis ich dich gefunden habe. Keiner konnte mir sagen, wo das wunderschöne Mädchen wohnt, das ich auf der Eiche am Waldrand gesehen habe.“

Verwirrt sah Eva ihn zwischen ihren Fingern hindurch an. „Aber“, stotterte sie, „da muss eine Verwechslung vorliegen. Ich bin nicht schön ...“

Behutsam zog der Königssohn die Hände von ihrem Gesicht. „Du bist wunderschön“, sagte er leise. „Ich bin gekommen, um dich zu fragen, ob du auf mich warten willst. Ich möchte dich eines Tages gerne zu mir in meines Vaters Schloss holen.“

Eva starrte ihn an. „Ihr verwechselt mich sicher mit einer anderen“, flüsterte sie. Tränen sammelten sich in ihren Augen.

„Ich bin nichts und ich habe nichts", stammelte sie. „Ich kann nicht lesen und nicht rechnen. Ich habe auch sonst nichts gelernt außer Feuer machen. Warum wollt ihr mich holen?"
„Weil ich dich liebe", antwortete der Königssohn schlicht. „Bitte, willst du mitkommen?" Er sah sie immer noch fragend an.
Eva nickte. „Ja, ich will", hauchte sie. Wäre das hier doch kein Traum! Wäre es doch wahr!
Der Prinz lächelte glücklich. Er zog ein goldenes Medaillon unter seinem Hemd hervor und griff in seinen Nacken, um den Verschluss der Kette zu öffnen, an der es hing. Dann legte er sie der staunenden Eva um. „Ich weiß nicht, wann ich kommen werde", hörte sie ihn sagen, „aber sei ganz sicher, ich hole dich. Du hast mein Pfand." Er nahm ihre schwache Hand in seine starke. „Ich werde dir jeden Tag bis zu meiner Rückkehr eine Rose schenken, als Zeichen meiner Liebe zu dir."
„Ich werde auf dich warten", flüsterte Eva. Sie hatte Angst, laut zu sprechen und den wunderschönen Traum zu zerstören.
Der Prinz stand auf. Er nahm einige Dinge aus seiner Tasche und legte sie auf den Holztisch. „Das Fieber ist gesunken", sagte er. „Wenn du morgen aufstehst, wird es dir besser gehen. Und nun: Auf Wiedersehen!" Er drückte ihr noch einmal sachte die Hand, dann war er verschwunden.
In dieser Nacht schlief Eva den Schlaf der Genesung. Als sie am nächsten Morgen aufwachte, fühlte sie sich erfrischt und ausgeruht, und zum ersten Mal, seit sie sich erinnern konnte, war sie glücklich. Ob das an dem Traum lag, den sie gestern in ihrem Fieber gehabt hatte? Sie stand auf und nahm den Krug, der neben ihrem Bett stand, um zum Brunnen zu gehen.
Als sie aus der Hütte trat, stutzte sie: Direkt neben der Tür wuchs ein Rosenstock. Ungläubig starrte sie auf die einzelne, dunkelrote Blüte daran. Wo kam dieser Busch her? War er gewachsen, während sie krank in der Hütte gelegen hatte? Kopfschüttelnd lief sie zum Brunnen. Dabei dachte sie an die wundersamen Bilder der Nacht. In ihrem Fiebertraum hatte der Prinz ihr eine Rose versprochen, als Zeichen seiner Liebe. Ein wehmütiges Lächeln spielte um ihren Mund. Sie musste sehr krank gewesen sein, dass sie so etwas geträumt hatte. So krank wie ihr Vater vor seinem Tod.

Bevor sie zurück in die Hütte ging, roch sie an der Rosenblüte. Sie duftete herrlich. Wo auch immer der Busch hergekommen war, sie würde sich daran freuen. Sie drückte die Tür auf und ging zum Tisch, um den Krug darauf zu stellen. Da sah sie, dass etwas darauf lag: Ein eingewickeltes Stück Brot und ein Lederbeutel. Eva bekam eine Gänsehaut. Ganz langsam griff sie nach dem Brot und roch daran. Brot! Dann löste sie mit zitternden Fingern die Schnur des Beutels. Er war mit Münzen gefüllt! Eva schnappte nach Luft. Ihre Hand ging an ihren Hals. Ein kleines Medaillon hing dort. Das Pfand des Königssohns!

Schwer atmend ließ sie sich auf das Bett fallen. Sie hatte nicht fantasiert! Die Kette, die Rose, die Dinge auf dem Tisch – der Königssohn war hier gewesen! In ihrer Hütte! Eine überschäumende Freude stieg in ihr hoch. Sie war kein Niemand ohne Hoffnung mehr. Der Königssohn liebte sie! Und eines Tages würde er kommen und sie zu sich holen. Eva fühlte noch einmal nach dem Anhänger. Sie hatte sein Pfand!

Mit ausgebreiteten Armen begann sie, durch die Hütte zu tanzen. Alles war gut. Der Königssohn liebte sie. Eines Tages würde er kommen und sie holen. Sie hatte sein Pfand. Dann setzte sie sich an den Tisch und aß von dem Brot. Es war sehr lange her, dass sie Brot gegessen hatte, und es schmeckte wunderbar.

Während sie langsam kaute, überlegte sie, wie sie das Geld am besten anlegen könnte. Schließlich beschloss sie, sich eine Ziege zu kaufen und Saatgut für einen kleinen Garten. Vielleicht würde jemand ihr zeigen, wie man Käse herstellte und einen Garten bestellte. Den Käse könnte sie dann zusammen mit einem Teil der Ernte verkaufen.

Als Eva am Abend die Ziege an ihrem Bett festband – einen Stall hatte sie nicht – fühlte sie sich wie neugeboren. Voll Hoffnung blickte sie in die Zukunft.

Bevor sie sich am nächsten Morgen auf den Weg machte, blieb sie wieder staunend vor dem Rosenstock stehen, um an der herrlich duftenden Blüte zu riechen. Da entdeckte sie, dass eine zweite aufgegangen war.

„Ich werde dir jeden Tag bis zu meiner Rückkehr eine Rose schenken, als Zeichen meiner Liebe zu dir“, hatte der Königssohn gesagt. Eva glaubte, vor Glück fast zu zerspringen.
Die Ziege gab reichlich Milch, und die alte Frau, die Eva das Schultertuch geschenkt hatte, wusste, wie man Käse herstellte. Sie zeigte ihr auch, wie sie einen Garten anlegen konnte.
Die Gemüsesamen gingen auf, und Eva teilte alles, was sie erntete mit der Alten. Sie erzählte ihr auch von dem Prinzen. Doch weil die Frau fast taub war, wusste Eva nicht, ob sie verstand, was sie ihr erzählte.
Jeden Morgen trug der Busch vor ihrer Tür eine neue Blüte, egal, ob die Sonne schien oder es regnete, ob es stürmte oder schneite. Mit der Zeit hingen überall in der Hütte getrocknete Rosen. Ihr zarter Duft füllte die schäbige Behausung mit einem Versprechen.
So gingen die Jahre ins Land. Eva war inzwischen zu einer jungen Frau herangewachsen. Immer noch wartete sie auf den Prinzen. Manchmal fragte sie sich, ob das mit dem Königssohn damals wirklich passiert war, oder ob sie sich das alles ausgedacht hatte. Vielleicht hatte sich ihre Stiefmutter heimlich in die Hütte geschlichen und ihr den Beutel mit dem Geld auf den Tisch gelegt. Es gab sicherlich eine andere Erklärung dafür. Auch für das Medaillon an ihrem Hals.
Bloß für die roten Rosen nicht. Dafür gab es nur eine Erklärung. Sommer wie Winter fand Eva die duftende Blüte an jedem neuen Tag. Und so wartete sie weiter.

Eines Morgens, als Eva aufwachte, lag die Ziege tot in der Hütte. Entsetzt beugte sie sich über das leblose Tier. Es hatte die letzten Tage nicht mehr richtig gefressen, und Eva hatte sich schon Sorgen gemacht. Was sollte sie ohne Ziege tun? Auf jeden Fall musste sie den toten Körper nach draußen schaffen.
Eine seltsame Stille in der Luft fiel ihr auf. Sie sah, dass im Osten der Himmel merkwürdig rötlich aussah. *Es scheint einen schlimmen Sturm zu geben*, dachte sie besorgt. *Wer weiß, wie lange er dauert. Ich will lieber vorher noch die Ziege wegschaffen.* Sie schleifte den Kadaver hinter sich her in den Wald. Der Bauer

nahm keine verendeten Tiere. Man wusste nie, woran sie gestorben waren. Es war mühsam, den steifen Körper über Baumstümpfe und Gestrüpp zu bewegen. Endlich fand Eva eine Grube, die ein umgestürzter Baum hinterlassen hatte. Mochten die Füchse die Ziege fressen. Sie wollte deren Krankheit jedenfalls nicht bekommen.

Inzwischen war Wind aufgekommen. Heftig rüttelte er an den Zweigen und regnete Blätter auf Eva herab. Schnell lief sie durch die Bäume zurück. Als sie die Straße erreichte, blieb sie abrupt stehen. Für einen Augenblick sah der Himmel aus wie lauter rote Rosen. Im nächsten Moment wurde er dunkelgrau, und dann kam der Sturm. Er sauste auf Eva nieder. Er wirbelte um sie herum, so dass sie kaum noch laufen konnte. Immer stärker wurde der Wind, bis er drohte, sie umzuwerfen. Sie kam gar nicht mehr vom Fleck.

Der Orkan wird meinen Rosenbusch ausreißen!, dachte sie verzweifelt, während sie mühsam versuchte, sich auf den Beinen zu halten. Auf einmal mischte sich unter das Brausen des Sturmes noch ein anderes Geräusch. Eva hörte Hufgetrappel.

Und dann war er neben ihr, der Reiter auf dem weißen Pferd. Er beugte sich zu ihr herab und schwang sie in seine Arme. Dann wendete er sein Pferd und ritt mit ihr vor dem Wind davon zu seinem Schloss. Der Königssohn war zurückgekommen, um sie zu sich zu holen.

„Er (der Heilige Geist) ist das Unterpfand des Erbes, das wir erhalten sollen, der Erlösung, durch die wir sein Eigentum werden, zum Lob seiner Herrlichkeit.“
Epheser 1,14

„Seine Liebe hört niemals auf; jeden Morgen ist sie neu wieder da, und seine Treue ist unfassbar groß.“
Klagelieder 3,22b-23 (GNB)

„Und alles, was ihr tut mit Worten oder mit Werken, das tut alles im Namen des Herrn Jesus und dankt Gott, dem Vater, durch ihn.“
Kolosser 3,17

Zukunftstag

„Und was machst du am Zukunftstag?“, fragte Anette ihre Freundin.
„Ich gehe zu G & T!“, verkündete Katja.
„Das ist nicht dein Ernst!“ Anette sah sie ungläubig an.
„Was ist nicht ihr Ernst?“, wollte Stefan mit vollem Mund wissen, der in sein Pausenbrot beißend dazukam.
„Sie geht nächste Woche zu G & T“, erklärte Anette mit einem neidischen Blick auf Katja.
„Zu G & T? Wie hast du das denn geschafft?“
„Ich hab einfach gefragt“, grinste Katja.
„Klar“, nickte Stefan spöttisch. „Du bist da hingegangen, hast gefragt, ob du beim Zukunftstag kommen darfst und sie haben Ja gesagt. Dabei hast du mit Herrn Schneidt persönlich gesprochen.“
Katja hob entschuldigend die Schultern. „Genauso war‘s. Hast du was dagegen?“
Stefan stieß die Luft durch die Nase aus. „Nein – ich bin nur neidisch.“ Er machte eine ausladende Handbewegung und rief: „Alle mal herhören: Hier steht die zukünftige Managerin von ...“
„Bist du wohl still!“, zischte Katja und hielt ihm den Mund zu.
Anette kicherte. „Lass ihn doch. Dann kannst du dich gleich schon mal an ein bisschen Publicity gewöhnen!“
„Ihr seid albern!“, konterte Katja. „Sagt mir lieber, was ihr macht.“
„Ich bin bei meiner Mutter im Büro“, sagte Anette. Sie klag nicht zu begeistert.
Stefan zog eine Grimasse. „Und ich mache etwas ganz Ausgefallenes: Ich darf in den Getränkemarkt!“

„Das gibt wenigstens Muskeln“, tröstete Katja.
Pünktlich um 9.00 Uhr meldete sich Katja am Zukunftstag bei G & T an der Rezeption. Die Empfangsdame warf einen Blick auf ihren Terminplaner, dann griff sie zum Telefon. Kurz darauf öffneten sich die Aufzugtüren, und der Geschäftsleiter persönlich betrat die Empfangshalle. Er begrüßte Katja freundlich, sagte ganz kurz ein paar erklärende Worte und übergab sie dann an eine Mitarbeiterin. „Bevor du uns heute Mittag verlässt, schau doch einmal in meinem Büro im obersten Stock vorbei“, sagte er und verabschiedete sich.

Nach einem sehr interessanten Vormittag fuhr Katja um kurz nach eins in den fünften Stock. Sie ging zu Herrn Schneidts Büro und klopfte an die Tür. Der Manager öffnete und bat sie herein. Er schob ihr einen Stuhl zurecht, dann setzte er sich ihr gegenüber an den großen Schreibtisch. Es klopfte erneut, und ein Mitarbeiter trat herein. Er reichte seinem Chef ein Formular. Herr Schneidt warf einen prüfenden Blick darauf, dann unterschrieb er und gab den Antrag zurück. Kaum war der Mitarbeiter gegangen, klopfte es wieder und jemand anderes kam mit einer Anfrage, die unterschrieben werden musste. Ihm folgte eine Sekretärin mit einem Stapel Briefe, die ebenfalls unterschrieben werden sollten.
„Ist das immer so?“, wollte Katja wissen, als auch diese beiden das Büro verlassen hatten und Herr Schneidt sich ihr wieder zuwandte. Bis zum heutigen Tag hatte sie immer gedacht, ein Manager würde seinen Tag auf irgendwelchen Sitzungen verbringen oder an einem abgeschiedenen Ort über den Finanzen der Firma brüten. Stattdessen hatte sie das Gefühl, in einem Taubenschlag zu sein.
„Immer nicht“, antwortete der Geschäftsleiter. „Es gibt auch ruhigere Zeiten. Aber es läuft eben alles über meinen Schreibtisch.“ Er drehte seinen Bildschirm um. „Für all diese Anfragen und Projekte trage ich Verantwortung“, erklärte er.
Katja war beeindruckt. Dann zückte sie ihren Stift und stellte ihm die Frage, die sie allen anderen Mitarbeitern der Firma

bisher auch gestellt hatte: „Was ist Ihrer Meinung nach die wichtigste Voraussetzung für Ihren Beruf?"
Der Manager schürzte die Lippen und legte die Fingerspitzen aneinander. Erwartungsvoll sah das Mädchen ihn an. „Den Mut zu haben, richtige Entscheidungen zu treffen", antwortete er.
Katja war so überrascht, dass sie ihren Collegeblock ganz vergaß. Sie hätte so etwas wie „Zielstrebigkeit" oder „Entschlossenheit", vielleicht auch „Menschenkenntnis" erwartet. Aber mit so einer Antwort hatte sie nicht gerechnet. Sie beschloss, noch eine Frage zu stellen, auch wenn das nicht zu der Aufgabenstellung für den heutigen Tag gehörte: „Und woher wissen Sie, ob eine Entscheidung richtig ist?"
Herr Schneidt sah sie offen an. „Ich bin Christ", erklärte er. „Als Erstes frage ich mich, ob ich die Entscheidung im Namen Jesu treffen kann. Wenn das nicht der Fall ist, brauche ich gar nicht erst weiter über die Sache nachzudenken." Er lächelte und hielt einen silbernen Kugelschreiber hoch.
Katja konnte sehen, dass etwas darauf eingraviert war. „Kolosser 3,17", las sie. Das war doch eine Bibelstelle! Verwundert sah sie den Geschäftsführer an.
„Dieser Vers erinnert mich daran, alles, was ich tue oder sage, im Namen des Herrn Jesus zu tun und Gott dafür zu danken."
„Ich dachte, im Namen von Jesus betet man!", platzte Katja heraus.
„Ja, auf jeden Fall", stimmte Herr Schneidt zu. „Aber nicht nur das." Er überlegte kurz. Dann sagte er: „Es ist ein bisschen wie mit diesem Kuli hier. Man könnte sagen: Er ist mein wichtigstes Werkzeug. Damit unterschreibe ich. Der Auftrag, oder was auch immer es ist, geschieht dann in meinem Namen. Wenn ich einer Anfrage nicht zustimme, unterschreibe ich nicht. Und wenn meine Unterschrift fehlt, dann wird aus den Anfragen nichts, egal, worum es sich handelt. Etwas im Namen Jesu zu tun, heißt für mich, es so zu tun, dass Jesus es unterschreiben würde. Und wenn seine Unterschrift fehlt, lasse ich es lieber. Letzte Woche kam zum Beispiel eine Anfrage,

bei der ich wusste, dass Unehrlichkeit im Spiel war. Es war ein verlockendes Angebot, aber im Namen Jesu konnte ich dem nicht zustimmen. Er würde so etwas niemals unterschreiben. Also habe ich Gott gedankt, dass Er mich auch ohne diesen Auftrag versorgen wird und das Angebot abgelehnt." Herr Schneidt lehnte sich auf seinem Stuhl zurück. „Und das betrifft nicht nur meine Arbeit hier in der Firma oder, wie du eben sagtest, das Beten. Bei allem, was ich tue oder sage, geht es darum, es im Sinne Jesu zu tun. Dabei spielt es keine Rolle, ob ich ein Telefonat führe, eine Sitzung leite oder zu Hause meinem kleinen Sohn eine frische Windel verpasse. So lange ich es so tue, dass Jesus es unterschreiben kann, ist es ein Grund, Gott zu danken."

Das Telefon klingelte wieder. Bevor Herr Schneidt dranging, griff er in seine Schreibtischschublade und reichte Katja eine schmale Schachtel. „Ich habe mich gefreut, dass du dich für unsere Firma interessierst und sie dir angeschaut hast", sagte er freundlich. „Das ist für dich, als Erinnerung an diesen Tag."

Überrascht nahm Katja das Geschenk entgegen, bedankte sich und verließ das Büro. Sobald sich die schwere Tür hinter ihr geschlossen hatte, öffnete sie den Deckel des Kästchens. Ein silberner Kugelschreiber lag darin. Der Schaft trug eine Gravur: „Kolosser 3,17". Im Deckel stand „Und alles, was ihr tut mit Worten oder mit Werken, das tut alles im Namen des Herrn Jesus und dankt Gott, dem Vater, durch ihn."

Sehr nachdenklich verließ sie das große Gebäude und ging durch die Fußgängerzone zur Bushaltestelle. Diesen Zukunftstag würde sie ganz bestimmt nicht wieder vergessen.

Während sie auf ihren Bus wartete, sah sie Stefan. Er trug in jedem Arm eine große Flasche Cola. Die Flaschen mussten ziemlich schwer sein, denn seine Schultern hingen nach unten. Als er näher kam, bemerkte sie, dass er einigermaßen erschöpft aussah.

„Und, wie war's?", fragte sie ihn.

„Ich hab SOLCHE Arme!", stöhnte er. „Schüler sind anscheinend billige Arbeitskräfte für die. Ich hab den ganzen Vormittag Kisten gestapelt. Für das hier.“ Er hielt die Flaschen hoch und ließ gleich darauf die Arme wieder sinken. „Ich weiß zwar noch nicht, was ich werden will, aber in den Getränkemarkt gehe ich nächstes Jahr bestimmt nicht noch einmal ... Gut, dass wir morgen keinen Sport haben und ich für die Mathearbeit meine Arme nicht brauche.“

Ach ja, die Mathearbeit. Daran hatte Katja überhaupt nicht mehr gedacht. Sie musste heute Nachmittag unbedingt noch was dafür tun. Wie üblich war sie mal wieder ziemlich spät dran. Zu dumm, dass sie nicht so ein Fleißwunder wie Anette war. Wie die das nur schaffte, regelmäßig zu üben ...

„Und, wie war‘s bei dir?“, riss Stefan sie aus ihren Gedanken.

„Es war toll!“, schwärmte Katja begeistert. Sofort war Mathe vergessen. „Und Herr Schneidt ist einfach nur voll krass. Wenn ich mal Managerin werden sollte, dann will ich so eine werden wie er.

„Du hast doch wohl nicht den Vormittag in seinem Büro verbracht. Das kannst du mir nicht erzählen. Der hat doch was Besseres zu tun, als sich mit Schülern abzugeben!“, konterte Stefan.

„Den Vormittag nicht. Aber als ich kam, ist er gekommen und hat mich begrüßt und mir gesagt, ich solle in sein Büro kommen, bevor ich nach Hause gehe.“

„Das glaube ich nicht!“, erwiderte ihr Klassenkamerad platt.

Katja öffnete ihren Rucksack und holte die Schachtel heraus. „Bitte sehr, wenn du mir nicht glaubst: Zur Erinnerung gab er mir das hier.“

Stefan las den Vers im Deckel. „Was hat das denn zu bedeuten? Ich denke, er ist Manager und kein Pfarrer!“

Katja erzählte ihm von dem Gespräch. „Und, glaubst du mir jetzt?“, fragte sie.

„Wow! Muss ich wohl“, nickte Stefan. „Und du hast einfach gefragt, ob du heute da hinkonntest? Das muss ich nächstes Jahr unbedingt auch machen!“

Der Bus kam. Stefan fasste seine Cola-Flaschen etwas fester und ging auf die Tür zu. „In Jesu Namen!“, grinste er und stieg ein.

Katja fand das nicht komisch. Das, was Herr Schneidt gesagt hatte, hatte sie sehr beeindruckt und berührt. Und ihr Klassenkamerad sollte es nicht ins Lächerliche ziehen.
An der nächsten Haltestelle stieg eine Frau mit einer roten Nase und glasigen Augen ein. In der Hand hatte sie eine Plastiktüte, aus der ein paar Bierflaschen schauten. Torkelnd ging sie durch den Gang. Als sie keinen Sitzplatz fand, lehnte sie sich in der Mitte des Busses an die Wand.
Während der Fahrt sah Stefan sich ein paarmal nach ihr um. Schließlich stand er auf und bot der Frau seinen Platz an. Verwundert setzte sie sich. Eine starke Alkoholfahne umgab sie. Katja war froh, als sie aussteigen konnten.
„Puh, das hätte ich nicht länger ausgehalten!“, schnaufte sie. „Warum hast du das denn gemacht?“
„Ich hab doch gesagt, dass ich im Namen Jesu Bus fahren würde“, meinte Stefan nur. Er hob eine Cola-Flasche zum Gruß und schlenderte über die Straße nach Hause.
Erstaunt sah Katja ihm nach. Er hatte nicht nur einfach einen flapsigen Spruch gebracht. Er hatte es ernst gemeint! „Kluger Junge“, murmelte sie. Er würde sich bestimmt sehr gut mit Herrn Schneidt verstehen.

Mathe hatten sie gleich in der ersten und zweiten Stunde. Zufrieden stellte Katja fest, dass die Aufgaben genau das waren, was sie am Tag vorher geübt hatte. Für die erste Seite brauchte sie nur 15 Minuten. Doch dann klemmte es auf einmal. Bei den nächsten beiden Aufgaben war sie sich nicht mehr sicher, wie sie vorgehen musste. Auch die dazugehörige Zeichnung sah irgendwie seltsam aus. Sie rechnete vorwärts und rückwärts, aber sie kam immer wieder auf das gleiche komische Ergebnis. Die Stunde war fast um. Katja sah nach vorne zum Lehrerpult. Der Mathelehrer war mit der Korrektur einiger Klausuren beschäftigt. Schnell schielte sie zu Anette rüber. Zu ihrem Entsetzen stellte sie fest, dass ihre Freundin ein ganz anderes Ergebnis in ihrem Heft stehen hatte und dass sich auch deren Zeichnung stark von ihrer unterschied. Mit hektischen Fingern kramte Katja in ihrem Schlampermäppchen nach einem Radiergummi. Dabei rutschte der Kuli von Herrn Schneidt heraus. „Alles, was ihr tut, ... das tut im Namen des Herrn Jesus.“

Mit den Fingern im Mäppchen hielt Katja plötzlich still. Sie konnte sich nicht vorstellen, dass Jesus ihre Mathearbeit unterschreiben würde, wenn die Ergebnisse geschummelt wären. „*Und wenn seine Unterschrift fehlt, lasse ich es lieber.*“, kamen ihr Herrn Schneidts Worte in den Sinn. Katja atmete tief durch. *Ich werde ehrlich sein. Und nächstes Mal fange ich früher an zu üben. Im Namen Jesu ...!*

„Und alles, was ihr tut mit Worten oder mit Werken, das tut alles im Namen des Herrn Jesus und dankt Gott, dem Vater, durch ihn.“

Kolosser 3,17

„Was bei den Menschen unmöglich ist, das ist bei Gott möglich."
Lukas 18,27

Rudi und das Fliegen

„Hier, druckfrisch: Die Einladungen für die Kinderbibelwoche." Frau Steinmetz legte die Handzettel auf den Küchentisch. Harry zählte sich fünf Stück ab. Seine Schwester Gabi nahm sich gleich einen ganzen Stapel.

„Na, du hast aber viel vor", meinte ihr Bruder.

„30 Stück – eine für jeden in meiner Klasse", erklärte Gabi.

„Ich dachte, ihr wärt ohne dich 31", wunderte sich Mama.

„Ach, der Sophie brauche ich gar nicht erst eine zu geben", wehrte das Mädchen ab. „Die kommt sowieso nicht! Das wäre Zettel-Verschwendung!"

„Woher willst du das wissen?", erkundigte sich Harry. „Du machst doch nie was mit ihr."

„Das geht ja auch gar nicht!", verteidigte sich Gabi. „Die ist so reich, dass sie überhaupt keine Zeit für normale Menschen wie mich hat. Ständig ist sie entweder beim Reiten oder kauft mit ihrer Mutter teure neue Sachen ein."

Harry ließ nicht locker: „Du kannst es doch wenigstens versuchen. Die muss doch auch was von Jesus hören."

Gabi schüttelte energisch den Kopf. „Nee! Also, doch, natürlich MÜSSTE sie, aber so eine Kinderbibelwoche ist ihr viel zu primitiv. Selbst wenn sie kommen SOLLTE, kann ich mir nicht vorstellen, dass sie das, was da kommt, vom Hocker reißt. Außerdem gibt es doch sogar in der Bibel so ein Beispiel, dass reiche Leute sich lieber auf ihr Geld verlassen, als auf Jesus. Ich weiß genau, dass Sophie nicht kommen würde. Und selbst wenn, würde sie niemals Jesus vertrauen."

‚Auch wenn es dir unmöglich scheint – bei Gott sind alle Dinge möglich", warf ihre Mutter ein.

„Was habt ihr denn alle?!", regte Gabi sich auf. „Wenn ihr sie unbedingt einladen wollt, dann macht das doch selber!" Ärgerlich stampfte sie aus der Küche.

Mit hochgezogenen Augenbrauen sah Frau Steinmetz Harry fragend an. Doch der hob nur die Schultern. „Keine Ahnung, was sie hat. Als ob es auf einen Zettel mehr oder weniger ankäme." Er nahm sich noch zwei Einladungen extra. „So, den Rest kannst du jetzt für die anderen mit in die Gemeinde nehmen", sagte er. „Wenn mir sonst noch jemand einfällt, lade ich ihn so ein."

Am ersten Tag der Kinderbibelwoche war der Raum gut halbvoll. Von Harrys Freunden waren zwei mitgekommen und ein Mädchen aus Gabis Klasse. Im Laufe der Woche kamen immer mehr Kinder dazu. Siggi, einer der Mitarbeiter, hatte eine Raben-Handpuppe dabei. Rudi hieß sie. Siggi spielte den Spaßvogel so überzeugend, dass er eine eigene Persönlichkeit zu haben schien. Die Kinder waren begeistert von dem vorwitzigen Tier mit dem großen gelben Schnabel und den eng zusammenstehenden großen Augen.
Auch heute saß Rudi wieder auf der Kante des Rednerpultes. „Was ist das da drüben?", wollte er wissen und schaute interessiert in eine Ecke der Bühne.
Siggi erklärte ihm, dass es sich bei dem Ding um ein Schlagzeug handele und dass man damit Geräusche machen könne.
„Oh, das will ich unbedingt mal ausprobieren!", sagte der Rabe eifrig.
„Dann flieg doch hin!", forderte Siggi ihn auf.
„Was?!", rief Rudi bestürzt. „Ich und fliegen? Das ist doch völlig unmöglich! Ich kann doch gar nicht fliegen!"
„Du bist doch ein Vogel! Natürlich kannst du fliegen!", rief ein kleiner Junge aus dem Publikum.
Doch Rudi ließ sich davon nicht beeinflussen. „Ausgeschlossen!", erklärte er und krallte sich am Rednerpult fest. Eigentlich hatte Siggi natürlich seine Finger in Rudis große, gelbe Füße gesteckt. Aber es sah sehr echt aus. Der Rabe ließ traurig den Kopf hängen.
„Rudi, ich verrate dir jetzt ein Geheimnis", flüsterte Siggi verschwörerisch. Dabei sprach er gerade so laut, dass alle es hören konnten: „Meine Hände stecken in dir. Deswegen ist Fliegen für dich nicht unmöglich, sondern möglich."

Zögernd hob der Vogel den Kopf. „Du meinst, auch wenn ich das eigentlich nicht kann, geht das, weil du das kannst?"
„Genau!", stimmte Siggi zu. Rudi zögerte immer noch.
„Aber ich trau mich nicht ..."
„Ich helfe dir", versicherte Siggi ihm.
„Okay", stimmte der Rabe schließlich zu. „Ich würde zu gerne mal da auf das Ding hauen ..."
Siggi hatte während der Diskussion unauffällig seine Finger aus den Krallen gezogen und in den einen Flügel wandern lassen. Jetzt holte er seine andere Hand aus Rudis Schnabel und steckte sie in den zweiten Flügel. Der Vogel breitete seine Schwingen aus und flog in die Ecke zum Schlagzeug. Zur Begeisterung der Kinder ergriff er die Sticks und trommelte los. Schließlich setzte Siggi den Raben auf den Hocker vor der Bassdrum und ging wieder zum Pult.
„In der Bibel wird von einem jungen Mann berichtet, der sich so ähnlich fühlte wie Rudi", begann er. „Er dachte auch: *Das kann ich nicht. Das geht einfach nicht.*"
„Wollte der etwa auch fliegen?", rief ein Kind.
„Nein, er hat sich etwas viel Besseres gewünscht: Er wünschte sich, in den Himmel zu kommen. Jesus sagte daraufhin zu ihm: ‚Vertrau mir. Vertrau mir voll und ganz und halte nichts zurück!' Da dachte der junge Mann: *Das kann ich nicht! Das trau ich mich nicht.* Und traurig ging er weg."
„Warum hat er nicht Jesus gebittet, ihm zu helfen?", fragte ein kleines Mädchen. „Jesus kann doch alles machen." Gabi reckte den Hals, um zu sehen, wer in so falschem Deutsch einen so richtigen Satz gesagt hatte. Es war die jüngste Tochter ihrer Kindergottesdienst-Mitarbeiterin.
Siggi lächelte. „Ja, du hast recht", stimmte er der Kleinen zu. „Nichts ist unmöglich für Jesus. Aber daran hat der junge Mann nicht gedacht. Stattdessen ist er weggegangen."
Gabi musste plötzlich an Sophie denken. Vielleicht hätte sie sie doch einladen sollen. Rudi dachte ja auch erst, Fliegen sei unmöglich ...
Freundlich sah Siggi die Kinder an. „Vielleicht denkst du auch wie der junge Mann aus der Bibel: *Ich kann Jesus nicht voll und ganz vertrauen. Ich kann's einfach nicht!* Dann mach es nicht

wie er, geh nicht einfach traurig nach Hause. Jesus will dir helfen. Für ihn sind alle Dinge möglich."
Nachdenklich drehte Gabi sich nach dem Abschlusslied um und ging zum Mittelgang. Plötzlich stutzte sie: Hinten beim Ausgang – das war doch ... Sophie! Wie kam die denn hierher? Ihr erster Impuls war: *Ich muss unbedingt mit ihr reden! Vielleicht ist sie so wie der Mann aus der Bibel.* Doch im nächsten Moment verwarf sie den Gedanken wieder. Nein, das könnte sie nicht machen. Das wäre viel zu peinlich – wo sie sie doch nicht eingeladen hatte. Und überhaupt, was hätte sie zu ihr sagen sollen? Außerdem waren dafür doch die Mitarbeiter da, oder nicht? Gabi trödelte so lange, bis Sophie den Raum verlassen hatte.

„Dieser Vogel ist echt cool!", erzählte Harry beim Abendessen. „Heute hat er sogar Schlagzeug gespielt."
„Und was für ein Thema hattet ihr?", erkundigte sich Frau Steinmetz.
„Bei Jesus ist alles möglich", sagte Gabi ohne große Begeisterung.
„Ach ja, genau", fiel ihr Harry ins Wort. „Hast du gesehen, dass Sophie da war?"
„Ja, hab ich", gab Gabi knapp zurück. „Keine Ahnung, warum."
„Ich hab sie eingeladen", grinste ihr Bruder.
„Du?!" Ungläubig starrte Gabi ihn an. „Wie hast du das denn gemacht?"
„Ich bin zu ihr hingegangen und hab ihr gesagt, dass jeder in den Himmel kommen kann. Sogar reiche Leute. Weil für Gott nichts unmöglich ist. Dann hab ich ihr die Einladung gegeben."
„Das hast du nicht gemacht ..." Seine Schwester sah ihn an, als wäre er nicht ganz richtig im Kopf.
„Na klar, warum nicht? Aber damit sie es nicht macht wie der junge Mann aus der Bibel, muss nochmal jemand mit ihr reden. Am besten solltest *du* das tun. Nicht, dass sie noch denkt, ich wollte was von ihr."
An diesem Abend konnte Gabi lange nicht einschlafen.
In der Schule am nächsten Tag warf sie Sophie den ganzen Vormittag verstohlene Blicke zu. Die Hürde, mit ihr zu reden, wurde von Stunde zu Stunde höher. Bestimmt würde es gar keine

geeignete Gelegenheit geben. Und sie hatte nicht den leisesten Schimmer, was sie zu ihr sagen sollte.
Am Ende des Schultages war Gabi sich sicher, dass es völlig ausgeschlossen sei, Sophie anzusprechen. Als ihre Klassenkameradin dann direkt nach dem Unterricht von ihrer Mutter mit einem dicken BMW abgeholt wurde, weil sie in einem Spezialgeschäft ihre neuen Reitsachen abholen wollten, war das für Gabi nur eine Bestätigung. *Na bitte*, dachte sie trotzig. *Ich hab's doch gleich gewusst, dass es unmöglich sein würde, mit ihr zu reden.* Und wenn Sophie mit ihrer Mutter einkaufen war, würde sie auch ganz bestimmt nicht wieder bei den Bibeltagen aufkreuzen. Sie interessierte sich eben mehr für ihr Geld als für Jesus.
An diesem Nachmittag war Sophie nicht da. Auch an den anderen Tagen fehlte sie, und Gabi fühlte sich in ihrem Eindruck bestätigt. Dann kam die Abschlussveranstaltung. Der Saal hatte sich die Woche über immer mehr gefüllt, und heute waren alle Plätze besetzt. Aber Sophie konnte Gabi nicht unter den vielen Kindern entdecken. Erleichtert wandte sie sich wieder der Bühne zu. Wenn sie nicht da war, würde sie nicht mit ihr sprechen müssen.
Das Abschlussfest wurde sehr, sehr schön. Rudi war in Bestform, und die Kinder fielen vor Lachen fast von den Stühlen. Siggi fasste noch einmal zusammen, was sie an jedem Nachmittag gehört hatten. Und zwar machte er das jeweils mit einem witzigen Spiel. Am Ende gab es für jeden ein kleines Geschenk: Einen Mini-Rudi. Zu schade, dass die Woche schon um war ...
Die Steinmetz-Geschwister gehörten zu den Letzten, die das Gemeindehaus verließen. Als sie ihre Fahrräder aufschlossen, stieß Harry Gabi an: „Du, schau mal!" Am anderen Ende des Parkplatzes, mit dem Rücken zu ihnen, stand ... Sophie! Sie hielt ihr neues Handy ans Ohr. War sie etwa doch dagewesen? Erschrocken sah Gabi ihren Bruder an. „Das ist dein Zeichen!", grinste er. „Ich fahr dann schon mal. Damit ihr ungestört seid." Er schwang sich auf den Sattel und zischte ab.
Gabi hatte ganz weiche Knie. Sie wusste genau, was sie zu tun hatte. Und sie wusste ebenso genau: *Ich kann das nicht!* Da drehte Sophie sich halb um. Sie sah nicht besonders glücklich aus. Auf einmal fiel Gabi wieder ein, wie Rudi mit Siggis Händen in

seinen Flügeln zum Schlagzeug geflogen war. *Für Jesus ist alles möglich!*, fuhr es ihr durch den Kopf. Sie holte tief Luft: *Also gut.* Sie hatte zwar keine Ahnung, was sie sagen sollte, aber sie spürte, dass Gott wollte, dass sie jetzt zu ihrer Klassenkameradin ging. *Bitte hilf mir, Jesus*, betete sie im Stillen. *Und hilf Sophie, dir zu vertrauen.*
Sophie steckte gerade ihr Handy weg, als Gabi zu ihr kam. „Hallo Sophie", begann Gabi zögernd.
Sophie schien erfreut, sie zu sehen. „Oh, hey Gabi. Meine Mutter hat gerade angerufen. Sie kann erst später kommen", erklärte sie. „Sag mal, warst du die ganze Woche da?"
Gabi nickte. Sie wusste immer noch nicht, was sie sagen sollte. „Hast du ein Glück!", meinte Sophie sehnsüchtig. „Ich hab leider das meiste verpasst. Die Geschichte von dem jungen Mann am ersten Tag hat mir total gut gefallen. Ich dachte immer, in den Himmel zu kommen wäre so ziemlich unmöglich. Ich hätte so gerne mit einem von den Mitarbeitern gesprochen und sie gefragt, ob das wirklich geht, Jesus ganz zu vertrauen. Aber ich musste weg. Und heute ging es auch nicht. Hat Siggi an den anderen Tagen noch was dazu gesagt? Was hat er noch von Jesus erzählt?"
Gabi musste aufpassen, dass ihr nicht die Kinnlade herunterfiel. Eben noch hätte sie sich das hier niemals vorstellen können. Aber für Jesus war eben nichts unmöglich. Und auf einmal kamen ihr die Worte ganz von alleine.
„Ja, Sophie", nickte sie froh. „Jesus zu vertrauen geht wirklich. Und es ist auch nicht unmöglich, in den Himmel zu kommen. Aber nicht, weil wir uns so toll anstrengen, sondern weil bei Gott alles möglich ist ..."

„Was bei den Menschen unmöglich ist,
das ist bei Gott möglich."
Lukas 18,27

„Der Herr ist gütig ...“
Nahum 1,7
„Blickst du böse, weil ich so gütig bin?“
Matthäus 20,15b

Gerechter Lohn?

Lukas lag in seinem Zimmer auf dem Teppich und las Comics. Da steckte Papa den Kopf zur Tür hinein. Er hatte alte Malerklamotten an und einen Pinsel in der Hand.
„Mama und Ferdinand sind heute Nachmittag bei Oma und Opa und machen Kartoffeln raus. Da will ich endlich mal den Gartenzaun streichen. Wenn du möchtest, stelle ich dich an. Du bekommst zwanzig Euro dafür.“
Das war ein Angebot! Zwanzig Euro!
„Ich bin dabei“, meinte Lukas sofort und stand auf. Da könnte er sich gleich ein paar neue Comics kaufen. Er schlüpfte schnell in seine Gammelhose und ein ausgedientes T-Shirt und folgte seinem Vater nach draußen.
Der Zaun war ziemlich lang. Da wären sie sicher bis zum Abendbrot beschäftigt. Aber für so einen Betrag war er schon bereit, den Nachmittag zu opfern. Immerhin – zwanzig Euro haben oder nicht haben.
Seite an Seite pinselten sie. Am schwierigsten waren die Stellen zwischen den einzelnen Latten. Lukas kam ganz schön ins Schwitzen. Ohne den Zwanzig-Euro-Schein vor Augen hätte er sicher abgebrochen. Andererseits war es richtig schön, mal so ungestört Zeit mit Papa zu verbringen. Sie erzählten sich Witze, lachten und sprachen über alles Mögliche – von Mann zu Mann sozusagen.
Endlich hatten sie es fast geschafft. Das war auch gut so, denn sie hatten kaum noch Farbe. Da hörten sie Stimmen, und kurz darauf kam Ferdinand angesprungen. Er sah aus wie ein kleines Ferkelchen.
„Hallo Kleiner!“, begrüßte Papa ihn fröhlich. „Es ist noch Zaun übrig. Du kannst uns streichen helfen. Ich geb dir auch was dafür!“

Eifrig machte sich der Siebenjährige an die Arbeit. Lukas war es nur recht. Dann wäre die Arbeit wenigstens eher erledigt. Dreißig Minuten später waren sie fertig.
Als Papa die Pinsel gereinigt hatte, zog er sein Portemonnaie heraus. „So, Ferdinand, das ist für dich“, sagte er freundlich.
Lukas traute seinen Augen kaum, als er sah, dass sein kleiner Bruder zwanzig Euro bekam. Wow! In Lukas‘ Gehirn fing es an zu rattern. Ferdinand hatte eine halbe Stunde mitgemacht und dafür zwanzig Euro bekommen. Er selbst hatte vier Stunden gearbeitet. Das wären dann ...
„Und jetzt dein Lohn, Lukas“, unterbrach Papa seine Rechenanstrengungen und gab ihm ebenfalls einen Zwanzig-Euro-Schein.
Stirnrunzelnd nahm Lukas das Geld entgegen. „Aber ...“, fing er an.
„Jetzt bin ich reich!“, fiel Ferdinand ihm ins Wort. „Von Opa habe ich auch Geld bekommen!“ Stolz grinste er Lukas an.
Der presste die Lippen zusammen und ging schnurstracks an ihm vorbei in den Garten. Dort ließ er sich auf die Hollywood-Schaukel fallen und starrte ärgerlich den Zaun an. Latte für Latte hatte er in mühsamer Arbeit gestrichen. Ihm tat ganz schön der Arm weh. Und jetzt das! Zwanzig Euro hatte Papa Ferdinand für das bisschen Zaun bezahlt – genauso viel wie ihm. Obwohl er den ganzen Nachmittag geschuftet hatte. Und dann hatte sein Bruder auch noch Geld von Opa bekommen. So eine Ungerechtigkeit!
Hinter ihm quietschte die Terrassentür und kurz darauf setzte sich Papa neben ihn. „Stimmt was nicht?“, fragte er freundlich.
Lukas rutschte ein Stück von ihm weg. „Du hast Ferdinand das Gleiche gegeben wie mir. Obwohl er fast nichts gemacht hat!“, sagte er heftig.
„Wir hatten uns doch auf zwanzig Euro geeinigt“, erwiderte Papa ruhig.
„Aber das ist ungerecht! Warum bekommt er genauso viel?“, begehrte Lukas auf.
Papa verschränkte die Arme hinter dem Kopf und begann leicht hin und her zu schaukeln. Lukas starrte auf die Fliesen. Er hatte jetzt zwar sein Geld, aber freuen konnte er sich darüber nicht.
Sein Vater sah ihn freundlich an. „Ich habe mich sehr gefreut, dass du mit mir den ganzen Nachmittag gearbeitet hast“, begann

er. „Nicht so sehr wegen der Arbeit, sondern weil wir zusammen sein konnten.“
Das stimmte. Lukas hatte das auch sehr schön gefunden. Trotzdem! Es ärgerte ihn, dass Ferdinand einfach genauso viel Geld bekommen hatte wie er.
„Mir ging es mal so ähnlich wie dir“, fuhr Papa fort und blickte in die Ferne. „Und zwar mit deiner Mama.“ Er lächelte in sich hinein. „Ich hatte ein Auge auf sie geworfen, und als sie und ihre Freundin umziehen wollten, bot ich an zu helfen. Als Dankeschön wollten sie mich zu einem schönen Essen einladen. Gleich morgens um acht stand ich auf der Matte. Den ganzen Tag schleppte ich Möbel, Kisten, Pflanzen und allen möglichen Kram. Spätnachmittags kam noch ein anderer Helfer dazu. Aber das Allermeiste hatte ich schon weggeschafft. Abends war dann mein Dankeschön-Essen. Es war super lecker. Aber irgendwie konnte ich es gar nicht richtig genießen. Der andere Umzugshelfer kam nämlich auch. Das ärgerte mich. Er hatte doch fast nichts geschleppt! Ich ließ deiner Mama gegenüber eine Bemerkung fallen, dass der andere das tolle Essen ja nicht wirklich verdient hätte. Da riss sie ihre schönen blauen Augen auf und fragte ganz erstaunt: ‚Ja, sollte ich ihm deswegen nur einen Nachtisch geben? Es ist doch genug da. Oder gönnst du ihm das etwa nicht?‘ Ich lief rot an, weil ich merkte, dass ich mich mit meiner Frage ganz schön blamiert hatte. Dabei wollte ich doch deine Mama beeindrucken! Das war auch der Grund, warum ich am nächsten Tag trotz meines Muskelkaters in den Gottesdienst kam. Und rat mal, worum es in der Predigt ging.“ Erwartungsvoll sah Papa Lukas wieder an. Der zuckte die Schultern. Aber er war nicht mehr ganz so verschlossen. „Es ging darum, dass Gottes Güte nicht von unseren Leistungen abhängig ist.“
„Ja und? Was hat das denn mit deiner Umzugsbelohnung zu tun? Oder mit meinen zwanzig Euro?“, brummte Lukas. Er verstand nicht, worauf Papa hinauswollte.
„Gott beschenkt auch die, die es unserer Meinung nach nicht verdient haben – so wie der andere Umzugshelfer das gleiche leckere Essen bekommen hat wie ich und Ferdinand den gleichen Geldschein wie du. Er tut das, einfach weil er gütig ist – aus seinem guten Herzen heraus. Wir können dankbar dafür sein und uns dar-

über freuen oder wir können uns mit anderen vergleichen und uns ärgern." Lukas erwiderte nichts.
Papa stand auf. „Der Zaun ist echt gut geworden", sagte er und drückte kurz Lukas' Schulter. Dann ging er wieder ins Haus.
Lukas legte sich auf den Rücken, ließ ein Bein runterbaumeln und schubste sich sachte an. Er musste zugeben, dass es stimmte, was Papa da gesagt hatte. Zuerst war er so froh über die Aussicht auf die zwanzig Euro gewesen. Papa hätte das nicht machen müssen. Er hätte auch einfach so Lukas' Hilfe einfordern können. Immerhin nutzten sie alle den Garten. Deswegen hatte er das Angebot echt großzügig gefunden. Doch als er das Geld dann hatte, konnte er sich gar nicht mehr darüber freuen, weil er sich die ganze Zeit darüber ärgerte, dass Ferdinand das Gleiche bekommen hatte.
Er dachte auch noch einmal an die Geschichte mit Papas Umzugsessen. Und an ein paar von den Dingen, die Gott ihm jeden Tag schenkte. Dabei atmete er tief durch. Saubere Luft zum Beispiel. Oder den schönen Sonnenuntergang. Daran konnten sich alle Menschen erfreuen, sogar die, die gar nicht an Gott glaubten.
Die Terrassentür quietschte. Ferdinands Kopf erschien über der Lehne der Schaukel. „Ich hab vergessen, dass ich dir das hier noch geben sollte", sagte er. Dabei wedelte er etwas vor Lukas Nase herum. „Von Opa."
Lukas schnappte danach. Es war ein Zwanzig-Euro-Schein! Verdutzt setzte er sich auf. „Das sollst du mir von Opa geben? Warum denn?", fragte er verwundert. „Ich hab doch keine einzige Kartoffel rausgemacht!"
Ferdinand grinste. „Macht doch nix!", meinte er unbekümmert. „Opa schenkt dir das Geld trotzdem. Jetzt sind wir beide richtig reich. Toll, nicht?"

„Der Herr ist gütig ..."
Nahum 1,7
„Blickst du böse, weil ich so gütig bin?"
Matthäus 20,15b

**„Ich freue mich über dein Wort, wie einer,
der große Beute macht."
Psalm 119,162**

**„Denn Weisheit ist wertvoller als Edelsteine, und alles,
was du dir jemals wünschen könntest,
ist mit ihr nicht zu vergleichen."
Sprüche 8,11 (NLB)**

**„Denn der Weisheit Anfang ist: Erwirb Weisheit
und erwirb Einsicht mit allem, was du hast."
Sprüche 4,7**

Richtig fette Beute

Halb in den Tiefen seines Kleiderschranks verschwunden, hörte Eric seine Schwester im Nachbarzimmer jammern: „Mein Perlenstecker ist weg!"
Ihr Problem!, dachte Eric. Er hatte eigene Sorgen: Sein cooles kariertes Hemd war unauffindbar. Und ohne würde er ganz bestimmt nicht auf diese Freizeit fahren. Er hatte sich schon genau überlegt, wie er dort erscheinen würde: Das Hemd, mit aufgerollten Ärmeln, die ausgewaschene Jeans, seine neuen Turnschuhe und natürlich die Sonnenbrille. In so einem Aufzug würde er gleich einen lässigen Auftritt hinlegen. Dann würde er seinen Rubik's-Würfel hervorholen und ganz nebenbei ein bisschen daran herumdrehen und alle mit seinen Kniffen verblüffen. Bisher hatte das stets funktioniert. Ruck, zuck hatte er immer die Leute um sich geschart. Natürlich gab er den Würfel auch aus der Hand. Ein netter Junge teilte seine Sachen schließlich. Wenn die anderen dann irgendwann nicht mehr weiterkamen mit ihren Lösungsversuchen, kam Sonnyboy ihnen selbstverständlich zu Hilfe mit ein paar wenigen Umdrehungen und den aufmunternden Worten: „Du hattest es fast!"
Und um sicher zu gehen, dass sie ihn auch wirklich mochten, würde er ein paar Schokoriegel verschenken. Was kümmerte es ihn, dass Mama sie als Reiseproviant für Jana und ihn gekauft

hatte. Jana war doch sowieso ständig auf Diät. Hauptsache, er würde auf dieser Freizeit kein Loser sein. Das war nämlich seine größte Angst: Von anderen verachtet oder abgelehnt zu werden. Beliebt sein hatte nun mal seinen Preis.
Aber das löste noch nicht das Problem mit dem Hemd. Eric musste es unbedingt finden. Er schaute unter seinem Bett nach und in seiner Sporttasche. Nichts. Oder steckte es etwa noch in der Wäsche? Das wäre schlecht! In einer Viertelstunde wollten sie los. Er ging Richtung Bad.
Da ertönte aus Janas Zimmer ein spitzer Schrei."
Eric steckte den Kopf durch die Tür: „Was ist?", erkundigte er sich halbherzig.
„Mein Fingernagel!", klagte seine Schwester. „Mein schönster Fingernagel ist abgebrochen, als ich meinen Ohrring aufheben wollte!" Ihr hübsches Gesicht war kummervoll verzerrt.
Ihr Bruder schüttelte den Kopf. Was für ein Theater! Typisch Jana. Als ob es auf eine lange Kralle mehr oder weniger ankäme! Und selbst ohne Fingernägel sah sie aus wie das Titelbild einer Zeitschrift. Kein Wunder bei den vielen Pflegeprodukten, die sie jeden Tag benutzte. Und ständig frischte sie ihren Lippenstift auf.
„Kleb den Nagel halt wieder dran", meinte Eric trocken und verschwand im Bad. Seine Schwester rief ihm irgendetwas hinterher, doch er durchwühlte bereits die Wäschetonne. Ah, da war ja das Hemd! Schnell schlüpfte er hinein und warf einen kurzen Blick in den Spiegel. Gut. Allerdings – so ganz taufrisch war es nicht ... Was sollte er tun? Er musste unbedingt in diesem Hemd seinen ersten Eindruck hinterlassen.
Papas Rasierwasser – das war die Lösung! Großzügig verteilte er etwas davon auf Kragen und Achselpartie. Zufrieden schlenderte er zurück in sein Zimmer. Dort warf er noch einen letzten Blick auf die Packliste. Bibel und Schreibzeug, ach ja, das hätte er beinahe vergessen. Das wäre etwas peinlich geworden. Immerhin stand die Freizeit unter dem Motto „Biblische Schätze heben". Und peinlich sein war genau das Gegenteil von cool sein. Was wiederum zur Folge hatte, dass man nicht so beliebt war. Was natürlich schrecklich wäre. Also schnell noch die Bibel eingepackt.

„Kommt ihr?“, rief Mama von unten. Vor lauter Hemd-Auffrischen hatte Eric gar nicht gemerkt, dass es Zeit war, loszufahren. Schnell schnappte er seine Tasche, verabschiedete sich von seiner Mutter und stieg ins Auto.
Seine Schwester brauchte etwas länger. Ihr Koffer war fast doppelt so groß. Sein Vater wuchtete das schwere Gepäckstück in den Kofferraum, während Jana mit einem silbernen Köfferchen in der Hand auf den Beifahrersitz kletterte. Sie bestand darauf, es während der ganzen Fahrt auf dem Schoß zu halten.
Sie waren fast da, als Eric sich nach vorne beugte. „Was für Schätze hütest du denn da?“, wunderte er sich.
„Meine Kosmetiksachen passten nicht mehr in den Koffer“, kam die knappe Antwort.
„Und dafür brauchst du einen ganzen Extra-Koffer? Für ein bisschen Lippenstift?“
„Ein bisschen Lippenstift? Du hast einfach keine Ahnung, was alles dazugehört.“ Jana begann aufzuzählen: „Wimperntusche, Lidschatten, Make-up, Make-up-Entferner, Wattepads, Nagellack, Nagellackentferner, Bodylotion, Abdeckstift ...“
„Vergiss die Ersatzfingernägel nicht!“, unterbrach Eric sie todernst.
„Mach dich nicht über mich lustig!“, schimpfte Jana. „Schönheit hat nun mal ihren Preis.“
Papa sah in den Rückspiegel. „Ich hoffe, du hast vor lauter Schönheit nicht die Sachen auf der Packliste vergessen.“
„Ja, genau, zum Beispiel deine Bibel“, warf Eric ein.
Ein erschrockener Blick trat auf Janas perfekt gestyltes Gesicht. „Sollten wir eine Bibel mitnehmen?“, fragte sie stirnrunzelnd.
„Na logisch! Das Thema ist doch „*Biblische* Schätze heben“. Eric grinste selbstgefällig.
Ihr Vater seufzte. „Also wirklich, Jana. Es ist ja nichts Schlechtes, die Schönheit zu pflegen. Immerhin sollen wir unseren Schöpfer mit unserem Körper ehren. Aber wenn du darüber das Wichtigste vergisst, hat das nichts mehr mit Gott zu tun.“
Jana reagierte nicht darauf. „Eric war an deinem Rasierwasser“, sagte sie stattdessen.
„Mein Hemd war in der Wäsche!“, verteidigte sich Eric. „Da musste ich es auffrischen.“

„Warum hast du nicht einfach ein anderes angezogen?", wunderte sich Papa.
„Weil die anderen nicht so cool sind", gab Eric zurück. „Du weißt doch, der erste Eindruck ist der wichtigste."
Papa schüttelte den Kopf. „Kinder, Kinder", murmelte er. Er fuhr in eine Haltebucht am Straßenrand und stellte den Motor ab.
„Sollen wir den Rest laufen, oder was?", frage Eric sofort irritiert.
Sein Vater drehte sich um. „Was glaubt ihr, warum wir euch diese Freizeit schenken?", fragte er statt einer Antwort.
„Damit ihr Ruhe vor uns habt?", schlug Jana vor.
„Falsch."
„Damit wir neue Leute kennenlernen?"
„Nur teilweise richtig."
„Damit Jana einen christlichen Freund findet?"
Papa lachte kurz. „Nein, falsch. Denkt mal an das Thema der Freizeit." Abwartend sah er von einem zum anderen.
Jana rollte ihre Augen unter den geschwungenen, schwarzen Wimpern. „Damit wir uns besser in der Bibel auskennen", beeilte sie sich zu sagen. „Können wir jetzt endlich weiterfahren? Ich will nicht als Letzte ankommen."
Doch Papa war noch nicht fertig. „Das Auskennen ist gut. Aber das alleine reicht nicht. Eurer Mama und mir ist es ein großes Anliegen, dass ihr lernt, was Gottes weise Anordnungen mit eurem Leben zu tun haben. Das zählt mehr, als schön oder cool zu sein."
Jana klapperte ungeduldig mit ihren langen Fingernägeln auf ihrem Schminkköfferchen und auch Eric hatte genug von Papas Predigt. „Okay, wir haben's kapiert", sagte er. „Können wir jetzt weiterfahren?"
„Gleich." Bevor ihr Vater den Motor wieder anließ, zog er eine kleine Gideon-Bibel aus seiner Hemdtasche und reichte sie Jana. „Hier, ich leihe dir das", sagte er. Dann fuhren sie den Berg hoch zum Freizeitheim.
„Und wo soll ich die jetzt hintun?", beschwerte sich Jana. „Ich hab nur zwei Hände, und die Kosmetiktasche ist voll."
„Du kannst sie festhalten, und ich nehme deinen großen Koffer", sagte Papa.

Notgedrungen trug das Mädchen das kleine Neue Testament mit den Psalmen und Sprüchen in der Hand, während sie ins Freizeitheim gingen. Recht war ihr das nicht. An ihrem Schmollmund war zu erkennen, dass sie das abgewetzte kleine Buch als Fremdkörper in ihrem schönen Erscheinungsbild betrachtete. Aber da ihre Kleidung keine Verstauungsmöglichkeit für die Bibel aufwies, blieb ihr nichts anderes übrig, als sie in der Hand zu halten.

Die Atmosphäre in der Gruppe war von Anfang an sehr offen und herzlich. Maßgeblich trug Florian, ein Junge mit nur einem Arm, dazu bei. Er war ehrlich und ungezwungen und nahm sich oft selbst auf die Schippe. Immer wieder brachte er die anderen zum Lachen. Und zu allen passenden und unpassenden Gelegenheiten ließ er sie an seinem ungeheueren Schatz an Allgemeinwissen teilhaben. Was Flori alles wusste! Kein Wunder, denn in jeder freien Minute schaute er mit seinem Handy irgendetwas bei Wikipedia nach. Erics Rubik‘s-Cube-Künste waren ihm allerdings neu. Der einarmige Junge war begeistert. „So‘n Ding schaff ich mir auch an!“, sagte er immer wieder. Bevor irgendjemand fragen konnte, wie er den Würfel denn zu drehen gedachte, sagte Florian locker: „Dann wird mit den Füßen gedreht!“ Und wieder hatte er die Situation für sich entschieden.
Bereits nach wenigen Tagen hatten die Teens das Gefühl, einander schon viel länger zu kennen. Zu Erics Freude schien seine Rechnung aufzugehen, denn von Anfang an konnte er sich in der Aufmerksamkeit und Zuneigung der anderen sonnen. Er genoss das Gefühl, beliebt zu sein. Einmal bekam er mit, wie eins der Mädchen zu einem anderen sagte: „Der Eric ist echt cool drauf!“ Er hatte das Gefühl, gerade eine fette Beute gemacht zu haben, und jedes Mal, wenn er sich die Worte des Mädchens in Erinnerung rief, musste er unwillkürlich grinsen.
Mit Florian verstand er sich richtig gut. Er beobachtete, dass seine Schwester den Jungen anscheinend auch besonders mochte. Wer weiß, vielleicht würde diese Freizeit ihr einen christlichen Freund bescheren, auch wenn das nicht der Grund war, warum ihre Eltern sie hierhergeschickt hatten.

Am vorletzten Tag machten sie ein Geländespiel in Form einer Schatzsuche. Auf dem großen Grundstück um das Freizeitheim und im angrenzenden Wald waren viele Tütchen versteckt. Sie enthielten einen Zettel mit einer Bibelstelle und einem kleinen Halbedelstein. Es galt, die Tüte samt Inhalt in eine Schatztruhe zu bringen, die sich im Aufenthaltsraum vor dem großen Holzkreuz befand. Für jede Tüte gab es einen Punkt für das jeweilige Team.

Mit Feuereifer stürzten sich die Teens auf die Aufgabe. Nicky, der Freizeitleiter, saß neben der Kiste, zählte die Punkte und bewachte den Schatz. Jedes Mal, wenn wieder jemand erhitzt angerannt kam, nickte er zufrieden. „Genau so habe ich mir das vorgestellt", grinste er.

Eine Menge Schweißtropfen, verbrannter Kalorien, Grasflecken und Kratzer später waren alle Schätze geborgen. Nicky lobte seine Teens für ihren Einsatz: „Echt stark! Ihr habt alles drangesetzt, um diese Tütchen zu finden. Wirklich toll! Genauso sollen wir alles dransetzen für etwas anderes." Er schlug seine Bibel auf und las vor: „Weisheit zu erwerben ist das Wichtigste im Leben! Und alles, was du hast, setze dafür ein, Verstand zu erwerben ... (Sprüche 4,7)." Er sah in die Runde und schmunzelte. „An euren Gesichtern sehe ich, was ihr denkt: *Weisheit? Was will ich denn mit Weisheit! Hauptsache, ich bin ...* Wie würdet ihr den Satz vollenden?"

„Reich."

„Erfolg*reich*." Gelächter.

Florian grinste. „Schlau!"

Beliebt, fügte Eric im Stillen an. Aber er traute sich nicht, das laut zu sagen.

Jemand stieß ein Mädchen mit langen blonden Haaren an. „Schön!", sagte er und klapperte demonstrativ mit den Wimpern. Mehr Gelächter.

„Oh, da kenne ich einen guten Blondinen-Witz!", rief ein anderer.

Nicky hob lachend die Hand. „Nicht persönlich nehmen, alle Blonden unter uns. Aber im Ernst, was ist schon so toll daran, weise zu sein? Was heißt das überhaupt?"

„Lebenserfahrung haben."
„Schlau sein."
„Wie Flori sein." Allgemeines Gelächter.
„Tun, was Gott sagt?", fragte Jana zögernd.
„Super!", strahlte Nicky. „Und sie ist BLOND, nur mal so nebenbei!"
Jana lief rot an, die anderen lachten schallend.
Nicky blätterte in seiner Bibel und las: „‚Der Weisheit Anfang ist die Furcht des Herrn.' Jana hat also vollkommen recht: Weise zu sein bedeutet, tun, was Gott sagt. Alle Weisheit kommt nämlich von ihm."
Florian hielt einen Daumen hoch und nickte anerkennend in Janas Richtung. „Blond *und* gebildet!"
Janas Rot wurde noch eine Spur intensiver.
„Okay, wo wir das jetzt geklärt hätten ...", lachte Nicky. „In Sprüche 8,11 lesen wir, dass Weisheit wertvoller ist als Edelsteine. Wer sich nach Gottes weisen Anordnungen richtet, hat demzufolge einen unsagbar kostbaren Schatz."
Eric fiel ein, dass er so was Ähnliches schon mal irgendwo gehört hatte.
Der Freizeitleiter deutete auf die Schatzkiste mit den Bibelstellen- und Edelstein-Tütchen. „Hier in der Kiste vor dem Kreuz befindet sich ein Teil der größten Kostbarkeiten dieser Erde: Worte, die Gott uns für unser Leben sagt. Jeder darf sich gleich daraus eine Bibelstelle ziehen und sie nachschlagen. Die Frage ist: Was machst du damit? Nimmst du es zur Kenntnis, nickst du es ab, oder ist das, was Gott in seinem Wort sagt, dein größter Schatz?
König David sagt in Psalm 119,162: ‚Ich freue mich über dein Wort, wie einer, der große Beute macht.' Wie ist das bei dir? Welche Beute jagst du? Lässt du dein Leben von Gottes Weisheit bestimmen oder von Nebensächlichkeiten? Was ist in deiner persönlichen Schatzkiste?" Er machte eine kurze Pause, bevor er weitersprach: „Bei mir war es lange Zeit der Erfolg. Ich wollte vor allem erfolgreich sein. Das war ich auch. Dabei kam ich mir sogar ziemlich weise vor. Dann hatte ich eines Tages einen Autounfall. Ich konnte ein halbes Jahr lang nicht mehr arbeiten.

Da merkte ich, dass ich meine Schatzkiste mit sehr vergänglichen Schätzen gefüllt hatte. Das, worauf ich gesetzt hatte, war auf einmal futsch. Ich fing an, in der Bibel zu lesen. Und da stand zum Beispiel, dass es nicht darauf ankommt, die ganze Welt zu gewinnen, sondern Jesus zu kennen. Wer sich auf Gott verlässt, ist weise, nicht, wer sich auf seinen Verstand verlässt. Ich begann, nach Gottes Weisheit zu fragen und sie in meinem Leben anzuwenden. Und je mehr ich das tue, desto mehr stelle ich fest, dass das, was Gott sagt, viel wertvoller ist, als alles andere."
Die jungen Leute scharten sich um die Truhe. Erics Tüte enthielt einen Hämatit mit der Bibelstelle Sprüche 29,25. Er schlug sie nach: „Menschenfurcht bringt zu Fall; wer sich aber auf den Herrn verlässt, wird beschützt." Nachdenklich schaute er auf die Worte.
Auch die anderen Teens waren ziemlich still. Man hörte eigentlich nur das Rascheln der Bibelseiten.
Auf einmal fing Florian an zu reden. „Also, Leute, ich muss euch was sagen. Ich hab bisher alles drangesetzt, um Wissen zu finden." Er zog sein Handy aus der Tasche und wedelte damit herum. „Wikipedia # Beute und so. Ihr wisst schon." Er lachte kurz. Ein paar andere ebenfalls. „Ich dachte, wenn ich super-schlau bin, kann ich mir ein gutes Leben machen", fuhr Florian fort. „Ich dachte, ich werd's allen zeigen, dass man auch mit einem Arm alles erreichen kann. Und immer, wenn ich was wusste, was kein anderer wusste, habe ich mich gefreut, ‚wie einer, der große Beute macht'. Aber jetzt will ich lieber reinklotzen in Bezug auf Gottes Weisheit. Ich schätze, er hat den besseren Durchblick."
Florian ist echt 'ne Nummer!, dachte Eric. *Das so vor allen zuzugeben.*
Der einarmige Schlaumeier stand auf und legte sein Handy unter das Kreuz. „Also, nicht dass ihr denkt, ich will das hier nicht mehr haben", erklärte er. „Aber ich will damit zeigen, dass es nicht mehr in meine Schatzkiste gehört. Was Gott mir in der Bibel sagt, soll mein größter Schatz sein – die fette Beute, die in meine Schatzkiste kommt. Und ihr alle seid meine Zeugen."
An seiner Lippe kauend las Eric wieder und wieder seinen Vers. „Menschenfurcht" – ihm war es unheimlich wichtig, was die an-

deren über ihn dachten. Er freute sich über Beliebtheit wie über eine fette Beute. Ständig trieb die Angst, uncool zu sein, ihn an. Aber hier stand, dass Menschenfurcht zu Fall brachte. Wenn er weise sein wollte, musste er damit aufhören und sich stattdessen auf Gott verlassen. Nicky hatte gesagt – nein, *Gott* sagte – , dass Weisheit das Kostbarste war. War es wirklich wertvoller, sich nach Gottes Wort zu richten, als nach der Meinung der Menschen um ihn herum?

Um ihn herum begannen andere Teens ihre Verse vorzulesen und bekannten, was bisher ihr Leben angetrieben hatte. In einer symbolischen Handlung legten sie ihre „Schätze“ unter das Kreuz: ein Portemonnaie, Süßigkeiten, ein Kartenspiel, ein Armband. Eric war sehr erstaunt. Keiner dieser Teens schien sich Gedanken darüber zu machen, was die anderen über ihn dachten. Er hatte keine Ahnung, wofür die einzelnen Sachen standen. Aber er war sich sicher, dass die Leute, die da nach vorne gingen, genau wie Florian den Entschluss fassten, Weisheit zu ihrem größten Schatz zu machen. Er schielte zu Nicky. Ganz bewegt saß der Freizeitleiter auf seinem Stuhl.

Neben Eric stand Jana auf und verließ den Raum. Musste sie wirklich jetzt ihren Lippenstift auffrischen? Sein Blick fiel auf den Zettel mit der Bibelstelle auf ihrem Stuhl: Sprüche 31,30. Schnell schlug er sie nach: „Schönheit vergeht ... eine Frau, die Ehrfurcht hat vor dem Herrn, soll gelobt werden.“ Er grinste. Wow! Das passte ja wie die Faust aufs Auge!

Jana kam zurück. Eric glaubte, nicht richtig zu sehen: Sie hatte ihren Kosmetikkoffer in der Hand! Schnell ging sie zum Kreuz und stellte ihn ab. Ohne ein Wort zu sagen, setzte sie sich wieder neben ihren Bruder.

Eric war absolut platt. Das hätte er nicht von seiner Schwester gedacht! In ihm kämpfte es. Er wusste, sein Rubik‘s-Würfel, sein Eindruckschinder, gehörte auch unter das Kreuz. Mit aller Kraft hatte er bisher danach gestrebt, gemocht und angesehen zu sein. Dass Gottes Meinung viel wertvoller war, hatte ihn nicht interessiert.

Aber war es schlau, sich so zu outen? Das war doch peinlich! Was würden die anderen denken, wenn er seinen Würfel da vorne hinbrachte? Und außerdem, womit sollte er sie dann noch beeindrucken? Die Schokoriegel waren alle aufgegessen. Und das coole Hemd hatte einen fetten Tomatensoßenfleck. Also behielt er den Würfel lieber.

Nach dem Frühstück am Abreisetag mussten die anderen natürlich alle wieder ihre Sachen unter dem Kreuz einsammeln. Aber sie hatten nicht mehr denselben Stellenwert wie vorher. Eric hatte nichts einzusammeln, also hing er ein bisschen auf dem Gang vor dem Raum herum und schraubte an seinem Würfel.

Da hörte er Florians Stimme: „Dass du mit deiner Bibel in der Hand hier angereist bist, hat mich echt beeindruckt, Jana. Ich dachte: Wow, das Mädchen hat Gottes Wort immer griffbereit."

Das hatte wohl einen etwas anderen Grund!, dachte Eric trocken. Er spähte durch den Türspalt. Wie würde seine Schwester reagieren? Sicher war sie sehr geschmeichelt von Florians anerkennenden Worten.

Jana räusperte sich verlegen. „Äh, ehrlich gesagt ist das die Bibel meines Vaters. Ich hatte meine zu Hause vergessen. Ich hatte, äh, bloß keinen Platz mehr irgendwo, als er sie mir gab. Also musste ich sie in der Hand halten."

Eric traute seinen Ohren kaum.

Florian sah sie einen Moment überrascht an. Dann grinste er. „Das war ehrlich! Du gefällst mir!" Fröhlich klopfte er Jana auf die Schulter. „Und herzlichen Glückwunsch, du hast gerade eine weise Entscheidung getroffen, die kostbarer ist als ein Edelstein: Sprüche 16 Vers 13: Wer aufrichtig redet, wird geliebt."

Jana schoss das Blut ins Gesicht.

Florian schob gleich noch ein paar andere Stellen über Aufrichtigkeit hinterher.

Eric musste sich das Lachen verkneifen. Anscheinend hatte sein neuer Freund seine Informationsquelle gewechselt: Er hatte Wikipedia gegen das Buch der Sprüche eingetauscht. Nein, er hatte nicht nur die Informationsquelle gewechselt, sondern den Inhalt seiner Schatzkiste.

Auf einmal fasste Eric einen Entschluss. Er drückte die Tür auf, den Rubik's-Würfel in der Hand.

„Flori, das hier ist für dich“, sagte er und hielt dem Jungen den Würfel hin.
Florian sah ihn ungläubig an. „Du willst mir deinen Würfel schenken? Warum das denn?“
„Weil ...“ Eric zögerte. Der Grund war diese Stelle, die er gezogen hatte. Er wollte nicht mehr mit aller Kraft dem Cool-Sein hinterherjagen, sondern sich lieber auf Gott konzentrieren. Aber konnte er das sagen?
„Weil was?“, fragte Florian interessiert.
„Menschenfurcht bringt zu Fall; wer sich aber auf den Herrn verlässt, wird beschützt. Sprüche 29,25“, platzte Eric heraus.
Florian warf seinen einen Arm in die Luft und stieß einen Begeisterungsschrei aus. „Wow, geniale Stelle!“, rief er, hakte Eric unter und fing an, mit ihm durch den Flur zu tanzen.
Nicky trat aus einer Tür. „Ist das der Abschiedstanz?“, wollte er wissen.
„Das ist der Weisheits-Freudentanz“, klärte Florian ihn auf. „Man könnte auch sagen, der Beute-Freudentanz. Wir machen nämlich gerade richtig fette Beute, was kostbare Schätze betrifft.“

**„Ich freue mich über dein Wort, wie einer,
der große Beute macht.“
Psalm 119,162**

**„Denn Weisheit ist wertvoller als Edelsteine, und alles,
was du dir jemals wünschen könntest,
ist mit ihr nicht zu vergleichen.“ (NLB)
Sprüche 8,11**

**„Denn der Weisheit Anfang ist: Erwirb Weisheit
und erwirb Einsicht mit allem, was du hast.“
Sprüche 4,7**

**„Wer unvorsichtig mit Worten herausfährt,
sticht wie ein Schwert.
Aber die Zunge der Weisen bringt Heilung.“
Sprüche 12,18**

Theaterprobe

Christa stand seitlich vor dem Spiegel und betrachtete kritisch ihr Profil. Wenn sie sich gerade hinstellte und den Bauch einzog, müsste es eigentlich gehen. Sie war zwar nicht so schlank wie Janina, aber sie würde trotzdem ein gutes Burgfräulein abgeben, da war sie sicher. Obwohl sie beim Vorspielen den Text ablesen durften, hatte sie ihn auswendig gelernt. Das erhöhte bestimmt ihre Chancen, die Rolle zu bekommen. Außerdem hatte sie gebetet, dass sie das Burgfräulein spielen durfte. Sie hatte also ihrerseits alles dafür getan.
Christa drehte sich um und stemmte die Hände in die Hüften. „Möge die bessere Schauspielerin die Rolle bekommen“, sagte sie feierlich zu ihrem Spiegelbild. Dann schlüpfte sie in ihre Jacke, schnappte ihren Rucksack und rannte zum Bus.
Der Vormittag zog sich endlos lange hin. Fünfte und sechste Stunde hatten sie Physik. Gerade behandelten sie das Thema „Optik“. Auf dem Tisch vorne vor der Tafel waren Glaslinsen in verschiedenen Formen aufgebaut: Welche, die in der Mitte dünner waren als an den Rändern, sie hießen „konkav“, und andere, die in der Mitte gewölbt waren und an den Rändern dünner – die konvexen Linsen. Herr Rausch hielt eine Lichtquelle auf die Linsen, und die Schüler konnten beobachten, wie das Licht durch die verschiedenen Glasformen gebrochen wurde. Anschließend malte er die konvexen und konkaven Linsenformen an die Tafel.
Als Christa sie in ihr Heft übertrug, überlegte sie, ob es nicht irgendeine Eselsbrücke für die komischen Wörter gab.
Auf der anderen Seite des Ganges stand Janina auf, um zur Toilette zu gehen. Christa sah ihr hinterher. *Sie sieht aus wie eine dieser konkaven Linsen – mit ihrer Wespentaille!*, fuhr

es ihr auf einmal durch den Kopf. Da hatte sie ihre Eselsbrücke: Konk**a**v – Janin**a**. Sie beugte sich wieder über ihr Heft und schrieb „Janina“ unter das Bild der Linse mit der dünnen Mitte. Unwillkürlich wanderte ihr Blick auf ihren Pulli herab, unter dem sich ein kleiner Hügel hervorwölbte. Schnell setzte sie sich aufrecht hin. *Und ich sehe aus wie eine dieser konvexen Linsen – in der Mitte gewölbt!* Gut, dass in ihrem Namen kein „e“ vorkam. Irgendjemand anderes konnte als Eselsbrücke für die dicke Linse dienen. Ohne es zu merken, entschlüpfte ihr ein Seufzer.

Endlich war der Vormittag geschafft. Christa übte in Gedanken noch einmal den Text des Burgfräuleins. Wenn Leo aus der Neunten dann auch noch den edlen Ritter spielen würde, wäre ihr Glück perfekt. Leo sah ziemlich gut aus: Athletische Figur, schöne, gerade Zähne und blitzende blau-grüne Augen. Es war also eigentlich keine Frage, dass ihm die Rolle zustand. Christa stellte sich vor, wie er auf einem Knie um ihre Hand anhielt und sie ihm huldvoll ihre Rechte entgegenstreckte, um den Antrag anzunehmen. Hoffentlich machte Janina ihr keinen Strich durch die Rechnung!

„Janina Berger! Spiel bitte die Szene, in der der edle Ritter um die Hand des Burgfräuleins anhält. Du kannst ruhig ablesen. Das hier ist ja nur, um deine schauspielerischen Fähigkeiten zu sehen“, forderte Frau Maifeld, die die Theater-AG leitete, Christas Mitschülerin auf.

Das Mädchen mit der zierlichen Taille spielte die Szene aus dem Stück. Sie hatte anscheinend auch gelernt, stellte Christa beunruhigt fest. Einige ihrer Mitschüler klatschten Beifall. Janina hatte gut gespielt.

Frau Maifeld nickte. „Danke, Janina.“ Sie sah auf ihre Liste, um nachzuschauen, ob sich noch jemand für die Rolle beworben hatte. „Christa Metz, bitte.“

Christa spielte die gleiche Szene. Sie konzentrierte sich ganz auf die Person des Burgfräuleins und stellte sich vor, dass gerade in diesem Moment Leo vor ihr auf dem Fußboden kniete. Würdevoll und anmutig zugleich neigte sie ihr Haupt und streckte dem unsichtbaren Ritter in einer graziösen Geste ihre Hand hin.

Die anderen Theater-AG-Mitglieder klatschten begeistert. „Sehr schön, Christa!“, lobte Frau Maifeld und schrieb etwas auf ihren Block.
Christa strich sich eine Haarsträhne aus der Stirn und ging zu ihrem Platz. Sie lächelte glücklich. Ohne eingebildet zu sein, wusste sie, dass sie die Rolle bekommen würde.
Jetzt wurden noch die anderen Charaktere vorgespielt – die Zofe des Burgfräuleins, der Raubritter, der Kerkermeister, ein Mönch usw. Einige spielten mehrere Rollen, so auch Janina. Sie versuchte sich neben der edlen Dame noch als Zofe und sogar als Kerkermeister, was ihr natürlich viel Gelächter einbrachte.
Auch Christa stimmte mit ein, erleichtert, dass ihre eigene Vorstellung so gut gelungen war. Als Frau Maifeld ihr das Burgfräulein übertrug, war sie dann auch nicht mehr sonderlich überrascht, sondern einfach nur glücklich. Leo war der Ritter, Olaf, der in Physik neben Christa saß, spielte den Kerkermeister und die Rolle der Zofe ging an Janina. Die versuchte, sich nichts anmerken zu lassen, aber Christa hatte trotzdem das Gefühl, dass es sie fürchterlich wurmte, dass sie nicht die Hauptrolle bekommen hatte.
„Nächste Woche werden wir gleich durchstarten“, verkündete Frau Maifeld, bevor sie die Schauspieler verabschiedete. „Jeder von euch hat echtes Talent, und ich hoffe, dass alle mit ihren Rollen zufrieden sind.“
Auf dem Weg zum Ausgang gesellte sich Leo zu Christa und sie gingen ein Stück gemeinsam. Christa schwebte auf Wolke sieben. Dieser Neuntklässler war noch netter als sie gedacht hatte. Bei den Schließfächern hielt sie an, um ein paar Bücher aus ihrem Rucksack abzuladen, und Leo verabschiedete sich. „Ciao.“ Er hob kurz die Hand. Um das Handgelenk trug er ein Armband, auf dem irgendwelche Buchstaben standen.
Christa sah ihm nach, wie er zwei Stufen auf einmal die Treppe nahm. Ein kleines Lächeln auf dem Gesicht, schloss sie ihr Fach auf. Sie wollte gerade ihren Rucksack nehmen und gehen, als sie Janina den Gang entlangkommen sah. Sie war alleine. Und sie machte ein Gesicht wie eine saure Zitrone.

Unschlüssig stand Christa vor den Schließfächern. Sie wollte gerne etwas Nettes sagen, aber sie wusste nicht, was.
Jetzt hatte Janina sie erreicht. Ihre Augen verengten sich zu Schlitzen. „Du bist viel zu fett, um das Burgfräulein zu spielen!“, zischte sie und rauschte an Christa vorbei.
Christas Lippen gingen schockiert auseinander. Unwillkürlich krümmte sie sich nach vorne. Sie hatte das Gefühl, als hätte ihre Klassenkameradin ihr gerade ein Messer in den Bauch gestochen. „Du bist viel zu fett, um das Burgfräulein zu spielen!“ Das saß. Und wie! Benommen richtete Christa sich auf. Mechanisch ging sie die Treppen hoch. Die rosa Wolke war weggeblasen.

„Christa, möchtest du heute Abend gar nichts essen?“, erkundigte sich ihre Mutter besorgt.
Christa murmelte etwas von Bauchweh und verschwand in ihrem Zimmer. Und damit hatte sie nicht gelogen: Ein dumpfer Schmerz saß tief in ihren Innereien.
Die einzige Möglichkeit, ihn loszuwerden, war, abzunehmen. Sie würde einfach nur noch Rohkost essen. Am besten Gemüse. Das hatte nicht so viele Kohlenhydrate wie Obst. Wie lange es wohl dauerte, bis ihr Bauchspeck veschwunden war?
Die ersten paar Tage schaffte sie einigermaßen gut. Doch am Mittwoch merkte sie auf einmal, dass sie kaum Energie hatte. Am Donnerstag hatten sie Sport – sie trainierten weiter für den 800-Meter-Lauf. Eigentlich war sie keine schlechte Läuferin. Aber heute schleppte sie sich ganz am Schluss hinter den anderen her. Dabei versuchte sie sich darüber zu freuen, dass ihre Hose bereits etwas lockerer saß. Gleichzeitig überlegte sie, ob eine konkave Figur die Quälerei wirklich wert war.
Am Freitag in Physik stieß eine locker dahergesagte Bemerkung ihres Banknachbarn das Messer in ihrem Bauch allerdings noch einmal richtig tief hinein: Olaf sah die Zeichnung der Linsen in ihrem Heft und die Eselsbrücke „Janina“ unter der konkaven Linse mit der dünnen Mitte. Er deutete auf die konvexe Linse und meinte locker: „Und die sieht aus wie du!“

Den Rest der Stunde bekam Christa nichts mehr mit.
Dann war es Zeit für die Theater-AG. Christa war es schwindelig vor Hunger. Sie versuchte, sich auf den Text zu konzentrieren. Irgendwie schaffte sie es durch die Probe. Auf dem Weg nach oben ging Leo wieder neben ihr und redete irgendetwas von einem Referat. Doch Christa konnte ihm nicht zuhören. Als sie bei den Schließfächern angelangt waren, lehnte sie sich dagegen und rutschte an ihnen entlang auf den Boden. Leo blieb stehen. „Alles okay?", fragte er stirnrunzelnd. Er streckte ihr die Hand hin, um sie wieder hochzuziehen. Dabei sah er sie prüfend an. „Hey, geht's dir nicht gut? Du bist ja ganz blass, und deine Finger sind eiskalt!"
Da brach Christa plötzlich in Tränen aus. Leo sah sich hilfesuchend um, doch sie waren die Letzten gewesen, die die Probe verlassen hatten, und der Flur war menschenleer. Betroffen hockte er sich zu ihr. „Was ist los?", fragte er besorgt.
„Ich kann das Burgfräulein nicht spielen!", schniefte Christa.
„Aber warum denn nicht? Du machst das doch super!"
„Ich habe einfach nicht die richtige Figur für die Rolle!"
Leo sah sie verwirrt an. „Wie bitte?"
„Ich ... ich bin zu fett!", schluchzte Christa. Sie kam sich so was von blöd vor, hier vor Leo das heulende Elend zu sein, aber sie hatte keine Kraft, sich zusammenzureißen.
„Wer sagt denn so was?", wollte der ältere Schüler wissen.
„Janina. Und Olaf. Olaf hat es auch gesagt!"
„Olaf?" Ungläubig sah Leo sie an.
„Ja, er sagte, ich sähe aus wie diese kon-, kon-, wie diese anderen Linsen, diese, die in der Mitte dick sind!"
„Die konvexen", ergänzte Leo. Dann sagte er nichts mehr.
Christa sagte auch nichts und lehnte nur leise schluchzend an der Metallwand hinter ihr.
Schließlich kramte Leo in seinem Rucksack. Dann zog er einen Schokoriegel hervor und hielt ihn Christa hin. „Hier", sagte er. „Lass den Quatsch und iss das."
Christa schüttelte den Kopf. „Es ist kein Quatsch", sagte sie erschöpft. „Es ist die Wahrheit: Ich bin zu fett!"
Wieder schwiegen sie. Leo sah sehr nachdenklich aus.

Schließlich sagte er: „Nein, die Wahrheit ist etwas anderes ...“ Und dann hörte Christa, wie er davon erzählte, dass er früher mal eine Zeit lang jeden Tag zum Bodybuilding ins Fitnessstudio gegangen war. Irgendwann hatte ein Sportlehrer ihn mal als Waschlappen bezeichnet, weil er keinen Klimmzug geschafft hatte. Das hatte so gesessen, dass er ständig ins Fitnessstudio gerannt war, immer mit der Angst im Nacken, er könnte labberig werden.

„Du? Aber du siehst doch super aus!“, entfuhr es Christa. Im nächsten Moment lief sie dunkelrot an. „Und warum hast du wieder damit aufgehört?“, fragte sie hastig.

„Mein Opa“, gab Leo zurück. „Er hat echt was Gutes zu mir gesagt. Er sagte: ‚Leo, darauf kommt es doch nicht an. Es ist viel wichtiger, was Gott über dich denkt, als das, was die Menschen – oder sogar du selbst – über dich denkst.‘ *Das* ist die Wahrheit, Christa.“

Christa ließ seine Worte auf sich wirken. Was Gott über sie dachte, war wichtiger – viel wichtiger als das, was Janina oder Olaf sagten. Und irgendwie konnte sie sich nicht vorstellen, dass Gott sie zu fett fand.

Je länger sie über Leos Worte oder, besser gesagt, die seines Opas, nachdachte, desto mehr ließ der Schmerz in ihr nach. Sie hatte das Gefühl, als würde gerade Balsam auf die Messerwunde in ihr fließen.

Neben ihr riss Leo den Schokoriegel auf und streckte ihn ihr hin. „Ich sag‘s nur ungern, aber es wird dir nichts anderes übrigbleiben, als das hier zu essen, wenn du nicht hierbleiben willst.“

Christa brachte ein Lächeln zustande. „Danke“, murmelte sie und biss hinein. Dabei fiel ihr Blick wieder auf das Armband an Leos Handgelenk. TTOTWBH stand darauf. „Was bedeuten eigentlich die Buchstaben auf deinem Armband?“, wollte sie wissen. Sie merkte bereits, wie ihre Lebensgeister zurückkamen.

„Das ist mein Spickzettel“, meinte Leo verschmitzt.

„Dein Spickzettel?“, fragte Christa verwundert. „Für das Theaterstück?“

„Nein, fürs richtige Leben", grinste er. „Es ist eine Erinnerung für mich, auf meine Worte zu achten. Worte haben solch eine Macht. Sie können verletzen und Zerstörung anrichten oder heilen. Diese Buchstaben sind die Abkürzung für den Satz ‚The tongue of the wise brings healing. Die Zunge der Weisen bringt Heilung.' Er stammt aus der Bibel."
Allerdings: Die Zunge der Weisen bringt Heilung, dachte Christa und griff nach ihrem Rucksack, um aufzustehen. Doch Leo kam ihr zuvor. Mit einer galanten Verbeugung reichte er ihr die Hand. Seine Augen funkelten vergnügt. „Darf ich bitten, die Dame?"

„Wer unvorsichtig mit Worten herausfährt,
sticht wie ein Schwert.
Aber die Zunge der Weisen bringt Heilung."
Sprüche 12,18

**„Wer Zucht liebt, der wird klug;
wer aber Zurechtweisung hasst, der bleibt dumm."
Sprüche 12,1**

Maria und Josef

Marcel, 14, stieg die Stufen zur Haustür hinauf und klingelte. Er hätte sich auch selbst hineinlassen können, aber dafür hätte er den Reißverschluss seiner Jackentasche öffnen und den Haustürschlüssel herausnehmen müssen. Dann hätte er den Schlüssel ins Schloss stecken und aufschließen müssen und danach das Ganze wieder rückwärts. Klingeln war also wesentlich energiesparender. Zumindest für ihn.

Rinnnnnngggg ...

Doch nichts tat sich. Marcel klingelte noch einmal. Er wusste ganz genau, dass jemand zu Hause war. Der Dunstabzug in der Küche war nämlich an, und er hatte bereits auf der Straße gerochen, was es heute zum Mittagessen gab: Bratkartoffeln.

Er klingelte zum dritten Mal. Wieder nichts. Schließlich zog er genervt den Schlüssel aus der Tasche und schloss auf. Aus dem Zimmer seiner 11-jährigen Schwester Anne kam laute Musik. Jemand sang dazu. Oder, besser gesagt, schmierte. Die Stimme klang so, als müsste sie Klimmzüge machen, um die Töne zu erreichen. Scheußlich. Und sehr laut. Kein Wunder, dass niemand sein Klingeln gehört hatte.

Er ließ seinen Rucksack auf den Boden fallen und ging in die Küche.

„Oh, hallo Marcel!", begrüßte seine Mutter ihn überrascht. „Ich habe dich gar nicht kommen gehört. Wir können essen. Hol bitte Anne. Sie ist in ihrem Zimmer."

Marcel ging zum Zimmer seiner Schwester. Das Klopfen sparte er sich, sie würde es sowieso nicht hören. Er öffnete die Tür.

Anne stand mit ihrem Mikrofon in der Hand vor dem Spiegel und sang.

„Was machst du denn da?", fragte er angewidert.

Anne streckte ihm beleidigt die Zunge heraus. „Ich übe. Für das Weihnachtsmusical. Ich darf nämlich die Maria singen."

„Dann *sing* auch und schmier nicht so! Das machst du doch sonst auch nicht. Das hört sich ja entsetzlich an! Und du sollst essen kommen." Marcel drehte sich um und ging in die Küche.
Kurz darauf kam auch Anne. Sie warf Marcel einen finsteren Blick zu. „Mama, Marcel hat mich beleidigt. Er hat gesagt, ich könnte überhaupt nicht singen!", beschwerte sie sich.
„Das habe ich nicht gesagt. Du kannst gut singen. Ich hab nur gesagt, du sollst nicht so schmieren!", schoss ihr Bruder zurück. „Und das ist keine Beleidigung, sondern ein guter Rat!" Er nahm sich Kartoffeln.
Anne sah hilfesuchend zu Mama. Die lächelte sie freundlich an. „Du kannst wirklich gut singen, mein Schatz. Da hat Marcel recht. Deswegen hat dir Frau Schlüter ja auch die Maria-Rolle anvertraut. Aber leider stimmt das mit dem Schmieren ebenfalls."
Anne ließ den Kopf hängen. Kurz darauf tropften dicke Tränen in ihre Bratkartoffeln.
Marcel verdrehte die Augen. „Nicht zu fassen: Heult, weil ihr jemand zurechthelfen will ..." Er schüttelte den Kopf. „Du bist überhaupt nicht kritikfähig, weißt du das? Und das ist ziemlich dumm. Wer keine Kritik verträgt, kommt nicht weiter."
„Aber die Mädchen von ‚The Voice Kids' singen auch so!", verteidigte sich Anne schniefend. Kampflustig sah sie ihren großen Bruder an. „Und ich bin nicht dumm! Das ist eine Beleidigung!"
Mama schaltete sich ein. „Niemand hat gesagt, dass du dumm bist. Aber es ist dumm, einen guten Rat nicht anzunehmen. Das steht sogar in der Bibel: Wer Zurechtweisung hasst, der bleibt dumm. Wer Zurechtweisung annimmt, ist klug."
Unsicher blickte Anne von einem zum anderen. Es war deutlich zu erkennen, dass es in ihren Gedanken kämpfte.
„Denk doch mal an euer Weihnachtsstück", fuhr Mama fort. „Da gibt es auch einen, der sich von seinen eigenen Vorstellungen abbringen ließ." Erwartungsvoll sah sie ihre Tochter an.
Man konnte fast hören, wie es in deren Gehirn ratterte. Auch Marcel überlegte.
„Ah, ich weiß, wen du meinst!", grinste er kurz darauf. „Josef! Als er hörte, dass seine Verlobte schwanger war, wollte er sich von ihr trennen. Aber dann sagte der Engel im Traum zu ihm, dass er sie heiraten sollte."

„Stimmt", nickte Anne überrascht. „Wenn er nicht auf den Engel gehört hätte, hätte Maria keinen Mann gehabt. Das wäre ziemlich dumm für sie gewesen."
„Siehste?", konnte Marcel sich nicht verkneifen. „Und wer spielt Josef?"
„Timon." Anne kicherte. Ihr Bruder deutete das Kichern richtig und wackelte mit den Augenbrauen. Anne schlug sich mit der flachen Hand an die Stirn. „Und stell dir nur mal vor, Maria müsste ohne ihn nach Bethlehem reisen. Nur weil er dumm war und nicht auf das hörte, was der Engel gesagt hat." Sie kicherte noch mehr. Anscheinend stellte sie sich gerade vor, sie müsste ohne Timon über die Bühne tippeln. Entschlossen spießte sie die letzte Kartoffel auf. „Ich will nicht dumm sein! Ich werde auf euch hören und wieder normal singen. Kann ich noch Bratkartoffeln haben?"
Mama füllte ihren Teller neu, und das Gespräch wandte sich anderen Dingen zu.
„Gibt's eigentlich Nachtisch? Ich muss nämlich gleich nochmal weg", ließ sich Marcel vernehmen. „Wir wollen zusammen auf den Weihnachtsmarkt."
Interessiert sah Anne ihn an. „Wer ist ‚wir'?", wollte sie wissen.
„Ein paar Leute aus meiner Klasse."
„Kommt Sophia auch mit?", bohrte Anne.
Marcel wurde rot. „Mal sehn", sagte er achselzuckend und stand auf. Zur Not würde er auf den Nachtisch verzichten. Das war immer noch besser, als sich von dieser kleinen Nervensäge ausfragen zu lassen. Er verließ die Küche.
Mama kam hinterher. „Und deine Hausaufgaben? Komm nicht zu spät wieder", mahnte sie. „Denk dran, dass du auch noch deine Bewerbung für dein Praktikum schreiben musst. Damit bist du ohnehin sehr spät dran. Ich würde auch gerne nochmal drübergucken, bevor du sie abgibst."
„Die brauch ich doch erst übermorgen", kam die lockere Antwort.
„Übermorgen ist es schnell. Es ist nicht gut, die Dinge auf den letzten Drücker zu machen. Du weißt nicht, was morgen ist."

„Kein Problem“, meinte Marcel und schnappte seine Jacke. Es war offensichtlich, dass er in Gedanken schon auf dem Weihnachtsmarkt war.

Als Marcel nach Hause kam, übte seine Schwester wieder. Diesmal sang sie ganz normal. Aha, anscheinend hatte sie wirklich Vernunft angenommen. Ihre helle Stimme klang jedenfalls ganz anders als am Mittag – viel eher nach einer Maria als nach einem Möchtegern-Popstar.

Marcel ging in sein Zimmer und holte widerwillig seine Bücher aus dem Schulrucksack. Er gähnte. Er hatte so was von keine Lust auf Englisch. Verträumt sah er auf den dunklen Garten hinaus, in dem eine Lichterkette auf einem der Büsche strahlte. Wie Sophias Augen ... Er versuchte, sich auf den Text zu konzentrieren – irgendeine Rede aus dem Amerika des 19. Jahrhunderts – absolut nicht gegenwarts-relevant. Dabei vergaß er ganz, dass er sich eigentlich für Geschichte interessierte.

Wie sie mich angelächelt hat, als ich ihr die Zuckerwatte spendiert habe.

Er gähnte noch einmal. Die Bürgerkriegsrede hatte keine Chance. Er holte seine Mathesachen heraus. Doch das war noch schlimmer. Besser ging er schlafen. Englisch und Mathe waren erst für übermorgen. Morgen war auch noch ein Tag.

Das stimmte. Und es war noch dazu ein langer.

Nach der achten Stunde brauchte er erst mal eine Pause von der Schule. Das einzig Gute am heutigen Tag war gewesen, dass Sophia ihn in Geschichte mit einem anerkennenden Blick bedacht hatte, als er als Einziger eine Frage zur Reformation beantworten konnte. Geschichte war sein Steckenpferd. Deswegen wollte er sein Praktikum auch an der Uni im Fachbereich Geschichte machen. Apropos: Heute musste er diese Bewerbung schreiben. Morgen war der letzte Abgabetermin.

Aber vorher musste er was essen. Er ging in die Küche und stärkte sich mit drei Pfannkuchen. Dann besuchte er ganz in Ruhe das stille Örtchen. Schließlich fühlte er sich in der Lage, sich den Hausaufgaben zu widmen. Die amerikanische Rede war heute auch nicht viel besser. Er brauchte wesentlich länger zum Übersetzen und Zusammenfassen, als er gedacht hatte. In Mathe hatte er weiterhin keinen Plan. Er könnte Mark fragen. Aber der hatte heute Fußball. Also mühte Marcel sich so lange, bis er bei jeder Aufgabe etwas stehen hatte. Irgendwann nach dem Abendessen setzte er sich an seine Bewerbung. Zu dumm, dass er nicht mehr Zeit hatte. Wo war das Passfoto? Er hatte es doch hier irgendwo hingelegt ... So ein Ärger!

„Mama, hast du mein Passfoto gesehen?“

Doch so sehr sie auch suchten, das Bild war und blieb verschwunden.

„Wenn du gestern diese Bewerbung geschrieben hättest, hättest du es noch rechtzeitig gemerkt. Dann hättest du noch schnell ein neues machen können!“, seufzte Mama.

„Hätte, hätte Fahrradkette!“, ätzte Marcel schnippisch.

Mama sagte nichts mehr und verließ das Zimmer.

Was regte sie sich so auf! Er würde einfach am nächsten Tag in der Mittagspause in die Stadt gehen und an einem dieser Automaten ein neues machen.

Am nächsten Tag in der zweiten Stunde wurden die Bewerbungen vom Klassenlehrer eingesammelt. Herr Klotz wollte sichergehen, dass wirklich jeder Schüler eine geschrieben hatte und diese dann auch ihr Ziel erreichte. Außerdem hatte es in der Vergangenheit hin und wieder Beanstandungen von einzelnen Betrieben wegen der Praktikanten gegeben. Deshalb liefen alle Bewerbungen offiziell über die Schule.

Marcel stellte zu seiner großen Freude fest, dass Sophia sich ebenfalls im Fachbereich Geschichte beworben hatte. Er stellte sich bereits vor, wie sie gemeinsam zur Mensa gehen und ihre Erfahrungen austauschen würden.

Herr Klotz schien davon auszugehen, dass er Marcels Bewerbung bereits hatte, denn er sagte zum Glück nichts. Na ja, bis heute Nachmittag hätte er sie ja auch.

Die Bilder beim Automaten wurden eine Pleite: Auf zwei von ihnen hatte Marcel die Augen zu und auf den beiden anderen hatte er sich anscheinend gerade im entscheidenden Moment bewegt, denn sie waren so unscharf, dass er sie unmöglich verwenden konnte.

Ach, und wenn schon. Dann würde er sich eben ohne Bild bewerben.
Das Sekretariat war leider abgeschlossen, und ins Lehrerzimmer kam er auch nicht so leicht. Also riss er ein Blatt aus seinem Collegeblock, schrieb „Für Herrn Klotz" darauf und wickelte es um den Umschlag mit der Bewerbung. Dann warf er ihn in den Briefkasten vor der Tür.
Dort blieb der Brief das ganze Wochenende liegen. Am Montag nahm die Sekretärin ihn heraus und legte ihn Herrn Klotz, der sich krankgemeldet hatte, ins Fach. An diesem sicheren Ort wartete der Umschlag geduldig auf die Rückkehr des Lehrers.

Zwei Wochen später, kurz vor den Weihnachtsferien, sprach Sophia Marcel in der Pause an: „Hast du eigentlich auch schon deine Praktikumsbestätigung bekommen?"
„Nein, du?", fragte Marcel erstaunt. Er hatte sich schon gewundert, dass er noch nichts gehört hatte.
„Ja, letzte Woche!", strahlte Sophia. „Sie nehmen mich!"
Das war seltsam. Also, nicht, dass Sophia einen Platz bekommen hatte, aber dass er noch nichts gehört hatte. Dummerweise war Herr Klotz immer noch krank. Erst am Montag kam er wieder in die Schule. Marcel traf ihn auf dem Gang.
Was der Junge dort erfuhr, ließ seine Tagträume bezüglich Sophia und Mensa schlagartig zerplatzen: „Ach Marcel, gut, dass ich dich sehe", fing sein Lehrer an. „In meinem Fach lag deine Bewerbung. Damit kommst du leider zu spät. Außerdem fehlt das Passbild. Ich fürchte, du musst dir etwas anderes suchen, was jetzt natürlich aufgrund der vorangeschrittenen Zeit sehr schwierig wird ..."
Zu Hause knallte Marcel seinen Schulrucksack in die Ecke und verschwand ohne Worte in seinem Zimmer, dessen Tür er ebenfalls knallte.
Kurz darauf erschien – wie zu erwarten – seine Mutter. „Hallo, Herr Pengknallski!", sagte sie, alles andere als begeistert.
„Na und?", antwortete Marcel eine Spur zu laut. „Ich kann mein Praktikum nicht machen. Herr Klotz hat meine Bewerbung nicht abgegeben."

Seine Mutter runzelte die Stirn. „Warum das denn nicht?"
„Weil er krank geworden ist!", sagte Marcel heftig. „Nur weil er nicht in der Schule war, kann ich jetzt nicht in die Uni!"
„Wie bitte? Und die anderen? Es kann doch nicht die ganze Klasse ihre Praktika nicht antreten, nur weil der Lehrer krank war!", entrüstete sich Mama. In ihren Augen lag Mitgefühl. „Das ist ja wirklich ein dicker Hund!"
„Nein, die anderen Bewerbungen hat er ja weggeschickt. Nur meine nicht. Das ist total ungerecht!", regte Marcel sich auf.
„Was ist ungerecht?", wollte Anne wissen. Angelockt durch den Krach war sie herbeigekommen. Nun stand sie ebenfalls in der Tür.
Die Falten auf Mamas Stirn hatten sich vertieft. „Ja, aber warum denn nicht?", fragte sie verständnislos. „Oder lag es am Passbild?"
„Der Automat war schuld! Der war falsch eingestellt!", ereiferte sich Marcel. „Ich bin in der Pause extra in die Stadt gerannt, um noch ein neues Bild machen zu lassen. Aber dieser blöde Automat hat es nicht auf die Reihe gekriegt. Und dann war das Sekretariat auch noch zu, als ich den Umschlag abgeben wollte. Wenn die Sekretärin nicht so viel Kaffee trinken würde, müsste sie nicht so oft aufs Klo! Und jetzt habe ich keinen Praktikumsplatz. Nur weil Herr Klotz meine Bewerbung nicht rechtzeitig abgeschickt hat!"
Mama atmete tief durch. Das Mitgefühl in ihren Augen war verschwunden. „Du irrst dich", sagte sie streng. „Der Grund, warum du keinen Praktikumsplatz hast, bist einzig und allein du selbst! Schieb die Schuld also nicht auf andere! Wie oft habe ich dir schon gesagt, du sollst die Dinge nicht auf den letzten Drücker erledigen. Aber du hast nicht auf mich gehört! Und jetzt hast du das Nachsehen."
„Oh, wie dumm!", sagte Anne ernst. Marcel schoss ihr einen wütenden Blick zu. Doch statt die Klappe zu halten musste die kleine Göre noch eins draufsetzen: „Wer Zurechtweisung hasst, bleibt dumm. Wer Zurechtweisung annimmt, ist klug."
„Ihr könnt GEHEN!", fauchte Marcel.
Am nächsten Tag rief Herr Klotz ihn nach dem Unterricht zu sich. „Ich habe mit unserem Hausmeister gesprochen. Du kannst

bei ihm dein Praktikum machen. Aber eine entsprechende Bewerbung hätte ich trotzdem gerne von dir. Und diesmal bitte mit Bild."
Marcel murmelte ein „Dankeschön". Auch wenn die Aussichten nicht rosig waren, war es wahnsinnig nett von Herrn Klotz, sich so für ihn einzusetzen.

Und dann war auch schon das Weihnachtskonzert. Marcel saß mit seiner Familie ziemlich weit vorne, damit sie einen guten Blick auf die Maria hatten.
Anne machte ihre Sache großartig. Dann kam Timon dazu. Marcel musste plötzlich an die Szene am Küchentisch vor ein paar Wochen denken, wie sie überlegt hatte, was wohl passiert wäre, wenn Josef nicht auf den Engel gehört hätte.
„Und stell dir nur mal vor, Maria müsste ohne ihn nach Bethlehem reisen. Nur weil er dumm war und nicht auf das gehört hat, was der Engel gesagt hat."
Wenn ein Engel mir gesagt hätte, dass ich die Bewerbung eher fertig machen soll, hätte ich es auch gemacht!, dachte Marcel trotzig. Doch im nächsten Moment schämte er sich über sich selbst. In Gedanken hörte er wieder den Kommentar seiner kleinen Schwester: *„Ich will nicht dumm sein! Ich werde auf euch hören ..."*
Das kleine Mädchen, das da vorne auf der Bühne mit heller Stimme sang, hatte auch nicht auf einen Engel gewartet. Vielleicht sollte er es in Zukunft besser wie sie machen. Schließlich wollte er nicht dumm bleiben.

„Wer Zucht liebt, der wird klug;
wer aber Zurechtweisung hasst, der bleibt dumm."
Sprüche 12,1

„Alle, die den Herrn achten, hassen das Böse.“
Sprüche 8,13a (NLB)

„Meidet das Böse in jeder Gestalt.“
1. Thessalonicher 5,22

Zwiebeln und Winkelspinnen

Jannis freute sich: Heute durfte er direkt nach der Schule mit zu Clemens. Seine Mutter musste mit Katrin, seiner Zwillingsschwester, zur Hautärztin wegen ihrer Allergiebehandlung. Sie bekam regelmäßig ganz kleine Mengen der Stoffe, gegen die sie allergisch war, unter die Haut gespritzt, damit der Körper sich daran gewöhnen konnte. Hyposensibilisierung nannte man das. Natürlich hätte Jannis auch alleine zu Hause bleiben können. Immerhin war er in der siebten Klasse. Aber die Variante mit Clemens war wesentlich besser. Clemens hatte nämlich einen eigenen Computer in seinem Zimmer. Und nicht nur das, er kannte sich auch richtig gut damit aus. Das letzte Mal, als Jannis bei ihm gewesen war, hatte Clemens ihm ein Spiel gezeigt, das er selbst programmiert hatte. Es hieß „Hexenjagd“. Dummerweise war Papa gekommen, um ihn abzuholen, als Jannis es gerade ausprobieren wollte.

Der zweite Grund, warum es extrem gut war, den gesamten Nachmittag bei Clemens zu verbringen, war seine Schwester: Katrin konnte so nervig sein, dass Jannis ihr manchmal am liebsten an die Gurgel springen würde. Früher hatten sie sehr schön zusammen gespielt – Playmobil und Zirkus und so. Aber seit einiger Zeit war Katrin fast nur noch blöd. Wenn sie nicht völlig ohne Grund kicherte, kreischte oder heulte, quasselte sie. Dabei kam sie sich furchtbar gescheit vor. Und ständig machte sie vor dem Spiegel rum. Morgens im Bad brauchte sie mittlerweile eine halbe Stunde! Während dieser Zeit durfte Jannis noch nicht einmal rein, um aufs Klo zu gehen. Es war entsetzlich.

Und dann dieser Kreischanfall heute Morgen. Jannis war noch in den schönsten Träumen gewesen, da hatte Katrin auf einmal

angefangen zu schreien, als würde sie geschlachtet. Und alles nur wegen einer Winkelspinne, die in der Dusche gesessen hatte. Dabei waren die Dinger völlig harmlos. Mehr noch: sogar nützlich. Die arme Spinne lag jetzt in der Küche im Mülleimer.
Bei Clemens zu sein, war also Erholung. Vorausgesetzt, es gab zum Mittagessen nicht irgendetwas mit Zwiebeln. Jannis war ganz bestimmt nicht wählerisch, aber Zwiebeln verabscheute er. Selbst kleinste Mengen lösten einen Brechreiz bei ihm aus. Er konnte es sich selbst nicht erklären, warum. Vielleicht war er auch allergisch – ein Zwiebel-Allergiker.
„Heute haben wir mehr Zeit", meinte Clemens, als sie gemeinsam nach Hause gingen. „Da können wir mein selbstprogrammiertes Spiel machen. Ich hab es noch ein bisschen verfeinert. So, dass es richtig was mit dem wahren Leben zu tun hat." Er grinste. „Wen kannst du nicht ausstehen?"
„Na wen wohl!", schnaubte Jannis. „Meine Schwester natürlich!"
Clemens boxte ihn spielerisch in den Rucksack. „Dann hab ich genau das Richtige für dich. Wart's ab!" Er rieb sich seinen Bauch. „Aber vorher gibt's Spaghetti mit Tomatensoße. Mann, bin ich hungrig."
Jannis fiel ein Stein vom Herzen. Er hatte sich wegen des Mittagessens ein klein wenig Sorgen gemacht. Aber Spaghetti mit Tomatensoße waren harmlos. Die machte Mama auch oft.
Sie hatten das Haus erreicht. Frau Teichmann öffnete. Bereits im Flur sog Jannis schnuppernd die Luft ein. Irgendwie roch es nach ... Zwiebeln. Zögernd folgte er Clemens und dessen Mutter in die Küche. Auf dem Tisch stand ein großer Topf mit Spaghetti und daneben eine Schüssel mit Tomatensoße. Beides sah eigentlich ganz normal aus, fand Jannis. Frau Teichmann schenkte den Jungen etwas zu trinken ein und machte sich dann am Geschirr in der Spüle zu schaffen.
Clemens füllte seinen Teller und fing sofort an, die Nudeln in sich hineinzuschaufeln. Aha, bei Teichmanns wurde vor dem Essen also nicht gebetet. Jannis nahm sich auch, sprach mit offenen Augen heimlich ein kurzes Tischgebet und schob sich ebenfalls eine Gabel voll Nudeln, die er zuvor in Soße gedreht hatte, in den Mund. Doch gleich darauf ließ er sie wieder auf den Teller fallen.

Iiiiih, in der Soße waren Zwiebeln! Zum Glück stand Frau Teichmann gerade mit dem Rücken zu ihm an der Spüle, und Clemens war zu sehr mit Mampfen beschäftigt.
Hastig nahm Jannis einen großen Schluck Apfelschorle aus seinem Glas, um den widerlichen Geschmack in seinem Mund wegzuspülen. Was sollte er jetzt tun? Nervös rührte er auf seinem Teller herum. Das hier konnte er unmöglich essen. Davon würde ihm schlecht.
Clemens nahm sich eine zweite Portion. „Was ist", wollte er wissen, „bist du etwa schon satt?"
„Ich, äh, ich ...", stotterte Jannis. „Also ..."
Nun drehte sich auch Frau Teichmann um. „Magst du etwa keine Spaghetti mit Tomatensoße? Das mögen doch alle Kinder!", fragte sie verwundert.
Jannis' Gesicht hatte begonnen, die Farbe der Soße anzunehmen. „Doch, ja, schon, aber ich kann keine Zwiebeln essen."
Clemens sah stirnrunzelnd auf Jannis' Teller: „Häh, wo sind denn da Zwiebeln?"
Frau Teichmann fing an zu lachen. „Du würdest einen guten Detektiv abgeben, Jannis! Ich habe eine kleine Zwiebel angebraten für die Soße und sie anschließend mit püriert", meinte sie amüsiert. Jannis fand das nicht lustig. Clemens' Mutter nahm Jannis' Teller weg und gab ihm einen neuen. „Du musst die Soße nicht essen. Du kannst auch einfach Spaghetti mit Ketchup essen."
Erleichtert bedankte Jannis sich und langte kräftig zu. Dann verschwanden die beiden Jungen in Clemens' Zimmer.
„Aber erst werden Hausaufgaben gemacht!", rief Frau Teichmann ihnen hinterher.
Die Vokabeln hatten sie ruck, zuck abgeschrieben. Und Bio war erst für nächste Woche. Clemens fuhr den Computer hoch und drückte ein paar Tasten. Kurz darauf wurde der Bildschirm dunkellila. Eine Hexe auf einem Besen flog von links nach rechts über die Fläche.
So ganz wohl war es Jannis nicht. Bei ihm zu Hause hatte alles, was mit Hexen und Zauberei zu tun hatte, Hausverbot. Gerade vor ein paar Tagen erst hatte Papa ihnen erklärt, dass Gott Zauberei verabscheute. Der Anlass dazu war ein Buch gewesen, das Jan-

nis aus der Bücherei mit nach Hause gebracht hatte. Es handelte von einem Jungen, der bei einem alten Mann das Zaubern lernte. „Zauberei ist böse. Sie kommt vom Teufel“, hatte Papa ihm erklärt.
„Aber Papa. Das ist doch nicht echt. Das ist doch nur eine Geschichte“, hatte Jannis eingewandt.
Sogar Katrin war ihm ausnahmsweise zu Hilfe gekommen: „Das Buch ist toll! Das haben viele in unserer Klasse gelesen! Es gibt sogar ein Brettspiel dazu“, hatte seine Schwester ihn verteidigt. „Der Zauberer in der Geschichte ist ganz harmlos.“
„Das Böse ist nie harmlos“, hatte Papa ihnen erklärt. „Das geht überhaupt nicht. Und wir sollen es richtig hassen, sagt die Bibel. Und es in jeder Form meiden. Dazu gehören übrigens auch Streit und hässliche Worte.“ Er sah nachdrücklich von einem zum anderen. Dann zeigte er wieder auf das Buch. „Wir können nicht Gott lieben und gleichzeitig Gefallen an Dingen haben, die Gott verabscheut. Aber nicht nur die Zauberei gehört dazu.“
Widerwillig hatte Jannis das Buch am nächsten Tag zurückgebracht. Er hätte es echt gern gelesen. Aber er merkte, dass sein Vater recht hatte: Man konnte nicht etwas meiden und es gleichzeitig tun. Andererseits ärgerte er sich. Was musste sein Vater auch so empfindlich sein. Bestimmt kam das daher, dass er so viel in seiner Bibel las.
„Das ging aber schnell!“, hatte die Bibliothekarin anerkennend gesagt. Sie war eine freundliche Person, die fast jeden mit Namen kannte. Jannis hatte nur ein undeutliches Grunzen von sich gegeben und war schnell wieder gegangen. Manchmal fand er es richtig blöd, dass Papa sich so gut in der Bibel auskannte.
Aber jetzt war kein Papa da. Jetzt konnte er ganz in Ruhe auf Clemens‘ Computer ein harmloses Hexenspiel spielen und niemand würde es ihm vermasseln.
„Pass auf, was jetzt passiert“, sagte Clemens mit glänzenden Augen. Er bewegte die Maus, und die Hexe flog auf ihrem Besen direkt auf sie zu. Ihre glühenden roten Augen kamen immer näher. Unten rechts auf dem Bildschirm erschien eine Fledermaus. Die Hexe wendete, und im nächsten Moment schoss ein gleißender Strahl aus ihrem Besen, der die Fledermaus traf. In einer kleinen

grauen Wolke löste sie sich auf. Nun kamen andere Fledermäuse. Je schneller Clemens die Cursor-Tasten betätigte, desto schneller schoss die Hexe die Fledermäuse ab oder löschte sie mit einem Schwung ihres Besens aus.
Jetzt durfte Jannis spielen. Schon bald hatte er den Dreh raus.
„Du bist gut!“, rief Clemens begeistert. „Jetzt kommt die nächste Stufe, pass auf!“ Zusätzlich zu den Fledermäusen bewegten sich nun hässliche Kobolde über den Bildschirm. Wenn der Besen der Hexe sie berührte, verwandelten sie sich in warzige Kröten. Jannis war total fasziniert. Am liebsten wollte er gar nicht mehr aufhören. Doch Clemens schob ihn beiseite. „Und nun das coolste Level von allen“, grinste er. Er machte ein paar Mausklicks, und im nächsten Moment sah Jannis den Kopf ihres Englischlehrers, Herrn Thone, – gleich in mehrfacher Ausführung – auf die Hexe zuschweben. Sein Klassenkamerad war wirklich ein Computer-Freak!
„Ha, ich zeig‘s dir!“, zischte Clemens und wischte oder schoss die Köpfe weg.
Fasziniert schaute Jannis zu, wie der unbeliebte Lehrer sich wieder und wieder in Rauch auflöste oder in eine hässliche Kröte verwandelte. Geschah ihm recht! Immer war er so streng. Niemand mochte ihn.
Als alle Herr Thones weg waren, lehnte Clemens sich zufrieden zurück. „Das mache ich jedes Mal nach Englisch“, erklärte er. „Ich habe auch noch andere Köpfe im Sortiment. Meine Mutter, zum Beispiel, oder meinen Bruder. Wenn die mich nerven, werden sie eine Runde verhext.“
Jannis musste an Katrin denken. Wäre es doch nur so einfach, sie abzustellen! Immer musste sie das letzte Wort haben. Bei allem. Und dabei kam sie sich ach so klug vor.
„Willst du auch mal?“, bot Clemens an. Er rutschte zur Seite.
Am Anfang war es ein komisches Gefühl, Herrn Thone abzuschießen. Zu Hause hatten sie keine Ballerspiele. Aber dann wurde es immer leichter und immer besser. „Kannst du meine Schwester auch da einbauen?“, wollte Jannis wissen, als Clemens wieder an der Reihe war.
„Klar! Du musst mir nur ein Foto von ihr schicken.“

Da ging die Tür auf und Frau Teichmann steckte den Kopf herein. Ihr Blick fiel sofort auf den Laptop.
„Wir gucken was nach für Geschichte“, sagte Clemens. Er stieß Jannis an. Der wurde rot.
„Äh, über das Mittelalter, Hexenverbrennung und so“, stammelte er.
Frau Teichmann schien zufrieden zu sein. „Ich bin kurz im Laden“, sagte sie und schloss wieder die Tür.
„Ey, Mann, das war echt gut!“, prustete Clemens los. „Hexenverbrennung und so – das hätte ich dir gar nicht zugetraut!“
Doch Jannis war es nicht nach Lachen zumute. Die Lüge war ihm einfach so herausgerutscht.
„Was ist los?“, wollte Clemens wissen.
„Wir haben deine Mutter angelogen“, murmelte Jannis.
„Was? Ach, das war doch kein Lügen. Das war geflunkert“, meinte Clemens leichthin. „Da ist doch nichts dabei. Das machen doch alle. Das macht meine Mutter sogar selbst.“
War Flunkern etwas anderes als Lügen?, wunderte sich Jannis. Vielleicht sollte er das mal herausfinden. Doch nicht jetzt. Jetzt wollte er noch ein bisschen zaubern. Es war echt cool, die Verwandlung auf dem Bildschirm zu beobachten.

Als es klingelte, standen Mama und Katrin vor der Tür. Jannis stellte sich seine Schwester als Kröte vor. Mit lauter Warzen im Gesicht und einem breiten Maul. Es gelang ihm sehr gut. Schade, dass er nicht in echt zaubern konnte. Der Nachmittag ohne sie war viel zu schnell zu Ende gewesen.
„Wie war‘s?“, fragte Katrin noch bevor er sich angeschnallt hatte.
Jannis zuckte die Schultern. „Gut. Bis auf das Essen.“
Mama sah in den Rückspiegel. „Gab es was mit Zwiebeln?“, fragte sie sofort.
„Allerdings!“, schnaubte Jannis. „Und zwar fein püriert und unsichtbar in der Soße. Ich hätte fast gekotzt.“
Katrin kicherte. „Ich frage die Ärztin mal, ob es eine Hyposensibilisierung für Zwiebeln gibt.“ Und dann verfiel sie auch gleich wieder in ihren Labermodus. „Wir könnten das auch zu Hause machen: Jeden Tag ein klitzekleines bisschen Zwiebel, so lan-

ge, bis du dich dran gewöhnt hast. Der Mensch ist ein Gewohnheitstier. Man kann sich an alles gewöhnen. Ich wette, wenn ich dir ein Mini-Stück in die Fischstäbchen stecke, merkst du es überhaupt nicht."

„Wehe!", drohte Jannis.

Katrin kicherte weiter. „Ja genau, so mache ich das. Aber ich verrate dir natürlich nicht, wann. Du musst dich den Zwiebeln immer wieder aussetzen, aber in kleinen Mengen ..." Und so babbelte sie weiter.

Besorgt kaute Jannis an seiner Lippe. Hoffentlich machte sie das nicht in echt. Zuzutrauen wäre es ihr. Auf einmal hatte er eine Idee. Er würde seiner neunmalklugen Schwester zuvorkommen. Er unterdrückte ein schadenfrohes Grinsen. Was Katrin konnte, konnte er schon lange. Und wenn sie so von dieser Methode überzeugt war, bitte!

Zu Hause holte er heimlich die zusammengezogene Winkelspinne aus dem Mülleimer unter der Spüle. Damit schlich er in Katrins Zimmer, als sie vor dem Computer im Wohnzimmer saß und E-Mails nachguckte. Er setzte die tote Spinne auf den Teppich vor Katrins Bett und breitete vorsichtig die langen Beine aus. Dann verschwand er unbemerkt in seinem Zimmer. Die Tür ließ er angelehnt.

Katrins Reaktion ließ nicht lange auf sich warten. Man hätte meinen können, sie wäre dem Teufel begegnet. Hysterisch kreischend kam sie durch den Flur gestürzt und wäre fast mit Jannis zusammengestoßen. Ihr Gesicht spiegelte Angst und Abscheu. Blitzschnell zog Jannis sein Handy heraus und machte ein Foto. Das hier wäre perfekt für das Hexenspiel.

Seine Schwester war so in Panik, dass sie ihn nicht beachtete. „Papa! Paaaapa!!!!" Katrin rannte schreiend durchs Haus auf der Suche nach ihrem Vater. Doch der war leider noch nicht wieder zu Hause. Also würde das süße Tierchen schön auf dem Teppich sitzen bleiben. Mama machte keine Winkelspinnen weg. Sie bekam zwar keine Panikattacken wie ihre Tochter, aber um alles, was krabbelte und größer war als ein Ein-Euro-Stück, machte sie einen großen Bogen.

In Jannis‘ Augen blitzte die Schadenfreude. Hah, jetzt konnte Katrin mal sehen, wie das war, wenn einem jemand heimlich etwas servierte, was man hasste! Na, sie würde noch eine ganze Weile leiden.

Doch da hatte er sich zu früh gefreut. Papas Schlüssel drehte sich im Schloss, und kurz darauf war die Spinne wieder im Müll. Aber das Ganze hatte sich trotzdem voll gelohnt, fand Jannis. Schon allein wegen des Fotos.

Er hörte, wie sein Vater nach ihm rief. Er versuchte, ein harmloses Gesicht zu machen und ging ins Wohnzimmer. „Oh, hallo Papa, du bist schon da?“, fragte er. Dabei funkelten seine Augen verräterisch.

„Ja, ich konnte heute ein bisschen eher gehen.“ Ohne große Umschweife kam sein Vater zur Sache. „Hast du Katrin die Spinne auf den Teppich gesetzt?“

„Nein“, sagte Jannis glatt.

Sein Vater zog eine Augenbraue hoch. „Dann frage ich mich, wie sie dort hingekommen ist. Sie war nämlich tot. Und tote Spinnen sind zusammengerollt.“ Jannis schaute nervös zur Seite. „Setz dich, Jannis. Warum lügst du mich an?“, fragte Papa ernst.

„Das war nicht gelogen!“, verteidigte sich Jannis. „Das war geflunkert.“

Sein Vater schüttelte den Kopf. „Das macht keinen Unterschied. Mach einen großen Bogen um jede Art von Unwahrheit, Jannis. Sie gehört auch zu dem Bösen, das wir in jeder Gestalt meiden sollen. Ebenso wie Schadenfreude übrigens.“

Jannis sagte nichts. Diese Unterhaltung gefiel ihm nicht. Hoffentlich war Papa bald fertig mit seiner Predigt. Er hatte eine kleine Notlüge gebraucht, na und? Und Schadenfreude war doch was ganz Normales.

„Das Böse verkleidet sich oft ganz harmlos“, fuhr sein Vater fort, als hätte er seine Gedanken gelesen. „Und es kann leicht passieren, dass wir uns daran gewöhnen – so ähnlich wie bei Katrins Hyposensibilisierung. Irgendwann stört es uns nicht mehr, wenn Gottes Name missbraucht oder über andere Menschen hergezogen wird oder schmutzige Witze erzählt werden.“

Jannis wurde es zunehmend unbehaglich. Was Papa sagte, war empfindlich nahe an der Realität. Er musste an das Hexenspiel bei Clemens denken. Je länger er gespielt hatte, desto weniger Gewissensbisse hatte er gehabt. Und die Vorstellung, seine Schwester in eine Kröte zu verwandeln, hatte ihn nicht mit Abscheu, sondern mit Genugtuung erfüllt. Ebenso, wie sie in Panik zu versetzen.
„Die Bibel fordert uns auf, das Böse zu hassen – so ähnlich wie Katrin diese Winkelspinnen hasst und du um Zwiebeln in jeder Form und Menge einen Bogen machst, ob sie nun roh, gekocht, gebraten oder püriert sind."
Jannis schüttelte sich. Papa klopfte ihm auf die Schulter und stand auf. „Ja, genau so!", nickte er lächelnd. „Dabei sind Winkelspinnen und Zwiebeln ja harmlos. Aber hinter allem Bösen steckt der Feind von der Gegenseite, der nur die Absicht hat, uns zu schaden und uns zu zerstören."
Als Jannis an diesem Abend im Bett lag, träumte er von großen Winkelspinnen, die ein Gesicht wie Katrin hatten, Zwiebeln auf dem Rücken transportierten und von rotäugigen Hexen gejagt wurden. Kein schöner Traum. Ziemlich verstört wachte er auf.

In der großen Pause am nächsten Tag suchte er die Bibliothek auf, um sich ein neues Buch auszuleihen. Die freundliche Bibliothekarin hatte keine Eile beim Einscannen der Bücher. Während er wartete, dass er an die Reihe kam, beobachtete er einen Weberknecht, der auf seinen langen, dürren Beinen langsam an der Wand hinter dem Tresen entlangspazierte. Ihm fiel auf, dass der Junge hinter ihm das Buch von dem Jungen, der zaubern lernte, in der Hand hatte.
Endlich war Jannis dran. Er hatte sich eine Geschichte über einen veschwundenen Schatz ausgeliehen. Dann schob er seinen Rucksack ein kleines Stück weiter, um sein Buch einzupacken. Während er den Reißverschluss zuzog, sagte die Bibliothekarin zu dem nächsten Jungen: „Das Buch wird dir sicher gefallen. Du kannst Jannis fragen. Er hat es auch gerade erst verschlungen, nicht wahr, Jannis?" Sie lächelte ihm zu.

Jannis wurde rot bis unter die Haarwurzeln. Jetzt war die perfekte Gelegenheit zu flunkern. Der Junge wandte sich zu ihm um. „Echt?“, wollte er wissen. Sein Atem roch ekelhaft nach rohen Zwiebeln. Brrr!
Jannis wich einen Schritt zurück. *„Die Bibel fordert uns auf, das Böse zu hassen – so ähnlich wie du um Zwiebeln in jeder Form und Menge einen Bogen machst ...“*, kamen ihm die Worte seines Vaters in den Sinn.
„Ich habe das Buch doch nicht gelesen“, sagte er entschlossen. „Mit dem ganzen Zauberkram will ich nichts zu tun haben.“
Unschlüssig sah der andere ihn an, während die Bibliothekarin verdutzt dreinschaute. „Das habe ich noch nie gehört“, meinte sie verwundert.
„Ich auch nicht“, echote der andere Junge. „Zaubern ist doch cool.“ Sein Zwiebelatem haute Jannis fast um.
Abscheulich! Schnell schnappte er seinen Rucksack und verließ die Bibliothek. Draußen atmete er tief die frische Luft ein.
Dann zog er sein Handy heraus und löschte das missratene Bild von Katrin. Er brauchte es nicht. Er würde von heute an einen Bogen um Clemens‘ Spiel machen, so wie um jede Zwiebel. Was hinter Clemens‘ Spiel steckte, war nämlich noch viel grässlicher als alle Zwiebeln und Winkelspinnen dieser Welt zusammen. Und damit wollte Jannis nichts zu tun haben.

„Alle, die den Herrn achten, hassen das Böse.“
Sprüche 8,13a (NLB)

„Meidet das Böse in jeder Gestalt.“
1. Thessalonicher 5,22

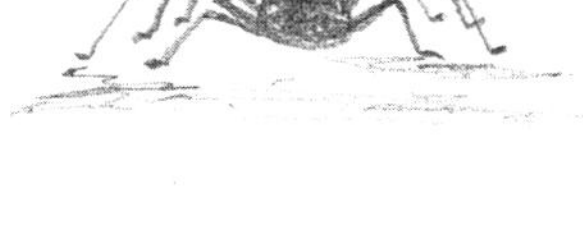

**„Ein gelassenes Herz ist des Leibes Leben;
aber Eifersucht ist Eiter in den Gebeinen (Knochen)."
Sprüche 14,30**

Eis für Paula

Als Paula die Klasse betrat, wusste sie sofort, dass sie das Mädchen, das auf dem freien Platz neben Abdi saß, schon mal irgendwo gesehen hatte. Das hübsche Lächeln, die langen, dunkelblonden Haare, selbst die Art und Weise, wie die Neue ihren Kopf hielt, kam Paula bekannt vor. Aber es wollte ihr nicht einfallen, woher.

„Wer ist das?", raunte sie ihrem Banknachbarn Bennet zu.

„Sie heißt Diane Schmidt und kommt vom Michel", wusste Bennet zu berichten.

„Michel" war die Abkürzung für St.-Michaelis-Gymnasium. Es wurde allgemein als Eliteschule betitelt, weil dort angeblich nur Kinder aufgenommen wurden, deren Zeugnisschnitt unter zwei lag.

„Und warum ist sie hier?", flüsterte Paula weiter.

Bennet grinste. Dabei funkelten seine grau-grünen Augen belustigt. „Vielleicht war es ihr da zu elitemäßig."

„Elitär", verbesserte Paula.

„Ja, Frau Superhirn", nickte Bennet gutmütig. „Verzeih meine unkorrekte Ausdrucksweise."

„Inkorrekt."

Bennet lehnte sich leise lachend auf seinem Stuhl zurück. „Inkorrekt, auch gut. Ich sag dir was: Jetzt, wo Diane nicht mehr dort ist, haben sie ja einen Platz frei beim Michel ..."

Paula kicherte. Um nichts in der Welt würde sie diese Klasse verlassen. Nicht, solange Bennet hier war.

Frau Kranich, die Deutschlehrerin, kam herein und begrüßte die Klasse, insbesondere Diane Schmidt.

Die neigte mit einem kleinen Lächeln den Kopf und nahm den Willkommensgruß entgegen, als wäre er ein Blumenstrauß.

Irritiert sah Paula zu Bennet. Doch der schaute fasziniert zu der Neuen. Paula verspürte einen Stich. Im nächsten Moment schalt sie sich selbst: *Du wirst ja wohl nicht eifersüchtig sein, nur weil er seine neue Mitschülerin in Augenschein nimmt! Ich mache das doch auch!* Dabei musste sie sich eingestehen, dass das Mädchen wirklich sehr hübsch war. *Viel hübscher als ich. Sie hat echt superschöne Haare. Und dieses Lächeln ...!*
Paula versuchte, sich auf den Unterricht zu konzentrieren. Trotzdem fiel ihr auf, dass Diane sich nie meldete. Und einmal, als die Lehrerin sie etwas fragte, sagte sie nur: „Äh, das hatten wir noch nicht." Ob ihr die am Michel wirklich zu schlau gewesen waren? Kurz vor Ende der Stunde fiel Paula auf einmal ein, woher sie die Neue kannte. Sie musste sich beherrschen, nicht laut zu quietschen. Sie schnappte nach Luft. Bennet sah sie fragend an.
„Das da neben Abdi ist Didi von *Jugend singt*!", flüsterte Paula aufgeregt. Sie war zu schockiert von dieser Erkenntnis, um zu bemerken, dass Bennet nur die Schultern zuckte.
„Ruhe auf den billigen Plätzen!", kam Frau Kranichs Stimme. Paula presste die Lippen zusammen, um ihrer Verblüffung keine Töne zu verleihen. Sie konnte es kaum fassen. Da vorne neben Abdi saß doch tatsächlich und leibhaftig die berühmte Didi! Wie die singen konnte – es war der Hammer.
Paula sang auch. Unter der Dusche.
Sie sah sich nach ihren Klassenkameraden um. Ob die anderen das mit Didi auch schon bemerkt hatten?
Sobald der Deutschunterricht zu Ende war, wandte Paula sich Bennet zu. „Sie hat einen eigenen YouTube-Kanal mit einem Haufen Abonnenten! Sie ist berühmt!"
Bennet sah zu Diane. „Stimmt, jetzt wo du es sagst, kommt sie mir bekannt vor." Er grinste und stand auf. „Dann will ich sie doch gleich mal um ein Autogramm bitten."
Wieder verspürte Paula einen Stich. Eigentlich war das mit dem Autogramm auch ihr erster Impuls gewesen, als sie gecheckt hatte, wer Diane Schmidt in Wirklichkeit war. Doch auf einmal hatte sie keine Lust mehr dazu. Sie beobachtete, wie Didi die langen Haare zurückwarf und Bennet charmant anlächelte. Jetzt waren auch die anderen aus der Klasse aufmerksam geworden.

„Huch, ein Star in unserer Mitte!“, kreischte ein Mädchen entzückt. Es dauerte nicht lange, da war die Neue von Mitschülern umringt. Nur Paula nahm ihre Schulsachen und ging. Normalerweise verbrachte sie die Pause damit, mit Bennet und ein paar anderen herumzualbern oder über den Schulhof zu schlendern. Aber die waren ja sowieso alle mit dem Wunderkind Diane Schmidt beschäftigt. Diesen Anblick wollte Paula sich ersparen. Sie vergaß ganz, dass sie bis heute morgen selbst noch ein Fan der hübschen, begabten, berühmten Didi gewesen war.
Was für eine eingebildete Pute!, zischte es hässlich durch Paulas Kopf. *Meint, sie könnte jeden haben, nur weil sie gut aussieht und gut singen kann! Sowas ist ekelhaft!*
Sie schlenderte zum Englischraum im dritten Stock und lud ihren Rucksack ab. Was sollte sie nur die ganze Pause über machen? Aus lauter Langeweile ging sie zur Toilette.
Als sie die Tür öffnete, stand vor dem Spiegel ... Diane! Ohne Paula zu beachten, lächelte die Neue ihr Spiegelbild an. Sie drehte den Kopf etwas und lächelte erneut. Aus den Kabinen drangen die Stimmen ihrer Mitschülerinnen. Schnell verließ Paula den Raum wieder.
Kein Wunder, dass Didi so ein strahlendes Lächeln hat, dachte sie spöttisch. *Wer seine Zeit damit verbringt, vor dem Spiegel den richtigen Gesichtsausdruck zu üben, muss ja wohl ein anziehendes Lächeln haben!*
Im Englisch-Unterricht hatte sie Mühe, sich zu konzentrieren. Immer wieder beobachtete sie Diane. Zu ihrem Entsetzen stellte sie fest, dass sie nicht die Einzige war, deren Blicke die Neue auf sich lenkte. Auch Bennet sah ein oder zwei Mal zu ihr hin.
Etwas in Paula zog sich zusammen – so, als würde sie was Kritschsaures essen. Warum hatte sie nicht so ein schönes Gesicht? Und diese Haarpracht! Außerdem war Didi perfekt gestylt. Kein Wunder, dass die Jungs ganz hin und weg waren. Sie musste sich eingestehen, dass sie hoffnungslos eifersüchtig auf Diane war.
Das wurde auch die nächsten Tage nicht besser. Im Gegenteil. In dem Maß, in dem Didis Fanclub an der Schule wuchs, in dem Maß wuchs auch Paulas Eifersucht.

Sie beobachtete, wie die Traube um Diane in der Pause immer größer wurde. Aaron, der Junge mit den verkrüppelten Füßen aus der Parallelklasse, brachte extra einen wasserfesten Stift mit und ließ Didi auf seinen Gehhilfen unterschreiben.
Es war so was von krank, wie viel Aufmerksamkeit dieses Mädchen bekam! Paula konnte das Theater nicht mehr mit ansehen. In den Pausen verkrümelte sie sich immer sofort irgendwo und hing ihren Gedanken nach. Wäre sie doch nur genauso hübsch und beliebt! Jeden Abend im Bett bat sie Gott darum, sie doch hübscher zu machen oder wenigstens ihre Stimme zu verbessern. Aber wenn sie morgens in den Spiegel schaute, hatte sich nichts getan. Und ihr Duschgesang klang auch nicht anders als sonst. Der saure Knoten in ihr drin wurde immer fester. Manche Leute hatten so viel! Es war einfach nicht fair.
Nach zwei Wochen bekam sie Schlafstörungen, und es graute ihr vor jedem neuen Schultag. Eigentlich fiel ihr das Lernen leicht und sie hatte Spaß daran. Aber Schule wurde für sie zunehmend zur Qual. Sie war einsilbig, unkonzentriert und missmutig.
Bennet sprach sie ein paarmal darauf an, aber Paula gab nur einsilbige Antworten. Was ging ihn das an? Außerdem interessierte er sich doch mehr für Miss Wonderful als für so eine graue Maus wie sie.

„Kommst du heute Nachmittag mit Eisessen?“, fragte Bennet sie eines Freitags nach der letzten Stunde. Paula hatte noch ein paar Kunstsachen gesäubert und aus einem unerfindlichen Grund hatte Bennet auf sie gewartet. Ihre Miene hellte sich auf. Mit so einer Einladung hatte sie nicht mehr gerechnet! Überrascht sah sie ihn an. „Komm schon, sag bloß, du hast das nicht mitgekriegt“, sagte ihr Klassenkamerad. „Dianes Eltern laden unsere gesamte Klasse und alle anderen neuen Freunde ihrer Tochter in die Eisdiele beim Park ein. Als Dankeschön, weil sie so freundlich aufgenommen wurde bei uns.“
Das Lächeln auf Paulas Gesicht verzerrte sich, und sie hatte das Gefühl, als würde sie plötzlich Grippe bekommen. „Ich gehöre ganz bestimmt nicht zu den neuen Freunden dieser arroganten, bescheuerten Pute!“, stieß sie heftig hervor.

Bennet schaute sie schockiert an. Ein paar Augenblicke starrten sie sich an, bevor Paula hastig den Blick abwandte. Ihr netter Klassenkamerad sollte nicht sehen, dass ihre Augen verräterisch schimmerten.
„Sag mal, du bist doch nicht etwa eifersüchtig auf sie?“, hörte Paula ihn verwundert fragen.
„Doch, bin ich!“, funkelte sie ihn zornig an. „Und es ist auch kein Wunder. Sie ist schön, berühmt und beliebt!“ *Und jetzt hat sie auch noch dich!*, fügte sie in Gedanken hinzu. Paula hatte das Gefühl, kaum noch Luft zu bekommen. Sie musste hier weg.
Doch Bennet fasste sie am Arm. „Aber Paula, mach mal halblang!“ Einen Augenblick sah sie einen seltsamen Blick in seinen Augen. „Du hast doch gar keinen Grund, auf sie eifersüchtig zu sein!“ Abrupt ließ er sie los. „Und außerdem, was nützt dir das?“ Ohne eine Antwort abzuwarten ließ er sie stehen und ging.
Paula starrte ihm hinterher. *„Du hast doch gar keinen Grund, auf sie eifersüchtig zu sein!“* Meinte er das so wie er sie angesehen hatte? Paulas Gesicht färbte sich rosa. Fand Bennet sie etwa hübsch? Selbst im Vergleich mit Diane? Paula widerstand dem Drang, sich im Spiegel über dem Waschbecken zu betrachten. Sie wusste, wie sie aussah! Und sie wusste, wie Didi aussah! Wieder stieg die Eifersucht in ihr hoch. Wütend packte sie ihren Rucksack und verließ den Kunstraum.
Als sie aus dem Schulgebäude trat, sah sie Aaron, der sich mit seinen signierten Gehhilfen langsam die Treppen hinunterbewegte. Zusätzlich zu seinem Schulrucksack hatte er eine Sporttasche umgehängt und unter seinem Arm klemmte eine große Papprolle. Leichtfüßig sprang Paula an ihm vorbei.
Da hörte sie hinter sich etwas poltern. Sie wandte sich um und sah Aarons Papprolle auf sich zukullern. Schnell fing sie den langen Gegenstand auf und brachte ihn zurück.
„Oh, vielen Dank!“, sagte Aaron erleichtert. „Könntest du sie mir unter den Arm klemmen?“
„Ich trag sie dir runter“, bot Paula an. Langsam ging sie neben dem gehbehinderten Jungen die lange Treppe hinunter.

Ist bestimmt schlimm für ihn, nicht wie wir anderen rennen zu können, fuhr es ihr auf einmal durch den Kopf. Hundert zu eins beneidete er sie um ihre geraden, starken Beine. Endlich waren sie unten angekommen, und Paula reichte dem anderen Schüler die Rolle.
„Das war echt nett von dir, vielen Dank!“, strahlte er sie an, keine Spur von Bitterkeit im Gesicht. „Da vorne kommt der Bus. Ich bin nicht so schnell. Aber du kannst ihn noch kriegen.“
Paula zögerte. „Und was ist mit dir?“
„Ich nehme den nächsten“, meinte Aaron nüchtern.
Gerade noch rechtzeitig erreichte Paula die Bushaltestelle und stieg ein. Kurz darauf fuhr der Bus an Aaron vorbei. Er winkte Paula fröhlich mit einer seiner Gehhilfen zu.
Er ist nicht neidisch. Kein bisschen, stellte Paula ungläubig fest. *Er ist vergnügt und unbeschwert. Ganz im Gegensatz zu mir!*
Aaron mochte äußerlich verkrüppelt sein, aber ganz bestimmt nicht innendrin!
Sie sah ihm nach, bis der Bus an der Ampel abbog.
Was hatte sie von ihrer Eifersucht? Nichts! Außer, dass sie Diane von Tag zu Tag mehr verabscheute und immer unzufriedener wurde. Wann hatte sie Gott das letzte Mal von Herzen gedankt? Sie konnte sich nicht mehr daran erinnern. Stattdessen war sie sauer auf ihn gewesen, dass er ihr nicht das Gleiche gegeben hatte wie Didi. Selbst wenn Diane Schmidt zehnmal hübscher, musikalischer und beliebter war als sie – es brachte einfach nichts, eifersüchtig zu sein. Sie machte sich nur selbst fertig damit.
Dort im Bus fasste Paula einen Entschluss: Sie würde aufhören, Didi zu beneiden. Auch in Bezug auf Bennet. Stattdessen würde sie Gott vertrauen, dass sie nicht zu kurz kam.
Und heute Nachmittag würde sie Eisessen gehen. Jawohl!

Als Paula um kurz vor vier am Park eintraf, sah sie durch die Bäume, dass vor der Eisdiele eine Gruppe junger Leute stand – und mittendrin eine strahlende Didi.

Paula seufzte. In ihr begann es zu kämpfen. Da erkannte sie unter ihren Mitschülern Aaron. Auf eine Gehhilfe gestützt, nahm er lachend sein Eis entgegen.
Paula atmete tief durch. *Danke für meine gesunden Füße. Danke, dass ich sehen kann. Danke für den Grips, den du mir gegeben hast. Danke, dass ich nette Klassenkameraden habe. Danke für das schöne Wetter.* Der saure Knoten und das grippige Gefühl waren verschwunden. *Danke, dass du mich liebst und mich versorgst. Danke ...*
„Hey Paula!“, hörte sie plötzlich hinter sich eine vertraute Stimme. Sie wandte sich um. Bennets Grinsen war so warm und fröhlich, dass er damit jedes Eis zum Schmelzen gebracht hätte.

„Ein gelassenes Herz ist des Leibes Leben;
aber Eifersucht ist Eiter in den Gebeinen (Knochen).“
Sprüche 14,30

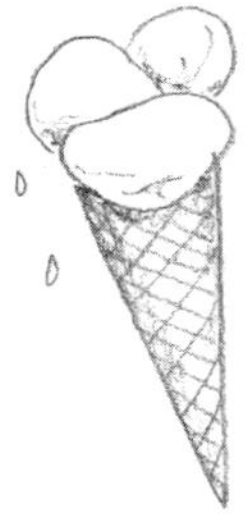

„Aber er ist um unserer Sünde willen verwundet und um unserer Missetat willen zerschlagen. Die Strafe liegt auf ihm, auf dass wir Frieden hätten, und durch seine Wunden sind wir geheilt.“
Jesaja 53, 5

Das Urteil

Als einziger Sohn des Gouverneurs wuchs Felix A. Goldmann jun. in Geborgenheit und Wohlstand auf. Sein Vater, Felix A. Goldmann sen., liebte seinen Sprössling sehr und verbrachte trotz seines anstrengenden Berufes so viel Zeit wie möglich mit dem Jungen. Oft sah man die beiden zusammen fischen gehen, im Wald Holz machen oder wandern.

Der Sohn war seinem Vater wie aus dem Gesicht geschnitten. Sie hatten sogar eine ähnliche Art zu sprechen und zu lachen. Der Junge hing sehr an Herrn Goldmann und interessierte sich schon früh für dessen Arbeit. Aufmerksam hörte er zu, wenn sein Vater von Stadtratsversammlungen oder Gerichtsurteilen erzählte.

Eines Mittags schob Herr Goldmann den noch halbvollen Teller weg und stand auf. Um seinen Mund war ein harter Zug. Besorgt sah seine Frau ihn an. „Musst du wieder zu einer Urteilsvollstreckung?“, fragte sie.

Ihr Mann nickte. „Im Sägewerk hat es eine Schlägerei gegeben. Der Aufseher wurde getötet, danach das Lager in Brand gesetzt. Aber der Übeltäter ist gefasst worden, als er über die Grenze wollte. Hoffentlich ist es den anderen eine Lehre.“ Herr Goldmann küsste seine Frau zum Abschied und fuhr Felix jun. kurz durch das Haar.

„Papa, wann nimmst du mich denn endlich mal mit?“, bettelte Felix.

Der Gesichtsausdruck des Gouverneurs wurde weicher. „Wenn du größer bist, mein Junge. Das hier ist nichts für Kinder. Sei lieb zu deiner Mutter, okay? Ich komme nach Hause sobald ich kann.“ Herr Goldmann verließ das Haus. Diesen Teil seines Berufes verabscheute er.

In der Mitte des Marktplatzes stand ein Holzpfahl, an den Verbrecher während der Auspeitschung gekettet wurden. Zu so einem Anlass versammelten sich immer sehr viele Schaulustige, um den Strafvollzug zu beobachten. Je nach Schwere des Verbrechens gab es mehr oder weniger Hiebe. Beim höchsten Strafmaß wurde der Verbrecher in der Regel zu Tode geprügelt.

Als Felix jun. zwölf Jahre alt war, nahm sein Vater ihn zum ersten Mal mit zur Verurteilung eines Mörders. Der Verbrecher starb noch am Holzpfahl.
Felix war in den Tagen danach sehr schweigsam. In seinen Augen lag Angst, und er wich nicht von der Seite seines Vaters, sobald dieser zu Hause war. Das Gesetz war unerbittlich: Schuld – egal, welche – erforderte Strafe.
Mit der Zeit verblasste jedoch allmählich das Bild des Mörders am Marterpfahl. Felix war viel mit gleichaltrigen Freunden unterwegs. Wenn sein Vater fragte, ob sie fischen gehen wollten, hatte er meist etwas anderes vor.
Seine Eltern beobachteten besorgt ihren Jungen, denn die Freunde, mit denen er unterwegs war, nahmen es mit dem Gesetz nicht so genau. Felix wurde immer abweisender seinen Eltern gegenüber.
Eines Tages fehlte Herrn Goldmann Geld aus dem Portemonnaie. Er hatte es am Abend auf den Küchenschrank gelegt. Am Morgen lag es zwar noch dort, aber das Geld war weg. Felix kam an diesem Tag mit einer neuen Jacke nach Hause. Am nächsten Tag fehlte wieder Geld. Kurz darauf trug Felix neue Schuhe.
Sein Vater beobachtete ihn traurig. Er wusste mittlerweile, dass sein Sohn ihn bestahl. Aber er hoffte, er würde von alleine kommen und seine Schuld bekennen. „Was hältst du davon, wenn wir beide mal ein Wochenende auf die Jagd gehen?“, fragte Herr Goldmann seinen Sohn.
Der gab eine knappe, ablehnende Antwort und ging mit einem Rucksack aus dem Haus.
Am Abend kam er nicht nach Hause. Die Eltern warteten die ganze Nacht auf ihn. Auch in den nächsten Tagen blieb er verschwunden.

Dann wurde der Juwelier tot in seinem Geschäft aufgefunden, und sämtlicher Goldschmuck fehlte. Am Nachmittag des nächsten Tages tauchte Felix wieder zu Hause auf. Seine Kleider waren zerknittert, und er sah aus, als ob er tagelang weder gegessen noch geschlafen hätte.

Erleichtert wollten die Eltern ihn in die Arme schließen, aber er stieß sie von sich und schloss sich in seinem Zimmer ein. Als Goldmanns beim Abendessen saßen, kam er die Treppe herunter und wollte wieder zur Tür hinaus.

Da hielt der Vater ihn fest. „Junge, was ist denn los? Nun sprich doch endlich!“

Felix sah mit gehetztem Blick um sich. „Lass mich gehen!“, sagte er heiser. Aber er hatte keine Kraft, sich zu wehren. Ohnmächtig brach er zusammen. Entsetzt trug Herr Goldmann seinen Sohn zum Sofa.

„Er ist ja glühend heiß! Er hat Fieber!“, rief Frau Goldmann besorgt.

Felix fing an zu fantasieren. In wirren Sätzen redete er immer wieder von Juwelen, einem Toten und der Strafe.

Plötzlich klopfte es an der Tür. Einige Herren vom Stadtrat traten mit grimmigen Gesichtern ein. „Da liegt ja der Mörder“, sagte einer von ihnen. „Am besten nehmen wir ihn gleich mit.“

Herr und Frau Goldmann wurden aschgrau.

Felix setzte sich auf. „Ich will nicht sterben!“, rief er mit schriller Stimme. Mit angstgeweiteten Pupillen starrte er durch die Männer hindurch. Schweiß stand ihm auf der Stirn. Dann fiel er zurück auf sein Lager. Unruhig wälzte er sich hin und her.

„Lassen Sie ihn, er ist im Fieberwahn. Er fantasiert“, flehte Frau Goldmann. Ihre Stimme wurde lauter. „Sie können ihn nicht mitnehmen. Außerdem ist er fast noch ein Kind!“ Sie überschlug sich fast. „Er hält das nicht aus. Die Peitsche wird ihn töten!“

Die Stadträte blickten sie hart an. „Er hat den Juwelier auch getötet. Es gibt Zeugen. Außerdem haben wir Beweise. Hier: Kommt Ihnen dieses Jagdgewehr bekannt vor?“ Der Stadtrat legte die Waffe auf den Tisch. „Morgen früh wird Felix Goldmann am Pranger erscheinen. Und ist er noch so krank. Er wird seine gerechte Strafe empfangen. Für Mord gibt es keine Entschuldi-

gung!“ Den letzten Satz spuckte der große Mann förmlich aus. „Sehen Sie zu, dass er da ist! Kommen Sie, meine Herren.“ Damit verließen die Hüter des Gesetzes den Raum.
Der Gouverneur war neben seinem Sohn auf die Knie gesunken. „Felix Goldmann wird da sein“, flüsterte er kaum hörbar.
Die ganze Nacht wachten die Eltern am Lager ihres bewusstlosen Sohnes. Als es Morgen wurde, stand Herr Goldmann auf. „Ich gehe jetzt“, sagte er zu seiner Frau. „Felix würde die Strafe nicht überleben. Ich werde sein Urteil auf mich nehmen. Sag ihm, dass ich ihn liebe.“
Aufschluchzend warf seine Frau sich in seine Arme.
Als Gouverneur Goldmann weg war, wurde Felix jun. wach. „Mutter, ich muss zum Marktplatz“, sagte er mit schwerer Stimme. „Gestern Abend waren fünf Männer hier, um mich abzuholen. Ich bin schuld, Mutter. Felix Goldmann muss vor dem Stadtrat erscheinen, damit das Urteil vollstreckt wird. Es ist meine gerechte Strafe.“
Seine Mutter stand auf. „Felix Goldmann ist bereits dort. Dein Vater ist für dich hingegangen“, antwortete sie tonlos.
Drei Stunden später wurde ein entstellter Gouverneur ins Wohnzimmer getragen und auf das Sofa gelegt. Seine Augen waren geschlossen, sein Atem war nur noch ein schwaches Hauchen. Weinend kniete sein Sohn vor seinem Lager.
Der Vater drehte mühsam den Kopf und sagte kaum hörbar: „Dem Gesetz ist Genüge getan. Ich habe für dich gebüßt, damit du leben kannst.“

„Aber er ist um unserer Sünde willen verwundet
und um unserer Missetat willen zerschlagen.
Die Strafe liegt auf ihm, auf dass wir Frieden hätten,
und durch seine Wunden sind wir geheilt.“
Jesaja 53, 5

„Ein Verleumder verrät, was er heimlich weiß; aber wer getreuen Herzens ist, verbirgt es.“
Sprüche 11,13

„Wer Geheimnisse verrät, ist ein Verleumder, und mit dem, der den Mund nicht halten kann, lass dich nicht ein.“
Sprüche 20,19

Anitas Klatschrunde

„Mama, hast du mein Pausenfrühstück? Ich muss los!“, drängelte Benny ungeduldig.
„Du hast doch noch über eine Viertelstunde Zeit! Warum hast du es montags denn immer so eilig?“, wunderte sich seine Mutter. In aller Seelenruhe machte sie sich erst einmal daran, Bennys Pausenapfel zu schneiden und in die Brotdose zu legen.
Frau Beier warf einen Blick in die Tasse ihres Sohnes. „Setz dich noch mal hin und trink in Ruhe deinen Kakao aus.“
Benny kippte den Rest hinunter, wischte sich mit der Hand über den Mund und griff sich eine Scheibe trockenes Brot. „Ich nehme das Brot so mit“, sagte er und steckte es kurzerhand ohne Verpackung in die Vortasche seines Ranzens. „Ich muss jetzt ganz schnell los!“
Seine Mutter schüttelte den Kopf. Doch Benny war bereits aus der Küche gerannt und zur Haustür hinaus. Heute Mittag würde Mama ihn möglicherweise zur Rede stellen, aber das war ihm im Moment egal. Hauptsache, er bekam Anitas Klatschrunde noch mit. Jeden Montag vor der Schule hielt seine Klassenkameradin nämlich eine Fülle der neuesten Informationen über die Menschen in ihrer Umgebung bereit. Das tat sie in den Pausen auch. Aber für das, was ein ganzes Wochenende lang geschehen war, reichten die normalen Pausen am Montag nicht aus. Dafür gab es die Zeit vor dem Unterrichtsbeginn.
Anita schien besondere Antennen zu haben für die Missgeschicke und das Privatleben anderer. Vielleicht lag es auch daran,

dass sie ein Fernglas besaß und neben der Apotheke wohnte. Was sie alles herausfand! So hatte sie zum Beispiel beobachtet, wie der alte Hausmeister einmal in die Büsche hinter dem Spielplatz gegangen war, weil er so dringend musste. Und sie hatte gesehen, wie die kleine Schwester von Micky, einem Klassenkameraden, sich mit den Traubenzuckerbonbons, die in der Apotheke auslagen, die Taschen vollgestopft hatte. Außerdem hatte sie gehört, dass der Apotheker ein falsches Medikament herausgegeben hatte. Manchmal hatte auch einer von den anderen, die sich um Anita scharten, etwas zu berichten. Dieses Kind stand dann eine Zeit lang besonders in der Gunst der Klatschtante und bekam sogar manchmal ein Bonbon von ihr geschenkt.
Nur Benny war es zu seinem Kummer bisher noch nie gelungen, etwas über andere zu berichten. Also hatte er auch noch nie ein Bonbon von Anita bekommen. Wenn er irgendwo war, benahmen sich alle um ihn herum immer ganz normal. Deswegen beachtete Anita ihn auch nicht weiter.
Benny fand das sehr, sehr schade. Nicht nur wegen der Bonbons. Er bewunderte Anita nämlich. Sie hatte funkelnde, blaue Augen, viele lustige Sommersprossen und einen rostroten Pferdeschwanz, der immer auf und ab wippte, wenn sie die Treppe hinunterlief. Sie saß vor Benny, und oft kam er in Versuchung, an diesem Pferdeschwanz zu ziehen. Aber bisher konnte er sich immer zusammenreißen. Das fände sie bestimmt nicht toll. Schließlich war er nicht Möppi. Oder Sammy. Die konnten sich so etwas erlauben. Die gehörten zu den Coolen.
Vor allem Möppi fand Anita toll. Er wusste auch Dinge über andere und kassierte die meisten Süßigkeiten von allen. Außerdem war er witzig. Anita lachte jedes Mal, wenn Möppi etwas sagte. Benny versuchte auch, lustig zu sein. Aber bei ihm lachte niemand. Er war einfach nicht cool, und keiner wollte sich mit ihm treffen. Noch nie war einer seiner Klassenkameraden gekommen, um ihn zu besuchen.
Deshalb hatte er angefangen, heimlich für ein Fernglas zu sparen. Dann könnte er besser Leute beobachten. Zum Beispiel die Nachbarn. Sie hatten ein Fenster gegenüber von Bennys. Aber es war zu weit weg, um mit bloßem Auge etwas zu erkennen. Er

musste Mama unbedingt fragen, was ein Fernglas kostete. Vielleicht konnte er sogar gleich heute in die Stadt gehen und eins kaufen. Je eher er etwas über andere zu erzählen hätte, desto eher würde er dazugehören.
Atemlos kam er in der Schule an. Die anderen standen bereits unter der alten Eiche, die sich in der Mitte des Schulhofs befand, und steckten die Köpfe zusammen. An ihren gespannten und schockierten Gesichtern konnte Benny schon von Weitem sehen, dass Anita anscheinend gerade einen besonders aufregenden Leckerbissen ausgeworfen hatte. Zu dumm, dass Mama ihn so aufgehalten hatte! Er hörte nur noch die letzten Sätze: „... Da tut sie immer so fromm, und dann kriegt sie ein Kind von einem anderen Mann!"
„Wer?", flüsterte Benny mit großen Augen.
„Frau Senne!", kam von Tina die geflüsterte Antwort. „Anita hat gesehen, wie sie in der Apotheke einen Schwangerschaftstest gekauft hat!"
Benny schnappte nach Luft. „Waaas?"
Anita hielt noch mehr Informationen bereit: „Und vor ihrem Haus steht ein fremdes Auto aus Berlin, in dem ein fremder Mann saß. Herr Senne wird toben, wenn er das erfährt!"
Das musste Benny erstmal verarbeiten. Frau Senne war eine Freundin seiner Mutter. Ob Mama etwas davon wusste? Er würde sie heute Mittag gleich fragen.

„Mama, sag mal, wie geht's denn Frau Senne so?", erkundigte er sich beim Mittagessen und versuchte, so beiläufig wie möglich zu klingen.
Erstaunt sah seine Mutter ihn an. „Gut. Wie kommst du denn darauf?", wollte sie verwundert wissen.
Benny überlegte, wie er am besten herausfinden konnte, ob Mamas Freundin sie eingeweiht hatte, ohne dass er gleich alles ausplaudern würde. Ihm kam eine Idee. „Och, ich dachte nur, sie ist ja noch jung. Vielleicht, vielleicht kriegt sie ja bald ein Baby."
Mama sah ihn seltsam an. Einen Moment sagte sie gar nichts.
Aha, sie weiß es also nicht!, dachte Benny triumphierend. Er fühlte sich toll. Endlich konnte er auch mal etwas Geheimes er-

zählen. Er beugte sich vor und sagte in verschwörerischem Ton: „Sie bekommt ein Baby von einem anderen Mann. Das wird Ärger geben, sag ich dir."
„Woher hast du das?", fragte seine Mutter streng.
„Anita hat es gesehen", erklärte Benny eifrig. „Fast hätte ich die Information verpasst. Weil du heute Morgen so mit meinem Brot getrödelt hast. Aber ich konnte es trotzdem noch erfahren." Gespannt sah er Mama an. Die schüttelte den Kopf.
„Doch!", beharrte Benny. „Anita hat mit eigenen Augen gesehen, wie sie einen Schwangerschaftstest gekauft hat! Und vor ihrem Haus hat ein fremder Mann geparkt." Benny überlegte kurz. „Er kommt aus ... genau: Berlin!" Er war ganz schön stolz auf sich, dass er diese wichtigen Informationen so genau weitergeben konnte.
Auf Mamas Wangen erschienen zwei rote Flecken. Die kamen immer dann, wenn sie sich aufregte. „Ich sage dir jetzt etwas, Benjamin Beier, und ich möchte, dass du dir das für den Rest deines Lebens merkst: ‚Ein Verleumder verrät, was er heimlich weiß; aber wer getreuen Herzens ist, verbirgt es.' Und: ‚Wer Geheimnisse verrät, ist ein Verleumder, und mit dem, der den Mund nicht halten kann, lass dich nicht ein.' Diese Anita ist eine üble Klatschtante, und sie hat obendrein keine Ahnung! Das Auto vor Sennes Haus gehört Christa Sennes Bruder. Er ist mit seiner Frau zu Besuch da. Und weil es ihr nicht gutgeht, hat Christa ihr etwas aus der Apotheke geholt."
Benny starrte sie mit offenem Mund an. „Dann, dann stimmt es ja gar nicht, was Anita gesagt hat", stammelte er.
„Allerdings!", nickte Mama ärgerlich. „Und selbst wenn es stimmen sollte, ginge es sie nichts an. Und noch weniger stände es ihr zu, darüber zu tratschen! Wer so etwas tut, ist ein fieser Verleumder."
Benny war auf seinem Stuhl ganz klein geworden. Ein fieser Verleumder wollte er nicht sein. Er wollte lieber ein treues Herz haben. Gut, dass er Mama noch nicht wegen des Fernglases gefragt hatte. Vielleicht sollte er sich besser doch keins kaufen.
Er seufzte. Von gaaanz tief unten. Dann würde er wohl nie ein Bonbon von Anita bekommen. Und auch die anderen würden

ihn weiterhin nicht beachten. Dabei wollte er doch so gerne dazugehören. Eine Träne tropfte in seine Kartoffeln.
„Was ist?“, fragte Mama sanft und legte einen Arm um ihn.
Da erzählte ihr Benny, was los war.
Seine Mutter schwieg eine Weile, den Arm weiter um seine Schultern gelegt. „Hast du denn schon mal jemanden gefragt, ob er dich besuchen möchte?“, erkundigte sie sich schließlich freundlich.
Benny schüttelte den Kopf. Das hatte er bisher nicht getan. Er war einfach davon ausgegangen, dass keiner das wollte. Vielleicht sollte er wirklich fragen.
Sammy hatte keine Zeit.
Benny nahm all seinen Mut zusammen und sprach Möppi an.
Und Möppi sagte ganz überraschend zu.
Die beiden spielten so schön zusammen, dass sie kurzerhand ihre Mütter bequatschten, dass Möppi auch noch über Nacht bei Benny bleiben durfte. Möppis Mutter kam mit einer Tasche vorbei und redete kurz mit Bennys Mutter, bevor sie sich von ihrem Sohn verabschiedete und wieder nach Hause fuhr.

Am nächsten Morgen kam Möppi bereits aus dem Bad, als Benny wach wurde. Schnell zog er sich an, damit sie frühstücken konnten. Möppi hatte seine Tasche schon neben die Haustür gestellt. Anscheinend hatte er sehr leise gepackt.
Als sie zurück ins Kinderzimmer gehen wollten, kam Frau Beier ihnen mit einer Plastiktüte in der Hand entgegen. In der anderen hielt sie Möppis Bettzeug. Sie lächelte das Besuchskind freundlich an. Möppi hatte auf einmal einen knallroten Kopf.
„Alles in Ordnung“, sagte Bennys Mutter und verschwand in der Waschküche. Verwundert sah Benny von einem zum andern.
„Komm, lass uns noch ein bisschen spielen, bevor ich abgeholt werde“, sagte Möppi schnell und zog Benny mit ins Zimmer.
Um 11.00 Uhr klingelte es. Möppi wurde abgeholt. Er verabschiedete sich und lief seiner Mutter voraus zum Auto. Benny fand es schade, dass er schon gehen musste. Es war toll gewesen, zusammen zu spielen. Frau Beier ging in den Keller, um nach der Wäsche zu sehen.

Da klingelte es noch einmal. Benny öffnete. Möppi stand vor der Tür. „Ich habe noch etwas vergessen“, sagte er und spähte an Benny vorbei in den Flur.
Bennys Blick fiel auf die Plastiktüte unter der Garderobe. „Meinst du die hier?“, fragte er und griff danach. Er warf einen kurzen Blick hinein. Puh, da drin stank es nach Pipi!
„Ja, die“, sagte Möppi hastig. Er riss Benny förmlich die Tüte aus der Hand und rannte zum Auto.
Langsam schloss Benny die Haustür. Warum sollte Möppi eine Tüte mit einem vollgepinkelten Matratzenschoner mit nach Hause nehmen?
Plötzlich riss er die Augen auf. Möppi hatte ins Bett gemacht! Er war ein Bettnässer! Und er, Benny, wusste es! Wow! Das gäbe am Montag Bonbons von Anita!
Den ganzen Rest des Wochenendes konnte Benny an kaum etwas anderes denken. Endlich hatte er mal was zu erzählen. Und es stimmte sogar! Noch nie hatte er den Montag so herbeigesehnt.

Diesmal war er sogar fast pünktlich. Möppi war noch nicht da. „Die Kinder vom Bäcker haben Läuse!“, wusste Anita gerade zu berichten, als Benny die Gruppe erreichte. „Die Frau hat in der Apotheke zwei Packungen Läusemittel gekauft! Und in der Bäckerei auf dem Tisch lag sogar eine Laus!“
„Iiiih!“, rief Tina und schüttelte sich. „Das muss ich meiner Mama erzählen. Dann kaufen wir woanders unser Brot!“
„Aber das ist noch nicht alles“, fuhr Anita mit blitzenden Augen fort. „Das Auto von Frau Sennes Liebhaber steht immer noch vor ihrem Haus. Ich sag euch, der ist schon bei ihr eingezogen!“ Begierig saugten die anderen jedes Wort auf.
Plötzlich stieg der Zorn in Benny hoch. Anitas Klatsch und Tratsch war widerlich!
„Ich habe ihn sogar gesehen“, redete das Mädchen stolz weiter. „Er hat die gleiche Haarfarbe wie Frau Senne.“
In dem Moment beschloss Benny, *nicht* das Gleiche zu machen wie Anita. Sollte sie ihre blöden Bonbons doch behalten!

„Du hast keine Ahnung!“, stieß er heftig hervor. „Das ist nicht ihr Liebhaber, sondern ihr Bruder. Er ist mit seiner Frau zu Besuch bei Sennes. Und weil seine Frau krank geworden ist, brauchten sie was aus der Apotheke! Das hat meine Mutter mir erzählt. Die ist nämlich mit Frau Senne befreundet.“
Sprachlos starrten die Kinder erst ihn und dann Anita an.
Die hatte einen roten Kopf bekommen. Sie holte Luft, um zurückzuschießen, doch Tina war schneller. „Da hast du uns ja was ganz Falsches erzählt“, rief sie vorwurfsvoll
„Woher sollte ich das denn wissen?“, versuchte Anita sich zu verteidigen. „Ich dachte halt, es würde stimmen!“
Benny wurde noch wütender. „Und selbst wenn!“, fauchte er. „Es ist schlecht, anderer Leute private Sachen rumzuerzählen. Das machen nur fiese Ver..., Ver...“
„Verräter?“, schlug Sammy vor.
„Ja, genau!“, nickte Benny. Mama hatte zwar ein anderes Wort gebraucht, aber er war sich sicher, dass es das gleiche bedeutete. „Und damit du‘s weißt: Zu deinen blöden Klatschtreffen komme ich nicht mehr!“ Er drehte sich um und ging.
„Ich auch nicht!“, hörte er Sammy hinter sich sagen.
Anita rief ihnen etwas hinterher. Benny verstand nicht, was sie sagte, aber der Ton ließ erkennen, dass es nichts Nettes war. Er lief zum Klettergerüst und hängte sich an eine der Sprossen. Nur langsam wurde seine Wut weniger. Es war wirklich schrecklich, was Anita da trieb! Und fast hätte er das Gleiche getan ...! Wie gut, dass er den Mund gehalten hatte.
Benny beobachtete Sammy, der zum Seiteneingang gelaufen war, um auf Möppi zu warten. Gut, dass er sich Anitas Geschwätz auch nicht mehr anhören wollte.
Kurz vor dem Läuten kam Möppi endlich. Er sah besorgt aus. „Mann, wo bleibst du denn so lange?“, hörte Benny Sammy fragen. „Du hast echt was verpasst heute! Benny hat rausgefunden, dass das, was Anita sagt, nicht stimmt. Frau Senne hat gar keinen Liebhaber. Das ist ihr Bruder!“
Möppi schien diese Information nicht sonderlich zu interessieren. Er warf Benny einen nervösen Blick zu. „Hat er außerdem noch was gesagt?“

„Ja.“ Sammy machte eine Pause, und die Besorgnis in Möppis Gesicht wich Entsetzen. „Er hat gesagt, dass es schlecht ist, anderer Leute private Sachen zu erzählen. Das würden nur fiese Verräter machen.“
Ungläubig sah Möppi zum Klettergerüst. „Hat er ... hat er sonst noch was gesagt?“
„Dass er nicht mehr kommt zu diesen Klatschtreffen.“
Möppi wirkte auf einmal ganz fürchterlich erleichtert. „Ich geh auch nicht mehr hin!“, meinte er entschlossen. „Ich schlafe lieber länger. Und in der Pause kicken wir ein bisschen. Wir könnten Benny fragen, ob er mitspielen will. Er ist echt cool. Wir brauchen nur von irgendwo einen Ball.“
Auf seinem Klettergerüst begann Benny zu grinsen. Jetzt, wo er kein Fernglas mehr benötigte, musste Möppi sich um einen Ball ganz bestimmt keine Sorgen machen.

„Ein Verleumder verrät, was er heimlich weiß;
aber wer getreuen Herzens ist, verbirgt es.“
Sprüche 11,13

„Wer Geheimnisse verrät, ist ein Verleumder,
und mit dem, der den Mund nicht halten kann,
lass dich nicht ein.“
Sprüche 20,19

„Der auch seinen eigenen Sohn nicht verschont hat, sondern hat ihn für uns alle dahingegeben – wie sollte er uns mit ihm nicht alles schenken?“
Römer 8,32

Weihnachtsgeschenke

Die letzte Nacht hatte Carlotta kaum geschlafen. Trotzdem fühlte sie sich nicht müde. Sie war einfach zu aufgeregt. Hätte sie doch die Christvesper schon hinter sich! Jetzt musste sie noch einmal eine gute Stunde länger warten auf ihre Geschenke. Sie fand diesen Gottesdienst am Heiligen Abend äußerst lästig. Lästig und unnötig. Warum konnten ihre Großeltern nicht stattdessen in die Mitternachtsmesse gehen? Das wäre doch viel schlauer. Und zwar gleich aus zwei Gründen: Erstens würde sie ihre Geschenke eher bekommen und zweitens konnte sie dann länger aufbleiben, um sich gleich damit zu beschäftigen. Aber anders als ihre Eltern ließen Oma und Opa einfach nicht mit sich diskutieren, was das betraf. Sehr schade. „Erst die Christvesper und dann die Bescherung“, hatte Opa gesagt und dabei blieb es.
Carlottas Mutter hatte in diesem Jahr an Heiligabend Dienst, und Carlotta und ihr Vater waren bei den Großeltern einquartiert. Es blieb ihr also nichts anderes übrig, als sich in ihr Schicksal zu fügen. Warum musste Mama auch ausgerechnet heute arbeiten! Konnte nicht jemand anderes im OP stehen? Wer schrieb auch so einen blöden Dienstplan! Nur deswegen musste sie jetzt leiden. Den ganzen Weg zur Kirche ärgerte sich Carlotta über diese „Ungerechtigkeit“. Hoffentlich ging das Krippenspiel nicht so lang. Die Weihnachtsgeschichte kannte sie sowieso schon auswendig: Maria und Josef im Stall und die Hirten mit den Schafen und den Engel. Zum Schluss kamen die Weisen aus dem Morgenland mit ihren Geschenken. Ach ja, und das Jesus-Kind in der Krippe gehörte auch noch dazu. Jedes Jahr das Gleiche.
Früher hatte sie selbst ein paarmal einen der Engel gespielt. Aber jetzt, mit fast dreizehn, waren diese Zeiten vorbei.
Und trotzdem musste sie erst diesen Gottesdienst über sich ergehen lassen, bevor sie endlich ihre Geschenke auspacken konnte.

Carlotta wurde immer ungeduldiger.
Doch als sie die Kirche betraten, war vorne vor dem Altar weder ein schwach erleuchteter Stall noch eine andere nächtliche Kulisse zu sehen. Stattdessen befand sich dort ein Tisch, der mit schön eingepackten Päckchen überhäuft war. Gab es hier zu Weihnachten Geschenke für die Kinder? Ob sie wohl auch noch dazugehörte? Noch war sie ja zwölf. Carlottas Herz begann schneller zu schlagen. Vielleicht war es doch nicht zu schlecht, dass sie hierhergekommen waren. Sie tippte ihre Oma an und deutete nach vorne. „Für wen sind die Geschenke?", flüsterte sie. Doch Oma lächelte nur geheimnisvoll. Dann begann der Gottesdienst.
Ein Lied, noch ein Lied, die Schriftlesung. Was war mit den Geschenken?
Da ertönte ein Glöckchen. Im nächsten Moment öffneten sich die großen Türen des Saals und eine Schar Kinder stürmte wie eine wild gewordene Herde Kühe durch den Mittelgang. Carlotta bekam einen richtigen Schrecken. Die Kinder rannten nach vorne auf den Tisch mit den Geschenken zu. Kreischend stürzten sie sich auf die bunten Päckchen und rissen gierig das glänzende Papier ab.
„Wartet!", rief da ein Junge von hinten besorgt. „Lasst mir auch noch welche übrig!" So schnell er konnte, lief er nach vorne.
Doch da galoppierten die anderen schon voll beladen an ihm vorbei durch den Mittelgang zurück und aus der Kirche hinaus. Hastig wühlte der Junge in den herumliegenden Papierfetzen. Dabei breitete sich Entsetzen auf seinem Gesicht aus.
Carlotta schaute gebannt nach vorne. Sie konnte die Verzweiflung des Jungen sehr gut nachempfinden.
„Sie haben mir nichts übriggelassen! Kein einziges Geschenk!", rief er fassungslos.
Da ertönte von irgendwo rechts eine tiefe Stimme: „Du irrst dich", sagte sie freundlich. Der Junge blickte erstaunt auf. „Das beste Geschenk ist noch da. Das haben sie wie üblich übersehen." Etwas ratlos sah der Junge sich um. „Schau einmal in der Krippe nach", forderte die Stimme ihn auf.
Erst jetzt bemerkte Carlotta die schlichte Holzkrippe, die etwas im Hintergrund stand.

Ein in Tücher gewickeltes Päckchen lag darin. Der Junge nahm das unscheinbare Geschenk heraus und wickelte die Stoffstücke ab. Ein Karton, der an mehreren Stellen kleine Löcher hatte, kam zum Vorschein. Neugierig reckte Carlotta ihren Hals. Als der Junge den Deckel abnahm, flatterte eine weiße Taube heraus. Sofort wurde es unter den Gottesdienstbesuchern lebendig. Auch Carlotta kicherte. Ein echter Vogel in einem Gottesdienst! Das hier war das ungewöhnlichste Krippenspiel, das sie je erlebt hatte.

Die Taube flog durch den hohen Raum und setzte sich dann auf eine der Lampen.

Der Junge lachte. „Das ist ja ein gutes Geschenk. Hoffentlich kommt es auch zu mir zurück!“ Er streckte den Arm aus und machte Lockgeräusche. Tatsächlich, der Vogel flatterte zu ihm und landete auf seinem Finger.

„Es ist eine Friedenstaube“, erklärte die Stimme. „Ich schenke dir meinen Frieden.“

„Den kann ich gut gebrauchen“, nickte der Junge, während er sachte die Taube streichelte. „Bei uns zu Hause ist so viel Streit. Vor allem an Weihnachten. Mama versucht, sich nichts anmerken zu lassen, aber das klappt nicht. Sie geht fast in die Luft.“

„Ja, ich weiß“, sagte die Stimme. „Mein Friede ist auch für deine Mama. Eigentlich für jeden. Aber du hast es ja selbst gesehen.“ Die Stimme klang traurig. „Für mich interessieren sie sich nicht. Doch ich habe noch mehr Geschenke für dich.“

Der Junge ließ die Taube von seiner Hand auf seine Schulter gehen und holte ein großes gelbes Smiley aus dem Karton. Er hielt es neben sein Gesicht und lächelte auch.

„Ich schenke dir Freude“, sagte die Stimme. „*Meine* Freude. Sie erlischt nicht mit den Kerzen am Weihnachtsbaum. Der Grund für diese Freude verschwindet nicht. Schau noch einmal in das Päckchen.“

Nun holte der Junge ein rotes Plüschherz heraus.

„Ich schenke dir meine Liebe!“, sagte die Stimme. „Deswegen habe ich den Himmel verlassen. Meine Liebe zu dir ist größer, als du dir vorstellen kannst. Und sie kann durch nichts geändert werden. Selbst wenn dir Menschen alles wegnehmen würden, meine Liebe können sie nicht stehlen.“

Der Junge drückte das Herz an sich. „Das sind wirklich tolle Geschenke!“, freute er sich. „Vielen, vielen Dank!“
Carlotta sah ihm nach, wie er durch den Mittelgang fröhlich davonsprang. Die Taube flatterte um ihn herum. So einen zutraulichen Vogel hätte Carlotta auch gerne gehabt. Sie hatte gar nicht gewusst, dass man die so gut trainieren konnte.
Während der Predigt überlegte sie, welches ihrer Geschenke sie vielleicht umtauschen könnte, um von dem Geld einen Vogel und entsprechendes Zubehör zu kaufen. Den Laptop würde sie behalten. Und das Handy auch. Aber vielleicht die Schlittschuhe, die sie von Oma und Opa bekäme? Oder lieber die Ohrringe, die sie mit Mama ausgesucht hatte? Die wollte sie eigentlich auch behalten. Sie hatte nämlich den Verdacht, dass sie als Überraschung noch die passende Kette dazu bekäme. Vielleicht auch noch das Armband. Sie hatte so ein längliches Päckchen gesehen. Außerdem hatten da noch einige andere Dinge gelegen. Das wurde bestimmt eine super Bescherung dieses Jahr. Warum dauerte der Gottesdienst auch so lange?
Einmal bekam sie mit, wie Papa sich zu Oma beugte: „Wird dem Braten auch ganz bestimmt nichts passieren?“, flüsterte er besorgt.
„Ganz bestimmt nicht, Junge. Wir machen das hier nicht zum ersten Mal“, raunte ihre Oma beruhigend zurück.
Carlotta musste grinsen. Aha, noch jemand, der es eilig hatte, das hier hinter sich zu bringen.

Nach der Christvesper konnte Carlotta nicht schnell genug nach Hause kommen. Sie ließ sich von Oma den Haustürschlüssel geben und rannte vor. „Aber warte noch mit auspacken!“, rief ihr Vater ihr lachend hinterher.
„Wenn ihr nicht zu lange braucht!“, warf sie im Laufen über die Schulter zurück.
Als sie die Haustür aufschloss, stieg ihr schon der köstliche Duft von Omas Weihnachtsbraten in die Nase. Die Küchentür stand sperrangelweit offen. Auch die Wohnzimmertür war geöffnet. Trotzdem war es im Flur seltsam kalt, als ob irgendwo ein Fenster offen wäre. Schnell zog Carlotta ihre Stiefel aus und ging ins Wohnzimmer.

Was sie dort sah, ließ ihr das Blut in den Adern gefrieren: Der Inhalt sämtlicher Schubladen und Schränke lag auf dem Boden verstreut. Das hintere Fenster war aus den Angeln gehoben, und ein kalter Hauch wehte über das Chaos. Einige Sekunden stand sie wie betäubt da. Dann schnürte ihr die Panik die Kehle zu. Die Geschenke! Mit vor Entsetzen geweiteten Augen starrte sie auf die Stelle unter dem Weihnachtsbaum, wo die vielen schönen Päckchen gelegen hatten: Sie waren verschwunden! Kreidebleich und mit zitternden Knien ging sie rückwärts aus dem Raum.
Da öffnete sich die Haustür, und der Rest der Familie kam. „Wir sind ...", fing Opa fröhlich an, doch als er das Gesicht seiner Enkelin sah, runzelte er die Stirn.
„Sie haben bei uns eingebrochen", flüsterte Carlotta. „Sie haben alle Geschenke mitgenommen!"
Mit wenigen Schritten war Papa an ihr vorbei ins Wohnzimmer geeilt. Er fluchte laut.
Oma und Opa folgten ihm. Oma stieß einen Schrei aus. „Das darf doch wohl nicht wahr sein!", rief sie. Opa stand nur mit zusammengepressten Lippen da. Fassungslos betrachteten sie die Verwüstung.
„Lasst alles so!", wies Papa sie an. „Ich rufe sofort die Polizei. Schaut nach, was sie noch angerichtet haben."
Während Opa die anderen Räume in Augenschein nahm, ging Oma in die Küche. Gleich darauf hörte Carlotta sie aufschreien: „Der Braten! Sie haben sogar den Braten gestohlen!"
Carlotta stand immer noch im Flur. Opa lief mit grimmigem Gesicht an ihr vorbei in die Küche. „In den Zimmern oben waren sie nicht. Aber dein Schmuck fehlt!", hörte sie ihn zu seiner Frau sagen.
„Warum lasst ihr auch bei dem hinteren Fenster nie den Rollladen runter!", schimpfte Papa, der fertig war mit telefonieren. Er war auf 180. Dass es keinen Braten mehr gab, machte ihn noch wütender.
Es klingelte. Die Polizei.
Während die beiden uniformierten Männer den Schaden aufnahmen und nach eventuellen Spuren suchten, schlich sich Carlotta nach oben in ihr Zimmer. Sie legte sich mitsamt Kleidern ins

Bett und rollte sich unter der Decke zusammen. Das hier war ein einziger, schrecklicher Alptraum. Obwohl sie immer noch ihre Jacke anhatte, zitterte sie. Ihre Geschenke! Alle ihre Geschenke waren weg! Weihnachten ohne Geschenke!
Irgendwo läuteten Kirchenglocken. „Keine Geschenke, keine Geschenke, keine Geschenke ...“, schienen sie ihr zuzurufen. Carlotta konnte nichts anderes denken. „Keine Geschenke, keine Geschenke, ...“ Die Glocken läuteten immer weiter. „Ding, ding, dong, dong, dong. Ding, ding, ...“
Nach einer Weile wurde das Zittern weniger. Auf einmal war sie schrecklich müde. Die Aufregung der letzten Tage und der Schock wichen einer bleiernen Traurigkeit. Sie hatte sich umsonst gefreut. Umsonst gewartet. Auch wenn die Versicherung das meiste ersetzen würde, war es nicht dasselbe. Carlotta fühlte sich betrogen. Ein paar böse Menschen hatten ihr Weihnachten gestohlen. Erschöpft schlief sie ein. Im Traum lief sie maskierten Verbrechern hinterher, die die Arme voller Weihnachtspäckchen hatten. Aber sie war nicht schnell genug. Die Männer lachten sie aus und machten sich mit ihren Geschenken aus dem Staub.

Als Carlotta wieder wach wurde, war alles still. Sie sah auf ihre Armbanduhr: War es wirklich schon morgen? Sie schlug die Decke zurück. Nanu, sie hatte ja ihre Kleider noch an! Da fiel ihr ein, was gestern geschehen war. Oder hatte sie das alles vielleicht doch nur geträumt? Leise ging sie die Treppe hinunter in die Küche. Sie war sauber und aufgeräumt. Auch die Unordnung aus dem Wohnzimmer war verschwunden – ebenso wie die Geschenke!
Es war also doch kein Traum gewesen. Das Einzige, das noch unter dem Baum stand, waren die Krippenfiguren.
Carlotta ging durch das Zimmer und setzte sich mit angezogenen Beinen auf die Fensterbank. Sie legte den Kopf auf die Knie und sah hinaus in die kalte Morgendämmerung. Sie fühlte sich genauso kalt und leer wie die starre Winterwelt.
Plötzlich fuhr sie zusammen. Direkt vor ihr war etwas gegen die Scheibe geprallt. Erschrocken richtete sie sich auf. Vor dem Fenster auf den Terrassenfliesen lag ein Vogel. Ob er tot war?

Schnell zog Carlotta sich ihre Jacke an und lief nach draußen. Der Vogel lag mit halb geschlossenen Augen da. Seine kleine Brust bewegte sich sacht.

Wahrscheinlich ist er bewusstlos von dem Aufprall, überlegte Carlotta. *Vielleicht hat er sich auch etwas gebrochen. Wenn er hier in der Kälte liegenbleibt, wird er bestimmt erfrieren!*

Ganz vorsichtig schob das Mädchen die Finger unter das kleine Tier und hob es hoch. Unschlüssig stand sie mit dem Vogel in den Händen auf der Terrasse. Da flatterten dessen Augenlider, und im nächsten Moment blickte er sie erstaunt an. Carlotta blieb ganz still, um den Kleinen nicht zu erschrecken. Der Vogel richtete sich auf und hüpfte auf ihr Daumengelenk. Dabei sah er sie weiter interessiert aus seinen schwarzen Äuglein an.

„Tschiep, tschiep", machte er. Dann breitete er die kleinen Flügel aus und flatterte fröhlich davon.

„Bitteschön, gern geschehn!", rief Carlotta ihm leise hinterher. Sie holte aus der Küche eine Scheibe Brot und zerkrümelte sie auf der Terrasse. Dann nahm sie wieder ihren Platz auf der Fensterbank ein. Es dauerte nicht lange, da kam auch schon das Vögelchen und pickte vergnügt. Bald gesellten sich andere dazu.

„Frohe Weihnachten!", flüsterte Carlotta.

Während sie ihnen zusah, merkte sie auf einmal, dass sie sich nicht mehr ganz so schlecht fühlte. *Der Vogel hat auf meiner Hand gesessen wie die Taube von dem Jungen gestern Abend*, fuhr es ihr durch den Kopf.

Die Taube – „Frieden" hatte sie bedeutet –, eins der Geschenke aus dem unscheinbaren Päckchen in der Krippe. Was war noch darin gewesen? Ach ja, Freude. Freude, die nicht verschwindet, wenn Weihnachten vorbei ist.

Weihnachten. *Weihnachten ist vorbei, bevor es überhaupt angefangen hat*, dachte Carlotta traurig. Sie rutschte von der Fensterbank, ging zu den Krippenfiguren und kniete sich davor. Dabei entdeckte sie, dass Josefs Stab abgebrochen war und Maria einen ziemlichen Kratzer bekommen hatte. Glücklich schauten die beiden Holzfiguren auf die Krippe zwischen ihnen. Ein Säugling lag darin. Jesus, der Sohn Gottes. Nachdenklich betrachtete Carlotta die Szene vor ihr.

„Ich bin gekommen, um dir meine Liebe zu schenken“, hatte die Stimme gesagt. „Selbst wenn dir Menschen alles wegnehmen würden, meine Liebe können sie nicht stehlen.“
Auf einmal gewannen die Worte aus dem Weihnachtsspiel eine ganz neue Bedeutung. Gottes Liebe konnte kein Einbrecher stehlen. Carlotta nahm die Krippe mit dem Kind darin in die Hand und sah sie lange an. Auch sie hatte bisher immer das wichtigste Geschenk achtlos übergangen. Erst jetzt, wo es keine anderen Geschenke mehr gab, wurde ihr das bewusst. Das Hauptgeschenk, das, was Weihnachten wirklich ausmachte, hatte sie noch. Gott hatte ihr *seinen Sohn* geschenkt! So sehr liebte er sie! Staunend hockte sie auf dem Teppich.
Da öffnete sich die Tür und ihre Oma steckte den Kopf ins Zimmer.
„Kind, was machst du denn da?“, fragte sie verwundert.
„Ich packe gerade meine Geschenke aus“, erklärte Carlotta. Die Traurigkeit war weg.
„Aber die Einbrecher haben doch alles mitgenommen“, sagte Oma verwirrt.
Carlotta lächelte. „Das Beste ist noch da. Das konnten sie nicht klauen. Ich hätte es auch beinahe übersehen ...“

**„Der auch seinen eigenen Sohn nicht verschont hat,
sondern hat ihn für uns alle dahingegeben –
wie sollte er uns mit ihm nicht alles schenken?“
Römer 8,32**

„Ein Bruder ist dazu da,
dass man einen Helfer in der Not hat.“
Sprüche 17,17b (NLB)

St. Martin

Auf dem Boden im Flur lag ein Zettel, als Daniel nach Hause kam: „Wir sind bei Oma. Mama und Michi“. Sein fünfjähriger kleiner Bruder hatte in seiner Krakelschrift selbst unterschrieben. Auch gut. Dann hätte Daniel die Wohnung jedenfalls für sich.
Er ging ins Wohnzimmer. Der Tisch dort war übersät mit Bastelkram: Pappe, Transparentpapier, Schablonen, Schere und Kleber. Oben auf dem Durcheinander thronte eine stattliche Eulenlaterne. Ihre Federn waren nicht ganz gleichmäßig und sie schielte ein bisschen, aber das tat ihrer Schönheit keinen Abbruch. Die Mühe der letzten Tage hatte sich wirklich gelohnt, fand Daniel. Michi hatte jeden Nachmittag stundenlang an dem Tier gesessen. Kein Wunder: Es war eine fürchterliche Arbeit gewesen, die Federn, wie Schuppen, einzeln aus der Pappe herauszuschneiden und dann mit unterschiedlich farbigem Transparentpapier zu hinterkleben. Es war Daniel unerklärlich, wie sein kleiner Bruder die Geduld aufbringen konnte, so etwas zu basteln. Als er selbst im Kindergarten gewesen war, hatte er sich immer die einfachsten Figuren ausgesucht. Basteln war ganz bestimmt nicht seine große Leidenschaft. Damals nicht und heute, mit 13, noch viel weniger. Er hatte es immer schon gehasst, wenn das Papier an seinen Fingern klebte statt dort, wo es hin sollte.
Fast genauso schlimm war das Laternegehen an sich gewesen. Und er hatte sogar ein Jahr länger diesen Kram mitmachen müssen, weil er ein Jahr später eingeschult worden war. Das letzte Mal war das Schlimmste von allen gewesen: Er war direkt hinter dem Pferd von St. Martin hergegangen. Da hatte das Tier auf einmal den Schweif angehoben und Luft abgelassen. Direkt in sein Gesicht!
Daniel hatte sich geschworen, nie wieder Laterne zu gehen. Nie.
Er schob die Unordnung auf dem Tisch zur Seite und begann mit den Hausaufgaben.

Schließlich kamen Mama und Michi zurück. Daniel ging in den Flur.
„Hallo Daniel, hast du schon meine Eule gesehen?“, fragte Michi sofort stolz.
„Sie ist echt gut geworden“, meinte Daniel. Er sah seine Mutter an. Sie wirkte irgendwie nicht so glücklich. Ob ihr die Eule nicht gefiel? Doch ihr ernstes Gesicht hatte einen anderen Grund: Oma ging es nicht gut. „Ich werde nach dem Abendessen nochmal zu ihr fahren“, sagte sie. „Daniel, schau doch bitte, dass Michi seine Zähne putzt und rechtzeitig im Bett ist, ja?“
Daniel war nicht erfreut. Zu dumm, dass Papa noch bis morgen Abend auf dieser Messe war. Aber so blieb ihm wohl nichts anderes übrig, als sich um seinen kleinen Bruder zu kümmern.
Nach dem Abendessen wollte Michi seine Laterne ausprobieren. Daniel half ihm mit der Kerze. Michi hätte das natürlich lieber selbst gemacht, aber sein großer Bruder blieb hartnäckig.
Die Eule sah wirklich sehr schön aus. Das Kerzenlicht schimmerte durch ihr Gefieder, und Michi trug sie liebevoll nach draußen. „Aber nur zehn Minuten“, wies Daniel ihn an. „Dann musst du ins Bett.“ Der kleine Junge nickte und verschwand auf den Hof.
Kurz darauf hörte Daniel, der im Wohnzimmer saß, von draußen einen Schrei. „Hilfe! Hilfe, meine Laterne brennt!“
Daniel sprang auf. Hastig griff er die Blumengießkanne von der Fensterbank und stürzte nach draußen.
Doch für die Eule kam jede Rettung zu spät. Ein paar Sekunden später war von der ganzen Pracht nur noch die Metallhalterung übrig. Sie baumelte traurig an dem rußgeschwärzten Laternenstab. Fassungslos vor Entsetzen starrte Michi auf die Stelle, an der eben noch seine Eule hing.
Betroffen ließ Daniel ihn ins Haus. Der Kleine tat ihm wirklich leid. Irgendwie musste er ihn trösten, aber er hatte keine Ahnung, wie. Er konnte ja schließlich schlecht sagen, es wäre nicht so schlimm oder würde wieder gut. Es war nämlich schlimm, zumindest für Michi, und es würde auch nicht wieder gut.
Die Asche des Transparentpapiers wehte über die Pflastersteine. Daniel wünschte, Mama wäre da. „Komm, es ist Zeit zum Schlafen. Ich lese dir noch dein Lieblingsbuch vor“, sagte er hilflos.

Mit hängenden Schultern folgte sein kleiner Bruder ihm, den Laternenstab hinter sich herschleifend. Daniel las die Geschichte. Doch Michi starrte nur vor sich auf die Bettdecke, die Augen voller Tränen.
Schließlich war es auch für Daniel Zeit, ins Bett zu gehen. Mama war immer noch nicht da. Ging es Oma so schlecht? Daniel löschte das Licht und machte die Augen zu. Da hörte er von nebenan aus dem Zimmer seines Bruders leise Geräusche. Michi weinte. „Huhu hu. Huhuhu huuu ...! Meine schöne Eule! Huhuhuuuu ...!“ Sein Schluchzen klang fast wie das Heulen eines dieser großen Vögel. Es hörte sich absolut herzzerreißend an. Daniel konnte es kaum ertragen. Michi musste die letzten zwei Stunden alleine in seinem Bett geweint haben. Sein kleiner Bruder tat ihm so schrecklich leid. Könnte er ihn doch nur trösten!
Endlich wurde das Schluchzen weniger und hörte schließlich ganz auf. Daniel schlief auch ein. Aber er träumte wirres Zeug von brennenden Eulen, die schreiend durch die Luft flogen. Im Traum ritt sein kleiner Bruder auf einem pupsenden Pferd weinend hinter ihnen her. Da stürzte eine von den Feuereulen ab.
Mit einem Ruck wurde Daniel wach. Auf einmal wusste er, wie er Michi helfen konnte. Es war die einzige Möglichkeit.
Mit einem Seufzer schwang er seine Beine aus dem Bett und ging leise ins Wohnzimmer. Auf dem Weg durch den Flur stellte er fest, dass Mama auch wieder eingetroffen war. Ihre Stiefel standen unter der Garderobe.
Daniel setzte sich an den Tisch im Wohnzimmer. Zwischen den Pappen und Transparentpapieren suchte er nach der Eulen-Vorlage. Und dann begann er, eine neue Laterne zu basteln. Die wie Schuppen geformten Federn würde er nicht einzeln ausschneiden. Das würde einfach zu lange dauern. Stattdessen schnitt er Streifen aus dem braunen, gelben und weißen Transparentpapier, die er wiederum fransenartig einschnitt. Diese Streifen klebte er lagenförmig in den Eulenbauch. Als er mit einer Seite fertig war, hielt er sie gegen das Licht. Durch die Tranparentpapierschichten wirkte das Gefieder der Eule richtig lebendig. Daniel machte sich an die zweite Seite. Zum Schluss fügte er die einzelnen Teile zusammen. Das war ziemlich schwierig. Immer wieder rutschte die Pappe,

die die Verbindung zwischen den beiden Bäuchen und gleichzeitig den Boden der Laterne bildete, ihm weg. Endlich hatte er es geschafft. Jetzt nur noch die Augen. Ernst blickte der große Vogel ihn an.
Mit einem Seufzer der Erleichterung betrachtete Daniel sein Werk. Seine Augen brannten und seine Finger klebten fürchterlich. Aber er hatte es für Michi getan. Sobald Daniel im Bett lag, fiel er in einen tiefen, zufriedenen Schlaf.
Am nächsten Morgen wurde er zwei Minuten bevor sein Wecker klingelte von einem lauten Freudenschrei wach.
„Meine Eule! Sie ist wieder lebendig geworden!"
Ein glückliches Gefühl breitete sich in Daniel aus. Schnell zog er sich an und ging in die Küche. „Daniel, sieh nur, meine Eule!", rief Michi aufgeregt und hielt seine Laterne hoch.
Daniel versuchte lässig auszusehen. Aber es gelang ihm nicht. Michis Begeisterung war zu ansteckend. „Gefällt sie dir?", fragte er mit einem breiten Grinsen.
Sein kleiner Bruder starrte ihn einen Moment verwundert an. Auch Mama guckte erstaunt. Dann riss Michi die Augen auf. „Hast du mir etwa eine neue gemacht?", fragte er völlig überwältigt. „Ich dachte, du magst Basteln nicht!"
Daniel drückte kurz seine Schulter. „Du bist doch mein Bruder", sagte er nur. Im nächsten Moment hatte er Michis weiche Arme um seinen Bauch.

Am Nachmittag, Mama stand gerade unter der Dusche, bevor sie mit Michi zum Laternenumzug gehen wollte, klingelte das Telefon. „Geht mal bitte einer dran!", kam ihre Stimme aus dem Badezimmer. Daniel hob ab. Es war jemand aus dem Krankenhaus, der nach Mama fragte. „Einen Moment bitte", sagte Daniel und ging mit dem Telefon in der Hand zum Bad. Seine Mutter war zum Glück gerade aus der Dusche gekommen und nahm ihm das Mobilteil ab. „Ach du Schreck!", hörte Daniel sie sagen. „Ja, ich komme so bald ich kann."
Das klang nicht gut.
Im Flur sang Michi unbekümmert seine St.-Martin-Lieder. Er konnte es kaum noch erwarten, bis er endlich seine Eule ausfüh-

ren konnte.
Mama kam aus dem Bad. Ihre Haare waren noch nass. „Kinder, ich muss sofort ins Krankenhaus zu Oma. Der Arzt hat eben angerufen. Ihr geht es sehr schlecht.“
Betroffen schauten die beiden Jungen sie an. Dann breitete sich Entsetzen auf Michis Gesicht aus. Soeben hatte er erfasst, dass Mama nicht mit ihm zum Laternenumzug gehen konnte. Er sah auf seine Eule und sein Blick sprach Bände.
„Ich gehe mit dir zu St. Martin“, hörte Daniel sich plötzlich sagen. Er würde noch ein allerletztes Mal Laternegehen. Für Michi. Ein Bruder war da für die Not. Und Michi sollte nicht umsonst einen Bruder haben.

Die Eule leuchtete warm. Sie sah wunderschön aus. Michi trug sie vor sich her wie eine Trophäe, während er neben Daniel ging. Die anderen Kinder aus Michis Kindergartengruppe sahen den größeren Jungen neugierig und ein bisschen schüchtern an. Michi stellte jedem stolz seinen großen Bruder vor. „Und die Eule hat er extra für mich gemacht! Weil meine gestern abgebrannt ist!“, verkündete er jedes Mal ganz gerührt. Daniel erntete viele bewundernde Blicke.
„So einen Bruder will ich auch gerne!“, meinte ein kleiner Knirps neidisch. „Aber meiner hilft mir nicht, wenn ich in Not bin. Er ist gar kein echter Bruder.“
„Und wo ist *deine* Laterne?“, fragte ein Kind Daniel unvermittelt.
„Ja, warum hast du keine?“, wollte auch ein anderes wissen.
Daniel überlegte, was er am besten darauf antworten sollte. Michi sah zu ihm hoch. Dann streckte er ihm seine Laterne hin. „Hier“, sagte er. „Du darfst meine Eule halten. Weil du keine Laterne hast. Ich teile mit dir. Ich will auch ein richtiger Bruder sein. So wie du.“

„Ein Bruder ist dazu da,
dass man einen Helfer in der Not hat.“
Sprüche 17,17b (NLB)

„Verlass dich auf den Herrn von ganzem Herzen, und verlass dich nicht auf deinen Verstand, sondern gedenke an ihn in allen deinen Wegen, so wird er dich recht führen.“
Sprüche 3,5-6

Ein Geschenk für Julian

Micky saß mit seinem Kaninchen Knopf auf der Terrasse in der Hollywoodschaukel. Es war Samstag, Spätnachmittag, und hinter ihm im Haus war es ungewöhnlich still. Papa war mit Julian, Mickys großem 15-jährigen Bruder, bei seinem Fußballspiel, und Mama war nebenan bei Oma. Micky hätte auch mitgehen können, aber er wollte lieber einfach nur zu Hause bleiben. Es war immer so viel los bei ihnen, da war es auch mal schön, nirgendwohin zu gehen. So saß er gemütlich mit Knopf in der Schaukel und streichelte dessen weiches Fell. Da hörte er drinnen im Wohnzimmer das Telefon klingeln. Er klappte den unteren Rand seines T-Shirts über das Kaninchen und trug es in dem so entstandenen Beutel hinein. Während er mit einer Hand den T-Shirt-Stoff um Knopf zusammenhielt, nahm er mit der anderen das Telefon ab.

„Hier spricht Micky Walter.“

David, der Leiter der christlichen Pfadfindergruppe, zu der Julian und Micky mittwochs gingen, meldete sich. Ob Julian da sei.

„Nein, der hat ein Spiel.“

„Ach so.“

„Soll ich ihm was ausrichten?“

„Ja, kannst du“, sagte David. „Ob er am Mittwoch bei den Pfadfindern die Andacht machen kann. Etwas zum Lied ‚Ich halt mich an sein Wort, ich verlass mich drauf‘. Aber wenn du es vergisst, ist es auch nicht schlimm. Ich rufe morgen sowieso nochmal an, um ihm zu gratulieren.“

Micky riss erschrocken die Augen auf. Julian hatte morgen Geburtstag? Das hatte er ja ganz vergessen! Er hatte noch gar kein Geschenk für ihn!

„Hallo, bist du noch dran?“, fragte David am anderen Ende.
„Äh, ja“, stammelte Micky. „Ich habe mich nur gerade erschreckt.“
„Wegen mir?“, fragte David verwundert. „Sorry, ich wollte dich nicht erschrecken.“
„Nein, nicht wegen dir. Weil Julian morgen Geburtstag hat“, erklärte Micky. Knopf begann zu strampeln. „Ich muss jetzt schnell auflegen“, sagte Micky hastig und fasste das Kaninchen mit beiden Händen. Dann setzte er sich wieder mit ihm auf die Hollywoodschaukel.
Woher sollte er jetzt noch ein Geschenk bekommen? Zum Einkaufen war es zu spät.
„Ach du liebe Zeit, was mache ich nur, Knopf?“, fragte Micky ratlos. „Hast du nicht eine Idee, was ich ihm schenken könnte?“ Er seufzte. Wie hatte er das mit dem Geburtstag nur vergessen können? Jetzt hatte er den Salat!
Knopf begann, an seinen Fingern zu knabbern. Micky lachte. „Wenn Julian ein Kaninchen wäre, wüsste ich, womit ich ihm eine Freude machen könnte: Ich würde ihm Löwenzahn und Petersilie pflücken und damit eine schöne fette Möhre einwickeln. Hey, ich hab‘s!“, rief er auf einmal. Knopf hörte erschrocken auf zu mümmeln. „Julian ist genauso verfressen wie du! Ich schenke ihm was zu Essen. ‚Liebe geht durch den Magen‘, sagt Mama ja immer. Er mag doch so gerne Zimtröllchen. Ich werde ihm einfach ein Geschenk *backen*! Aber ich muss mich beeilen. Sonst ist es nicht fertig, bevor Julian wiederkommt.“
Micky setzte Knopf zurück in den Stall. In Mamas Rezeptbuch fand er mithilfe des Registers die richtige Seite. Gut, dass sie in der Schule vor einigen Wochen geübt hatten, wie man Wörter nachschlägt. Es hatte durchaus seinen Sinn gehabt.
Milch, Zucker, Mehl, Hefe, Butter ... Micky suchte sich die Zutaten zusammen und machte sich an die Arbeit. Im Rezept stand, dass man die Milch erwärmen sollte, bevor man die Trockenhefe darin auflöste. Dann sollte man mit etwas Zucker und Mehl daraus einen Vorteig machen. Er warf einen Blick auf die Uhr. Nein, das mit der warmen Milch und dem Vorteig

würde ihm zu knapp. Er würde einfach alle Zutaten für den Hefeteig zusammenrühren. In Anbetracht der wenigen Zeit, die er hatte, erschien ihm das wesentlich sinnvoller.
Der Teig war zwar etwas klumpig und nicht geschmeidig, wie es im Rezept hieß, aber was machte das schon.
So, wie ging es weiter? Jetzt sollte man den Teig ausrollen, mit Zucker und Zimt bestreuen, wieder einrollen und in Stücke schneiden. Micky runzelte die Stirn. Ausrollen und gleich wieder einrollen? Das hörte sich aber sehr komisch an. Er würde das anders machen. Micky verteilte den Teig auf dem Blech – gar nicht so leicht, weil er so an seinen Fingern klebte – und bestreute das Ganze mit Zucker und Zimt. Er war ziemlich stolz auf sich, dass er diese „Abkürzung“ gefunden hatte. Dann kam ihm noch eine Idee: Er könnte doch mit Smarties noch „für Julian“ darauf schreiben! Schnell ging er an die Süßigkeitenkiste. Eigentlich durfte er sich nicht einfach selbst daraus bedienen, aber das hier war ein Notfall. Und die Smarties waren ja auch nicht für ihn, sondern für einen guten Zweck.
So sorgfältig es die Zeit zuließ, drückte er die bunten Schokolinsen in den Teig. Fertig. Er sah auf die Uhr. Es blieb ihm noch eine gute halbe Stunde, bis Julian zurückkäme. Der Kuchen sollte 45 Minuten auf 160° Heißluft gebacken werden und vorher nochmals zwanzig Minuten aufgehen.
Was stellten sich die Leute aus dem Kochbuch vor? So viel Zeit hatte er einfach nicht! Er würde einfach die Temperatur höher stellen – je höher, desto schneller, oder? Micky drehte den Ofen auf 220° und schob den Kuchen hinein.
Er grinste. Das hatte er toll hingekriegt! Jetzt konnte er sogar noch die Küche aufräumen. Und dann bekäme er von Mama ein dickes Lob. Er konnte schon fast hören, wie sie sagte: „Du hast mit neun Jahren ganz alleine einen Kuchen gebacken und die Küche aufgeräumt? Micky, ich bin stolz auf dich!“
Es dauerte nicht lange, da begann der Kuchen bereits zu duften. Mmm, lecker! Micky stellte sich den Küchenwecker und setzte sich auf die Terrasse. Dort unterhielt er sich noch ein bisschen mit Knopf.

Als der Wecker klingelte, ging Micky hinein. Auch im Wohnzimmer roch es stark nach Zimt. Und noch ein bisschen nach etwas anderem. Schnell schaltete Micky den Ofen aus und öffnete die Tür. Heiße Luft schlug ihm entgegen. Er wich einen Schritt zurück und spähte vorsichtig in den Ofen. Der Kuchen hatte eine dunkelbraune Farbe angenommen. Und was war nur mit seiner Schrift passiert? Von den bunten Smarties war nicht mehr viel übriggeblieben. Stattdessen sahen die Buchstaben fast schwarz aus. Betroffen stand Micky vor der geöffneten Tür. Was sollte er nur machen? Eins stand fest, im Ofen konnte der Kuchen nicht bleiben! Er zog sich Mamas dicke Topflappenhandschuhe an und nahm das Blech heraus. Oh weh, von nahem sah der Kuchen noch schlimmer aus! Ob es daran lag, dass er ein paar Sachen anders gemacht hatte, als in dem Rezept gestanden hatte? Vielleicht hätte er sich doch besser danach richten sollen ...
Da hörte er ein Auto in die Einfahrt biegen. Ach du Schreck, Julian und Papa kamen zurück! Er musste den Kuchen verstecken. Hektisch sah er sich um. Sollte er ihn zurück in den Ofen schieben? Kein sicheres Versteck. Oder unter sein Bett? Da war kein Platz. Da stand die Modelleisenbahn. Unter das Sofa? Micky schnappte das Blech und lief ins Wohnzimmer. Jetzt hörte er Stimmen im Flur. Ihm brach der Schweiß aus. Die Terrassentür stand noch offen, und Micky rannte mit dem Kuchen nach draußen. Sein Blick fiel auf die große Truhe, in der die Polster für die Gartenstühle aufbewahrt wurden. Mit dem Fuß klappte er den Deckel hoch und stellte das heiße Blech auf den Kunststoffboden der Truhe. Gerade nochmal gutgegangen! Mit klopfendem Herzen ließ er sich auf die Hollywoodschaukel fallen.
Julian und Papa waren in die Küche gekommen. Micky konnte hören, was sie redeten. Aha, Julian diskutierte wieder mit Papa. Das machte er in letzter Zeit ständig.
„Das ist nicht mehr zeitgemäß, Papa!“, sagte Julian laut.
„Gottes Worte sind nicht nur zeitgemäß, sie sind ewig.“
„Oh Mann, Papa!“, schnaubte Julian. „Das ist doch keine logische Beweisführung!“

Micky vermutete, dass sein großer Bruder jetzt wieder die Augen verdrehte. So weit, dass fast nur noch das Weiße zu sehen war.
„Es geht um mehr als um logische Beweisführung. Es geht um Vertrauen“, kam wieder Papas Stimme.
„Ja, ja, schon gut. Ich glaube auch an die Bibel. Ich mache nur manche Sachen ein bisschen anders, als sie da stehen.“
Julian klang auf einmal wie ein Lehrer, der einem dummen Schüler etwas erklärte. Micky fand das nicht schön. Julian tat so, als wäre er der Vater und Papa das Kind. „Ich schalte halt meinen Verstand nicht aus, wenn ich in der Bibel lese!“
„Das tue ich auch nicht“, erwiderte Papa ruhig. „Aber Gott ist größer als mein Verstand und weiß es besser als ich. Deshalb vertraue ich ihm noch mehr als meinem Verstand.“
Micky seufzte. Was musste Julian auch immer mit Papa streiten? Jetzt hörte er die Küchentür. Aha, das Gespräch war vorerst beendet. Was sollte er nur machen wegen des Kuchens? Er stand auf und ging zur Truhe. Gerade wollte er den Deckel öffnen, als sein Bruder auf die Terrasse trat. Zu dumm. Dann musste Micky später den Kuchen heimlich herausnehmen. Vielleicht konnte er die schwarze Schokolade herauskratzen und stattdessen Gummibärchen darauflegen.
Doch jedes Mal, wenn Micky sich zur Truhe schleichen wollte, kam etwas dazwischen, und schließlich war es Zeit, schlafen zu gehen. Er musste morgen einfach vor allen anderen aufstehen, um den Kuchen fertig zu machen. Dann erst würde er Mama davon erzählen.
Micky sagte gute Nacht und löschte das Licht. Aber er konnte nicht schlafen. Er musste an das Gespräch zwischen Julian und Papa denken. Micky konnte seinen Bruder nicht verstehen. Hoffentlich wurde er nicht mal so, wenn er ein Teenager war. Was war denn daran so schwer, Gott zu vertrauen? Oder hielt Julian sich etwa für schlauer als Gott? Das wäre ja wohl ziemlich dumm! Dabei wurde er doch morgen 16. Mit 16 müsste man das eigentlich wissen.

Endlich schlief er ein. Doch aus lauter Angst zu verschlafen, wurde er immer wieder wach. Schließlich setzte er sich auf. Im Haus war es still. Ob er den Kuchen jetzt schon verzieren sollte? Dann müsste er morgen nicht so früh aufstehen. Leise schlich er durch den Flur ins Wohnzimmer. Nanu, die Terrassentür war ja noch nicht zu! Gut, dass er nochmal aufgestanden war. Plötzlich erstarrte er. Da draußen war jemand! Julian! Und er öffnete soeben den Deckel der Truhe, um die Polster der Gartenstühle hineinzulegen.
„Warte!“, rief Micky.
Julian zuckte erschrocken zusammen.
„Micky, was machst du denn hier?“, fragte er ärgerlich.
„Ich muss noch was aus der Truhe holen.“
„Aus der Truhe?“
Micky drückte sich an ihm vorbei. „Kannst du mal kurz weggucken?“
Julian drehte sich grinsend um, während Micky den Kuchen aus der Truhe holte. Oder, besser gesagt, holen wollte. Das Blech klebte am Boden fest.
„Kann ich mich wieder umdrehen?“, kam Julians Stimme.
Micky murmelte etwas Unverständliches. Schließlich tauchte er wieder auf.
„Was hast du da in der Truhe?“, wollte sein großer Bruder wissen.
„Dein Geburtstagsgeschenk“, antwortete Micky zerknirscht. „Aber es ist festgeklebt.“
„Festgeklebt?“, fragte Julian verständnislos und kam näher.
„Da“, sagte Micky nur und deutete traurig in die Truhe.
„Du hat mir einen Kuchen gemacht?“, staunte Julian und sah über seine Schulter. Im Dämmerlicht sah der Kuchen gar nicht mal so übel aus. „Warte, das haben wir gleich.“ Er zog kräftig an dem Blech. Mit einem Ruck bekam er es frei. Der Kunststoffboden der Truhe war etwas angeschmolzen. „Warum hast du ihn denn in die Truhe gestellt?“, fragte Julian verwundert. „Und dann noch heiß?“

„Du solltest ihn noch nicht sehen. Es sollte eine Überraschung sein. Zimtröllchen."
„Das sieht aber nicht aus wie Zimtröllchen", meinte Julian trocken. Er klopfte auf den Kuchen. „Außerdem ist das hier steinhart – wie Zement! Hattest du kein Rezept?"
„Doch. Ich habe nur manche Sachen ein bisschen anders gemacht, als sie da stehen", erwiderte Micky kleinlaut.
„Hast dich wohl für schlauer gehalten als der Koch, der das Rezept erfunden hat", meinte Julian spöttisch. „Eine ziemlich schlechte Idee, wirklich, ziemlich dumm!"
Auf einmal wurde Micky wütend.
„Das sagt der Richtige!", stieß er hervor. Ihm fiel Davids Anruf ein. „Ach so, David hat angerufen. Ob du am Mittwoch bei den Pfadfindern die Andacht machen kannst. Was zu dem Lied ‚Ich halt mich an sein Wort, ich verlass mich drauf'. Aber wenn du das sowieso nicht glaubst, überlässt du die Andacht lieber jemandem, der sich nicht für schlauer hält als Gott!" Ohne eine Antwort abzuwarten, stapfte Micky zurück ins Haus.
Noch lange nachdem sein kleiner Bruder eingeschlafen war, saß Julian auf der Hollywoodschaukel und starrte nachdenklich auf den verunglückten Geburtstagskuchen.

Als Micky am nächsten Morgen ziemlich spät wach wurde, roch es wunderbar nach frischen Zimtröllchen. Mama hatte welche gebacken. Er ging in die Küche und erzählte ihr, was passiert war. Sie lobte ihn zwar nicht, aber sie schimpfte auch nicht. „Die nächsten machen wir zusammen, okay?", sagte sie nur freundlich. Dann kam Julian in die Küche und ließ sich von ihnen gratulieren. Den Zementkuchen erwähnte er zum Glück nicht.

Am Mittwochnachmittag wimmelte es im Gemeindehaus von Jungen und Mädchen in Pfadfinderuniform. Dann begann der Stammtreff. Micky saß zwischen seinen Freunden. Julian stand auf. Aha. Er würde also trotz allem die Andacht halten. Unbewusst verschränkte Micky abwehrend die Arme vor der Brust.

„Letzte Woche hatte ich Geburtstag, und ich habe euch ein Bild von meinem besten Geschenk mitgebracht“, fing Julian an und drückte auf die Fernbedienung des Beamers.
Die Kinder lachten und kicherten. Nur Micky sog scharf die Luft ein. Auf der Leinwand war ein verschrumpelter, dunkelbrauner Blechkuchen zu sehen. „Für Julian“ stand in schwarzer Schrift darauf.
Micky schoss das Blut ins Gesicht. Wie gemein von Julian, ihn so vor allen bloßzustellen! Gleich würden alle wissen, dass der verunglückte Kuchen von ihm war. Er rutschte so weit es ging auf seinem Stuhl nach unten.
„Das hier sollten Zimtröllchen werden. Der Zuckerbäcker hatte auch ein gutes Rezept dafür. Er hat nur manche Sachen ein bisschen anders gemacht, als sie da stehen“, erklärte Julian.
„Das war aber bescheuert!“, rief ein Mädchen. „Wofür hat man denn ein Rezept, wenn man sich nicht danach richtet!“
Micky wünschte, der Fußboden würde sich auftun und ihn verschlucken. Er dachte, er müsste sterben vor Peinlichkeit.
„Ganz genau!“, kam wieder Julians Stimme. „Aber wisst ihr, das, was der Zuckerbäcker hier gemacht hat, machen ganz viele Menschen mit dem, was Gott uns in der Bibel sagt. In Sprüche 3 Vers 5 und 6 heißt es: ‚Verlass dich auf den Herrn von ganzem Herzen, und verlass dich nicht auf deinen Verstand, sondern gedenke an ihn in allen deinen Wegen, so wird er dich recht führen.‘
Aber viele Menschen denken: ‚Och, das muss man nicht so ernst nehmen, was in der Bibel steht. Ich glaube schon daran, aber manche Sachen sehe ich ein bisschen anders.‘
Das ist im Grunde ziemlich dumm. Denn damit stellt man sich über Gott. Dabei weiß er es doch am allerbesten. Selbst der allerschlauste Mensch weiß es nicht besser als Gott.“ Alle schauten gespannt auf den großen Jungen in Uniform.
Micky war langsam wieder nach oben gekrochen. Er konnte kaum glauben, was er da hörte. Meinte Julian das wirklich so?
Ernst sah der Juniorleiter in die Runde. „Ich muss euch gestehen, dass ich auch so gedacht habe. Wenn ich etwas in der

Bibel nicht verstanden habe oder es mir nicht gefiel, habe ich einfach etwas anderes geglaubt oder es anders gemacht. Und dann war ich stolz auf mein tolles Hirn. Bis mir jemand diesen Kuchen schenkte." Sein Blick blieb kurz an Micky hängen, und er blinzelte ihm unauffällig zu." Dann fuhr Julian fort: „Und jetzt ist dieses Bild, das ihr hier seht, das Hintergrundbild auf meinem Handy. Es soll mich immer daran erinnern: ‚Verlass dich auf den Herrn von ganzem Herzen, und verlass dich nicht auf deinen Verstand, sondern gedenke an ihn in allen deinen Wegen, so wird er dich recht führen.'" Er nickte David zu, und der stand auf.
„Danke, Julian!", lächelte der Stammleiter. Er schlug einen Akkord auf seiner Gitarre an. „Lasst uns aufstehen und zusammen ‚Ich halt mich an sein Wort, ich verlass mich drauf' singen."
Micky war der Erste, der von seinem Stuhl aufsprang. Er schmetterte das Lied aus voller Kehle. So laut hatte er noch nie gesungen.
Nur einer sang noch lauter: Julian.

„Verlass dich auf den Herrn von ganzem Herzen,
und verlass dich nicht auf deinen Verstand,
sondern gedenke an ihn in allen deinen Wegen,
so wird er dich recht führen."
Sprüche 3,5-6

„Ein unzuverlässiger Bote gerät in Schwierigkeiten, aber ein zuverlässiger bringt Heilung.“
Sprüche 13,17

Egon miaut

Emma war keine gute Freundin. Frau Lotz hatte ihr letzte Woche zwei Arbeitsblätter für Sina mitgegeben, weil sie krank gewesen war, und Emma hatte einfach vergessen, sie ihr zu geben. Und jetzt hatte Sina einen Eintrag wegen vergessener Hausaufgaben. Und das nur wegen Emma.

Sina hatte sie in der Pause zur Rede gestellt. Sie hatte erwartet, dass Emma sich entschuldigen würde. Immerhin waren sie beste Freundinnen. Wenn sie sich entschuldigen würde, würde Sina ihr natürlich vergeben. Aber Emma hatte nichts dergleichen getan. Stattdessen hatte sie gesagt: „Selbst schuld, wenn du krank bist!“ und war mit einem anderen Mädchen weggegangen. Das war noch viel, viel schlimmer als der Eintrag wegen der fehlenden Hausaufgaben.

Nach der Schule ging Sina direkt in ihr Zimmer. Eigentlich war sie hungrig. Aber irgendwie war ihr nicht nach Essen zumute. Ihr kleiner Bruder Paul war zu ihrer Erleichterung nirgendwo zu sehen, und Mama hatte sie nur kurz begrüßt. Sie musste nachher noch weg und hatte zum Glück heute nicht viel Zeit, um nach Sinas Tag zu fragen. Sina wollte auch nicht darüber reden.

Während sie ihre Hausaufgaben machte, wartete sie die ganze Zeit darauf, dass Emma anrufen würde. Aber es kam kein Anruf. Nur ihre Mutter steckte den Kopf zur Tür herein: „Sina, geh bitte in den Garten und sag Paul, dass eure Pizza fertig ist. Ich hole sie euch noch raus, und dann muss ich los zur Arbeit.“

Sina stand auf. Mmmh, es roch verführerisch nach Oregano, Knoblauch, Tomate und gebackenem Käse. Der köstliche Duft ließ sie dann doch den Kummer aus der Schule vergessen. Ihr lief schon das Wasser im Mund zusammen. Sie öffnete das Küchenfenster und brüllte so laut sie konnte: „Paaaaaul!!!!! Essen!!!!“

„Schrei nicht so!“, wies ihre Mutter sie zurecht. Sie hatte das heiße Blech in der Hand. Hinter den Dampfschwaden konnte Sina

ihr verärgertes Gesicht sehen. „Du sollst nicht die gesamte Nachbarschaft herbeibrüllen, sondern nur deinen Bruder zum Essen rufen!“
„Tschuldigung“, grinste Sina, die Augen auf die Pizza gerichtet, und setzte sich an den Tisch. Es war ziemlich offensichtlich, dass ihre Reue nicht ernst gemeint war. Zum Glück war Mama zu sehr in Eile, um erzieherische Anti-Brüll-Maßnahmen zu ergreifen. Kaum war sie aus der Küche, nahm Sina sich ein großes Stück. Köstlich! Der Käse war genau richtig: Nicht zu weich und nicht zu knusprig. Als sie fertig war, nahm sie sich noch ein Stück. Mensch, war die Pizza diesmal gut. Da musste sie glatt noch ein drittes essen.
Eine halbe Stunde später war von dem Blech nur noch ein Streifen übrig. Sina stand auf. Jetzt war sie nudelsatt. Zumindest, was ihren Magen betraf. In ihrem Herzen hatte sie immer noch ein Loch. Träge ging sie an Momo, dem Familien-Hund, vorbei in ihr Zimmer und machte sich Musik an.
Nach einer Weile hörte sie, wie es klingelte – ziemlich wild klingelte. Es war Paul. „Gibt‘s endlich Essen? Mama hat gesagt, du würdest mir Bescheid sagen.“
„Ich hab dich schon vor einer Stunde gerufen. Hast du das nicht gehört?“
„Ich hab nur Gebrüll gehört. Also, wann essen wir?“
Ein schuldbewusster Blick trat auf Sinas Gesicht. „Vor einer Stunde“, sagte sie patzig.
Paul verschwand in der Küche. „Du blödes Vieh!“, hörte Sina ihn kurz darauf wütend rufen. Ein paar Sekunden später erschien er wieder in Sinas Zimmer, ein kleines, angebissenes Stück Pizza ohne Käse in der Hand. Er war den Tränen nahe. „Du hättest mir echt Bescheid sagen können! Jetzt hat Momo meinen Teil gefressen. Das hier ist der Rest! Du bist ein schlechter Nachrichten-Weitersager!“ Er knallte die Tür wieder zu.
Sina verdrängte das schlechte Gewissen und schlüpfte in ein anderes T-Shirt. Was stellte er sich so an! Sollte er halt Müsli essen. Heulte wegen ein bisschen Pizza! Na ja, bis sie aus dem Teenkreis wieder da war, hätte er sich beruhigt. Und sie sich hoffentlich auch. Die Sache mit Emma machte ihr sehr zu schaffen.

„Zu Anfang eine Frage an euch.“ Maja, die den Teenkreis leitete, sah in die Runde. „Ist euch das schon mal passiert, dass jemand euch etwas ausrichten sollte, und diese Person hat die Nachricht nicht weitergegeben?“
Allerdings! Sina presste die Lippen zusammen. Nein, Emma war keine gute Freundin!
Maja lächelte. „An euren Gesichtern sehe ich, dass ihr so etwas kennt. Noch eine Frage: Habt *ihr* schon mal versäumt, eine Nachricht weiterzugeben? In der Bibel gibt es einen Vers darüber. Er steht in den Sprüchen: ‚Vertrauenswürdige Boten sind so erfrischend wie Schnee in der Sommerhitze.‘ Sprüche 25,13 NLB“
Sina fiel die Pizza ein. Die Nachricht bezüglich Mittagessen nicht zuverlässig weiterzusagen, war zwar sicher nicht so folgenschwer wie ein Eintrag wegen versäumter Hausaufgaben, aber trotzdem. Sie war kein zuverlässiger Bote gewesen. Und Paul liebte Pizza!
„Du bist ein schlechter Nachrichten-Weitersager!“, hörte sie in Gedanken die verletzte Stimme ihres Bruders. Auf einmal tat es ihr leid, dass es ihr ziemlich egal gewesen war, ob er ihr Pizza-Gebrüll aus dem Fenster gehört hatte. Sie hätte sicherstellen sollen, dass er die Information auch bekommen hatte. Vielleicht konnte sie am Wochenende nochmal Pizza machen. Für Paul.
Als sie nach Hause kam, saß ihr Bruder vor dem Fernseher. Mama war noch nicht zurück. Sie würde erst kommen, wenn die Kinder schon im Bett waren.
Sina malte ein Bild von einer Pizza auf ein Blatt Papier und schrieb darunter: „Es tut mir leid! Samstag mache ich dir eine neue.“ Das Blatt faltete sie zu einem Papierflieger und schickte es durch das Wohnzimmer zu ihrem Bruder. Der Flieger flog an Pauls Ohr vorbei und blieb zwischen seiner Schulter und dem Sofa stecken. Irritiert sah er auf.
„Eine Nachricht für dich“, sagte Sina nur und verließ das Zimmer. Kurz darauf hörte sie ihren Bruder begeistert „Yeah!“ schreien. Die Nachricht war angekommen. Und er hatte ihr vergeben.

Später im Bett musste Sina wieder an Emma denken. So einen Streit hatten sie noch nie gehabt. Warum hatte sie sich nicht entschuldigt? Wenn sie sich sonst schon mal gezankt hatten, hatten sie sich immer so schnell wie möglich wieder versöhnt. Sie hatten sich sogar extra eine Geheimsprache für solche Zwecke zugelegt, falls sie sich mal in Gegenwart von anderen versöhnen wollten. Es hing mit ihren Haustieren zusammen: Wenn Sina sich entschuldigen wollte, sagte sie: „Momo bellt." Und wenn Emma etwas leidtat, sagte sie: „Egon (das war ihr Kater) miaut." Wenn sie sich vorstellte, dass sie morgen wieder neben Emma sitzen würde, ohne dass sie sich vertragen hatten! Sie wälzte sich von einer Seite auf die andere. Ihr Bett fühlte sich immer heißer an. Sina trat ihre Bettdecke ans Fußende. Eigentlich war sie müde. Doch statt zu schlafen, starrte sie mit schwerem Herzen in die Dunkelheit. Wie schnippisch Emma sie angesehen hatte! Sie hörte, wie ihre Mutter nach Hause kam. Es musste also ca. 22.00 Uhr sein.

Als die Turmuhr elf Mal schlug, war Sina immer noch wach. Sie hörte Schritte im Flur. Dann ging auf einmal ihre Tür auf. Sie erkannte die Silhouette ihres Bruders. Verwundert hob sie den Kopf. „Was ist?"

Paul kam ins Zimmer. „Bist du wach?", fragte er überflüssigerweise.

„Ja."

„Ich hab vergessen, dir was zu sagen. Emma hat angerufen."

Sina hob ihren Kopf etwas höher. „Und, was wollte sie?"

„Ihrem Kater Egon geht's anscheinend nicht gut. Er miaut."

Sina ließ sich auf ihr Kissen fallen und stieß die Luft aus.

„Es fiel mir gerade erst wieder ein. Weil Momo in mein Bett gekommen ist", hörte sie ihren Bruder sagen. „Ich hoffe, es ist nicht zu schlimm mit ihrem Kater ..." Er klang besorgt.

Sina lächelte in die Dunkelheit. „Ich glaube nicht. Aber es ist sehr gut, dass du es mir noch gesagt hast. Du kannst beruhigt weiterschlafen." *Und ich jetzt auch*, fügte sie im Stillen hinzu. Die Nachricht war zwar spät gekommen, aber immer noch rechtzeitig.

„Ein unzuverlässiger Bote gerät in Schwierigkeiten, aber ein zuverlässiger bringt Heilung."
Sprüche 13,17

„Lasst kein faules Geschwätz aus eurem Mund kommen, sondern redet, was gut ist und not tut, damit es denen Segen bringt, die es hören."
Epheser 4,29

„Wer andere verleumdet, ist ein Narr."
Sprüche 10,18 (NLB)

Schlamm und Goldnuggets

Tanja hatte sich eigentlich auf das Sommercamp gefreut. Das Thema war „Die Goldwäscher von Alaska". Aber jetzt freute sie sich nicht mehr. Tatjana würde in ihrem Zelt sein! Wo auch immer diese eingebildete Pute auftauchte, stahl sie Tanja die Show. Und jetzt waren sie auch noch im gleichen Zelt!

Es gab nur eine Person, die Tanja noch weniger leiden konnte: Bärbel. Bärbel mit ihren X-Beinen, dem Nutellarest am Mund und ihrer dicken Brille, die ihr dauernd auf der Nase nach unten rutschte. Außerdem war sie unbeholfen und vorlaut. Und wo würde sie ihre Isomatte parken? In Tanjas Zelt! Als ob ein Übel nicht genug wäre! Sie wusste nicht, wie sie das zehn Tage lang überleben sollte. So, wie die Dinge – oder, besser gesagt, die *Isomatten* – lagen, spielte sie ernsthaft mit dem Gedanken, einfach zu Hause zu bleiben.

Ihre Mutter schüttelte den Kopf. „Nur weil du diese beiden Mädchen nicht magst, willst du nicht mit?", wunderte sie sich.

„Nicht *mag*?! Du hast einfach keine Vorstellung, Mama! Sie sind absolut ekelhaft! Tatjanas Arroganz stinkt bis zum Himmel. Sie ist so ein Snob! Dass sie überhaupt mit auf das Zeltlager fährt, wo sie sich doch für was Besseres hält ... Eingebildet, hochnäsig – mir fehlen die Worte. Und Bärbel ist kein bisschen besser, aber in die andere Richtung!" Tanja holte Luft. „Sie ist so was von blöd und ..."

„Moment!", unterbrach ihre Mutter sie streng. „Du musst nicht jeden Menschen mögen. Aber das ist kein Grund, über sie herzuziehen. Davon hat niemand etwas. Außerdem: Wer über andere lästert, ist ein Dummkopf, heißt es in den Sprüchen. Und nochmal außerdem: Ich kenne Bärbel und weiß, dass sie nicht blöd ist."

„Aber sie ist so ein Volltrottel! Sie kriegt es nicht mal hin, in Chemie etwas abzufüllen, ohne daneben zu gießen."

„Mag sein, dass sie nicht ganz so geschickt ist wie andere, aber deswegen ist sie kein Volltrottel. Immerhin hat sie sich beim Tag der offenen Tür sehr gut um die Viertklässler gekümmert."

Tanja verdrehte die Augen. Mit ihrer Mutter konnte man einfach nicht reden! „Du kennst sie nicht so gut wie ich, Mama", versuchte sie es noch einmal. „Wenn du sie jeden Tag in der Schule erleben würdest, hättest du nicht so eine gute Meinung von ihr. Und immer denkt sie zuerst an sich. Das sagen alle!"

„Dadurch, dass das alle sagen, wird es auch nicht besser. Wenn das wirklich so ist, dann solltet ihr Bärbel darauf ansprechen und ihr helfen, sich zu ändern. Da ist das Zeltlager doch eine sehr gute Gelegenheit."

Frustriert stieß Tanja die Luft aus. Hätte sie doch bloß nichts gesagt! Mit Mama über Tatjana oder Bärbel zu reden, hatte einfach keinen Zweck. Sie presste die Lippen zusammen und drehte den Kopf weg.

Ihre Mutter legte ihr einen Arm um die Schultern. „Lass dir nicht von deiner Abneigung Tatjana und Bärbel gegenüber das Camp vermiesen. Ihr werdet ganz viel Spaß haben. Weißt du was, wir beten jetzt, dass Jesus dir hilft, das Gute an diesen beiden Mädchen zu sehen und dass ihr miteinander klarkommt." Aufmunternd sah ihre Mutter sie an.

Tanja grunzte etwas Unverständliches und machte die Augen zu. Nicht, weil sie beten wollte, sondern damit ihre Mutter Ruhe gab.

Gleich am ersten Nachmittag fing es an: Tatjana war sofort der Mittelpunkt der Aufmerksamkeit, vor allem der männlichen. Und als sie ihre Isomatten im Zelt ausbreiteten, suchte sich Bärbel sofort den besten Platz aus. Beim Abendessen stand sie als Erste in der Schlange, nur, um dann auf dem Weg zum Tisch die Hälfte ihrer Suppe zu verschütten.

Abends am Lagerfeuer wurde es nicht besser. Als Bärbel sich neben Tanja setzte, kippte prompt die Bank nach hinten. Fast

wäre sie heruntergefallen. Noch schlimmer war das kurze Anspiel zum Thema des Camps: Wer durfte einen von den Goldwäschern spielen? Natürlich Tatjana! Selbstsicher stand sie vor den anderen Campteilnehmern. Tanja sah, wie Sören, ihr heimlicher Schwarm, der Goldwäscherin mit den langen Haaren einen bewundernden Blick zuwarf.
Siegfried, der Campleiter, erklärte, wie das mit dem Goldschürfen damals war und dass Wertvolles manchmal erst von Wertlosem getrennt werden müsse. Er sagte noch mehr, aber das bekam Tanja nicht mit. Sie war zu sehr mit ihren negativen Beobachtungen beschäftigt.
Die wurden auch am nächsten Tag nicht besser, als sie beobachtete, wie Tatjana sorgfältig ihr Haar frisierte. Hallo, sie waren hier auf einem Camp und nicht in einem Schönheitssalon! Als Bärbels Nutellamesser beim Frühstück an Tanjas Bein entlang zu Boden rutschte, war sie so wütend, dass ihr der Appetit verging. Auf dem Weg zu den Waschräumen merkte sie, dass jemand hinter ihr war. Sie warf einen Blick über die Schulter: Tatjana. Tanja ging etwas schneller und verschwand in der Sanitäranlage. Tatjana kam herein, Zahnputzsachen in der Hand. Tanja ignorierte sie und wischte mit einem angefeuchteten Papiertuch die Schokolade von ihrem Unterschenkel.
„Ich frage mich, wie man nur so ungeschickt sein kann“, hörte sie Tatjana sagen. „Gestern die Suppe und heute die Nutella. Ich werde auf jeden Fall darauf achten, nicht neben Bärbel zu sitzen.“
Erstaunt sah Tanja auf. Auf einmal kam ihr Tatjana gar nicht mehr so arrogant vor. „Allerdings!“, schnaubte sie und warf das Papier in den Abfall. „Sie ist so ein Volltrottel!“
„Das kannst du laut sagen“, stimmte Tatjana ihr zu. „Mich wundert ja, dass sie überhaupt mitfahren durfte. Wer es noch nicht mal hinkriegt, vernünftig zu essen, wird noch ganz andere Sachen vermasseln.“
„Ja, zum Beispiel, wenn wir das Leder bearbeiten“, sagte Tanja eifrig. „Sie wird bestimmt ein Stück nach dem anderen verhunzen.“ Es war herrlich, endlich mit jemandem zu reden, der ihre Abneigung teilte.

Tatjana kicherte. „Und beim Goldschürfen findet sie bestimmt nichts. Die ist ja blind wie ein Maulwurf."
„Da nützt ihr auch ihre monströse Brille nichts", bemerkte Tanja spöttisch. Sie lästerten weiter über Bärbel, während sie die Sanitäranlage verließen. Keine von ihnen hatte bemerkt, dass sie nicht alleine dort gewesen waren.
Gemeinsam gingen die beiden zurück zu ihrem Zelt. Dieses Mädchen war doch nicht so übel, beschloss Tanja. Mit Tatjana konnte man richtig gut reden.
Was auch immer sie die nächsten Tage für ein Programm hatten, Tanja und Tatjana hatten ein gemeinsames Gesprächsthema: Bärbel. Das Mädchen mit der dicken Brille und den X-Beinen lieferte schließlich mehr als genug Gesprächsstoff. Und je mehr sie über Bärbel lästerten, desto überlegener fühlte Tanja sich. Sie ließ sogar ihrer Betreuerin gegenüber immer mal eine Bemerkung darüber fallen, dass es ja wohl entsetzlich sei, wenn einer nicht wusste, wie man sich in einer Gruppe verhielte.
Doch die Betreuerin war genauso blind wie ihre Mutter. Statt ihr zuzustimmen, hatte sie Tanja doch tatsächlich ermahnt, keine Antistimmung gegen Bärbel zu machen.
Als ob es dadurch besser würde! Je mehr Leute merkten, wie doof dieses Mädchen war, desto besser! Immer war Bärbel die Erste in der Essensschlange, und Tanja hatte beobachtet, wie sie sich das größte Stück Kuchen und einen zweiten Nachtisch genommen hatte. Danach hatte Tatjana eine entsprechende Bemerkung Sören gegenüber gemacht. Der hatte genickt, aber nichts weiter gesagt. Nicht lange danach sah Tanja, wie dieser nette Junge tatsächlich mit Bärbel zusammen einen Korb Feuerholz schleppte. Wahrscheinlich wollte er sich von ihrer Doofheit selbst überzeugen.
Beim Blockhüttebauen hätte es fast einen Unfall gegeben, weil Bärbel ein Holzstamm aus der Hand gerutscht war, und ihre Ledermokasins sahen entsetzlich aus. Alles wurde natürlich mit Tatjana besprochen.
„Ich kann kaum erwarten, ihren Schmollmund zu sehen, wenn wir unsere Goldnuggets schürfen und sie keinen einzigen findet!", flüsterte Tanjas neue Freundin. Dabei verzog ein gemeines Grinsen ihr hübsches Gesicht.

Am Abend bekam Tanja mit, wie ihre Gruppenbetreuerin zum Campleiter sagte: „Ich weiß gar nicht, was ich mit ihr machen soll. Ich habe schon mit ihr geredet, aber es wird immer schlimmer!" Aha, selbst die Betreuer hatten endlich gemerkt, was es für ein Fehler gewesen war, Bärbel mitzunehmen, stellte sie befriedigt fest.

Am nächsten Tag packten alle ihre Rucksäcke und machten eine Wanderung zu einem klaren Bach mitten im Wald. Hier würden sie ihr Gold schürfen. Jeder bekam ein Sieb und einen Abschnitt zugewiesen. Eifrig machten sich die Campteilnehmer ans Werk. Schon bald rief der Erste begeistert: „Ich hab eins!" Mit großer Begeisterung wurden die Goldnuggets, die der Campleiter zuvor im Bachbett versteckt hatte, aus Sand und Schlamm herausgewaschen. Ein Goldklumpen nach dem anderen wanderte in die Taschen der Goldwäscher.

Nur Tanja und Tatjana hatten irgendwie keinen Erfolg. So sehr sie auch das inzwischen schlammige Wasser und die oberste Bodenschicht darunter durchkämmten, sie fanden kein einziges Goldnugget. Schließlich war es Zeit, zum Zeltlager zurückzugehen. Ganz am Schluss der Truppe trotteten sie missmutig und enttäuscht hinter den anderen her. Selbst Bärbel hatte fünf Nuggets herausgesiebt. Anscheinend war sie so stolz auf ihren Fund, dass sie ausnahmsweise vergaß, sich vorzudrängeln.

Abends ums Lagerfeuer sagte der Campleiter: „Diese Sache mit den Nuggets heute hat einen tieferen Sinn. So, wie ihr aus dem Schlamm und dem Sand das Gold herausgefiltert habt, werden wir in der Bibel aufgefordert, unsere Worte zu filtern. Vieles von dem, was wir reden, gleicht leider oft wertlosem Schlamm – vor allem das, was wir über andere reden."

Tanja hatte das Gefühl, Siegfried würde dabei sie ansehen. Vielleicht täuschte sie sich allerdings auch. Im flackernden Licht des Feuers waren die Gesichter nicht so gut zu erkennen.

„Gott sagt, dass unsere Worte anderen Menschen guttun, ja sogar ihnen Segen bringen sollen", fuhr der Campleiter fort. „Seid mal ehrlich: Wenn ihr das, was ihr die letzten Tage über andere geredet habt, mit unserem Goldschürfen von heute vergleichen würdet: Wie viele Nuggets würdet ihr zurückbehalten?"

Diesmal war Tanja sich sicher, dass der großgewachsene Mann auf der anderen Seite des Feuers sie ansah. Auf ihrer Holzbank wurde ihr abwechselnd heiß und kalt. Die letzten Tage hatte sie von morgens bis abends hinter Bärbels Rücken über sie hergezogen. Das hatte wahrlich niemandem Segen gebracht. Im Gegenteil! Ob sie deswegen keinen einzigen Nugget gefunden hatte? Aber – war das überhaupt möglich?
Nach dem Abschlusslied hatte Tatjana es sehr eilig, ins Zelt zu kommen. Tanja sah weiter nachdenklich ins Feuer. Neben ihr machte Bärbel sich an ihrer Jackentasche zu schaffen. Aus irgendeinem Grund suchte dieses Mädchen sich hartnäckig den Platz neben Tanja aus. Bärbel holte ihre Nuggets hervor. Dabei fiel eins ins Gras. Tanja bückte sich und hob es auf. Wie es im Schein des Feuers glänzte und wie glatt es war. Auch wenn es natürlich kein echtes Gold war, sah es wertvoll aus. Sie betrachtete den kleinen schimmernden Klumpen einen Moment von allen Seiten, bevor sie ihn zurückgab.
„Und, sieht es anders aus als deine Nuggets?“, erkundigte sich Bärbel.
Tanja schoss das Blut ins Gesicht. Sie gab keine Antwort.
„Lass mal sehen. Wie viele hast du gefunden?“, fragte Bärbel weiter.
„Ich habe keine Nuggets gefunden“, brachte Tanja heraus.
Bärbel runzelte die Stirn. „Au weia, du hast den ganzen Nachmittag im Schlamm gewühlt und kein einziges Goldstück gefunden?“
Tanja schwieg. *Vieles von dem, was wir reden, gleicht leider oft wertlosem Schlamm – vor allem das, was wir über andere reden,* fuhren ihr die Worte des Campleiters durch den Kopf.
„Au weia“, sagte Bärbel noch einmal. Auf einmal nahm sie Tanjas Hand und legte das Nugget hinein. „Hier“, sagte sie. „Ich schenke dir einen von meinen.“
„Das musst du doch nicht machen!“, protestierte Tanja beschämt.
„Doch, muss ich“, gab Bärbel energisch zurück. „Ich war ganz schön auf mich bedacht. Aber Sören hat mich darauf aufmerksam gemacht. Und jetzt tut es mir leid. Ich will nicht mehr so egoistisch sein.“

Das hat er mit ihr geredet?, dachte Tanja. Und es hatte Segen gebracht. Die wenigen Sätze, die Sören *zu* Bärbel gesagt hatte, hatten mehr Gutes bewirkt als Tausende von Worten, die Tanja *über* das unbeliebte Mädchen geredet hatte.

„Vielen Dank, Bärbel", murmelte sie. „Das ist echt nett von dir. Ich glaube, ich geh schlafen. Ich bin ziemlich müde."

Als Tanja ins Zelt kam, lag Tatjana bereits in ihrem Schlafsack. „Was hast du denn noch so lange gemacht?", wollte sie wissen.

„Ich hab mit Bärbel geredet. Sie hat mir ein Nugget geschenkt. Voll nett."

„Die will sich doch nur bei dir einschleimen."

„Nein. Sören hat ihr gesagt, sie soll nicht so egoistisch sein." Tanja erzählte, was passiert war. „Du, Tatjana, es war falsch von uns, die ganze Zeit über sie zu lästern. Ich glaube, deswegen haben wir auch kein Nugget gefunden – weil wir die ganze Woche Schlamm geredet haben."

„Was? Das ist doch Quatsch! Ich sag dir, Siegfried hat die nur ungerecht verteilt. Der hat sowieso seine Lieblinge. Voll schlecht für einen Campleiter. Oder er hat zu lange mit Cornelia geflirtet und hatte dann keine Zeit, das Gold anständig zu verteilen. Aber uns sagt er immer, wir sollen unsere Arbeit sorgfältig machen. Dabei ist er selbst auch nicht besser."

Noch vor ein paar Stunden hätte Tanja sich auf dieses neue Thema gestürzt wie der Geier auf das Aas. Aber Schmutz und Schlamm brachten keinen Gewinn. Das war ihr heute Abend klargeworden. „Ich sehe das mit Siegfried anders, und ich werde auch nicht über ihn herziehen", sagte Tanja fest. Was auch immer der Grund dafür gewesen war, dass sie kein einziges Nugget gefunden hatte – sie wollte nicht mehr weiterlästern.

In dem Moment betrat ihre Gruppenleiterin, gefolgt von den anderen Mädchen, das Zelt. Tanja merkte nicht, wie sie ihr einen überraschten Blick zuwarf. Ganz zum Schluss kam Bärbel. Sie stolperte über irgendetwas und fiel der Länge nach auf Tanjas Isomatte. „Oh, tut mir leid!", rief sie erschrocken.

„Nichts passiert", sagte Tanja. „Gut, dass du nicht auf einen Hering gefallen bist."

Neben ihrem Ohr zischte Tatjana eine hässliche Bemerkung, doch Tanja ignorierte sie.
Die nächsten Tage bis zum Ende des Camps wurden nicht leicht für Tanja. Tatjana passte es nämlich gar nicht, dass sie nicht mehr mitmachte beim Lästern. Sie ärgerte sich sogar so sehr darüber, dass sie Tanja schikanierte, wo es nur ging. Als auch das nichts brachte, änderte sie ihre Taktik und begann, hinter Tanjas Rücken schlecht über sie zu reden. Was zur Folge hatte, dass etliche der anderen plötzlich aufhörten, sich zu unterhalten, wenn Tanja dazukam, oder ihr seltsame Blicke zuwarfen, so wie Sören. Das war besonders schmerzlich für sie.
Einmal, als sie ihren Wasserkanister auffüllen wollte, stand Sören am Wasserhahn. Tanja sah woanders hin, damit sie nicht seinem sonderbaren Blick begegnete.
Da sprach der Junge sie an: „Sag mal, stimmt das, dass du von anderen Nuggets geklaut hast, weil du selbst keine gefunden hast?“
Tanja klappte der Mund auseinander. Schockiert starrte sie Sören an, während ihr das Blut ins Gesicht stieg. Sie würde Nuggets klauen? Wie kam er denn auf so eine Idee?
„Ich habe keine Nuggets geklaut!“, sagte sie heftig. „Weil ich keins gefunden habe, hat Bärbel mir eins geschenkt, aber ich habe niemandem welche weggenommen!“ Einen Moment standen sie sich schweigend gegenüber. Woher hatte Sören so eine Lüge? Ihr kam ein scheußlicher Verdacht. „Hat dir Tatjana das erzählt?“, stieß Tanja hervor.
Sören zuckte die Schultern. „Was macht das für einen Unterschied?“
„Sie hasst mich, weil ich nicht mehr mitlästere!“
Sören musterte sie ernst. „Ich glaube dir“, sagte er schließlich. „Du solltest mit Siegfried darüber reden“, sagte er.
Tanja wehrte ab. „Dann würde ich ja über Tatjana lästern.“
„Das ist kein Lästern. Du machst das ja nicht, um sie schlechtzumachen, sondern weil du Hilfe brauchst. Und alleine kommst du gegen sie nicht an.“
Tanja kaute an ihrer Lippe. Das stimmte allerdings. Trotzdem war sie unschlüssig.

„Ich kann auch mit dir gehen“, bot Sören an.
Verblüfft sah Tanja ihn an. Sie konnte nicht glauben, was sie hörte. Wieder wurde sie rot. Aber aus einem anderen Grund.
„Da vorne ist er“, sagte Sören. „Komm, wir machen das gleich.“ Und schon ging er los. Tanja folgte.
Siegfried nahm die beiden mit ins Leiterzelt. Weil Tanja zögerte, fing Sören an. Schweigend hörte Siegfried zu. „Möchtest du auch etwas dazu sagen, Tanja?“, fragte er schließlich freundlich.
Tanja war die ganze Sache furchtbar peinlich. Aber irgendwie war sie auch erleichtert, dass sie hier saßen.
„Es geschieht mir ja recht, dass sie über mich lästert“, schloss sie zerknirscht. „Ich habe es die erste Woche ja auch nicht besser gemacht. Ich habe lauter Schlamm geredet. Bis zu dem Tag, an dem wir das Gold geschürft haben. Oder, besser gesagt, an dem alle anderen das Gold geschürft haben. Da habe ich gemerkt, wie schlecht das war. Tatjana gefällt das, wie gesagt, gar nicht. Ich weiß nicht, was ich machen soll.“
Der Campleiter lehnte sich auf seinem Klappstuhl zurück. „Du hast genau das Richtige getan, und ich werde sie mir sobald es geht vorknöpfen.“ Er lächelte. „Aber ich freue mich, dass meine Therapie bei dir den gewünschten Erfolg hatte. Cornelia erzählte mir von eurem Lästerproblem, und ich habe euch daraufhin ein bisschen beobachtet. Da sie mir sagte, dass Reden nichts nützte, beschloss ich, es anders zu versuchen: Ich ging zum Bach und schürfte aus eurem Abschnitt alle Nuggets wieder heraus. Es dauerte ziemlich lange, aber ich dachte mir, dass ihr es so vielleicht am ehesten kapieren würdet.“
Tanja musste trotz allem lächeln. „Die Mühe hat sich gelohnt“, nickte sie beschämt.
„Und weil das so ist, sollst du auf jeden Fall nicht ohne deine Nuggets nach Hause gehen“, schloss Siegfried. Er stand auf und öffnete eine Kiste. Nachdem er ein bisschen darin herumgewühlt hatte, reichte er Tanja einen kleinen Lederbeutel, gefüllt mit Nuggets.
Glücklich bedankte sie sich und verließ mit Sören das Zelt. Draußen nahm sie zwei Goldklumpen heraus und hielt sie ih-

rem Begleiter hin. „Der hier ist dafür, dass du mich gefragt hast, ob das stimmen würde, was Tatjana über mich gesagt hat, und der dafür, dass du mir geholfen hast, mit Siegfried über die Sache zu reden.“
„Ach, das war doch klar“, wehrte Sören ab.
„Nein, war es nicht. Du hast zwei Mal das geredet, was nötig war, und es hat Segen gebracht.“
„Wenn du es so siehst ... Aber ich bin selbst froh darüber. Jetzt weiß ich nämlich, dass du echt gut drauf bist.“
Zum dritten Mal wurde Tanja rot. „Danke, gleichfalls“, grinste sie verlegen.

„Lasst kein faules Geschwätz aus eurem Mund kommen, sondern redet, was gut ist und not tut, damit es denen Segen bringt, die es hören.“
Epheser 4,29

„Wer andere verleumdet, ist ein Narr.“
Sprüche 10,18 (NLB)

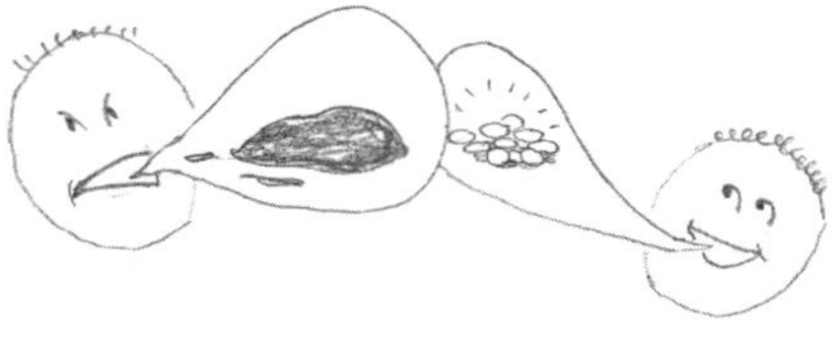

„Ein guter Mut ist ein tägliches Fest."
Sprüche 15,15

„Damit deine Hoffnung sich gründe auf den Herrn, erinnere ich daran heute gerade dich."
Sprüche 22,19

Immanuel-Tag – Opa feiert

Heute war kein guter Tag. Als Justin nach einer viel zu kurzen Nacht in die viel zu helle Sonne blinzelte und sich daran erinnerte, warum er an diesem Ferientag nicht auf einer Isomatte aufwachte, zog er mit einem missmutigen Grunzen die Decke über den Kopf. Nein, so hatte er sich die letzten beiden Ferienwochen nicht vorgestellt.

Eigentlich sollte er jetzt in diesem Moment zusammen mit Ben und anderen Pfadfindern aus ganz Deutschland in einem Zelt sein. Es war alles genau geplant gewesen: Während seine Eltern einen langweiligen Strandurlaub auf Mallorca verbrächten, würde er mit seinem Freund Ben, den er letztes Jahr auf einem überregionalen Pfadfinderlager kennengelernt hatte, aufregende Abenteuer in der Wildnis erleben.

Doch dann war alles anders gekommen: Bens Vater war nicht erschienen, um Justin bei seinem Opa, wo er zwischengeparkt war, abzuholen. Irgendwann am Abend hatte Justin endlich jemanden von Bens Familie telefonisch erreicht und erfahren, dass Herr Hirschauf einen Unfall gehabt hatte. Gott sei Dank war außer dem Totalschaden am Auto keinem etwas passiert. Aber an Justin hatte in der Aufregung niemand mehr gedacht.

Opa lebte mitten in der Pampa und fuhr schon seit zwei Jahren kein Auto mehr, und bei dem Bahnstreik war es so gut wie unmöglich, in das abgelegene Gebiet des Sommerlagers zu kommen. Also: Aus der Traum.

Und jetzt lag Justin auf dem Klappsofa in Opas Wohnzimmer und versuchte, nicht daran zu denken, was hätte sein können. Dass er ausgerechnet bei Opa, den er kaum kannte, die letzten vierzehn Tage der Sommerferien verbringen musste! Selbst Mal-

le wäre noch besser gewesen als das hier. Er wusste nicht einmal, ob Opa kochen konnte. Soweit Justin bekannt war, ernährte er sich von Schwarzbrot und Sauerkraut. Keine rosigen Aussichten. Justin versuchte, nochmal einzuschlafen. Doch es gelang ihm nicht. Es war einfach zu hell. Schließlich setzte er sich auf und stützte den Kopf in die Hände. Ein tiefer Seufzer machte sich Bahn. Je mehr er über seine Lage nachdachte, desto trübsinniger wurde er. „Ich muss aufhören!“, befahl er sich selbst. „Sonst fange ich noch glatt an zu heulen.“
In dem Moment öffnete sich die Wohnzimmertür einen Spaltbreit und Opa steckte seinen weißen Haarschopf herein. „Oh, du bist wach! Das ist gut!“, freute er sich und kam ins Zimmer.
„Wüsste nicht, warum das gut sein sollte“, brummte Justin.
Opa sah ihn überrascht an. „Weißt du etwa nicht, was heute für ein Tag ist?“
Justin runzelte die Stirn. Was war heute für ein Tag?
„Heute ist ein besonderer Tag“, fuhr sein Großvater verschmitzt fort. „Es gibt nämlich etwas zu feiern!“
Dem Jungen schoss das Blut ins Gesicht. Seine Eltern hätten ihn doch warnen können! Warum hatten sie ihn nicht daran erinnert, dass sein Großvater heute Geburtstag hatte! „Oh, Opa, es tut mir leid“, stammelte er verlegen. „Herzlichen Glückwunsch!“
Opa lachte leise. Dabei wackelte sein Bauch auf und ab. „Nein, nein, mein Junge. Ich bin erst in zwei Monaten fällig.“
Verwirrt sah Justin den alten Mann an. „Aber ...“, fing er an.
Opas Augen blitzten. „Es ist ein besonderer Tag, weil Jesus da ist!“, zwinkerte er fröhlich. „Und das wird jetzt gefeiert! Ich erwarte dich in der Küche.“
Ein verdutzter Justin blieb zurück. Heute war ein besonderer Tag? Weil Jesus da war? Wenn seine Eltern wüssten, dass Opa allmählich verkalkt wurde, hätten sie ihn bestimmt nicht hier abgeladen! Kopfschüttelnd zog er sich an. „Schwarzbrot, ich komme“, murmelte er, als er in die Küche ging.
Opa hatte bereits Frühstück gemacht: Schwarzbrot, Quark, Marmelade und Käse. Aber da war noch etwas auf dem Tisch: Auf Justins Platz stand ein Törtchen – komplett mit Zuckerguss, bunten Streuseln und einer kleinen brennenden Kerze. Es passte überhaupt

nicht zu dem dunklen Brot im Korb und – es sah sehr lecker aus! Unwillkürlich zupfte ein kleines Lächeln an Justins Mundwinkeln. Vor dem Frühstück faltete Opa seine Hände, neigte den Kopf und betete: „Lieber Herr, wir sind so froh, dass du heute hier bei uns bist. Wir danken dir für das Fest deiner Gegenwart und für die guten Gaben. Amen." Der alte Mann nahm sich eine Scheibe Schwarzbrot, legte Käse darauf und prostete Justin damit zu. „Ich lasse mir mein Festessen schmecken und du dir deins", meinte er und deutete auf das Törtchen.

Justin stellte keine weiteren Fragen und blies die Kerze aus. Dann biss er in den kleinen Kuchen. Genießerisch schloss er die Augen. Mmmh, genau so musste ein Törtchen schmecken – saftig, süß und locker. Seine Laune besserte sich schlagartig.

Bevor er fragen konnte, wo es so etwas zu kaufen gab, schlug Opa vor: „Was hältst du davon, wenn wir zwei heute den Baggersee unsicher machen?"

„Äh, du meinst, schwimmen gehen?", fragte Justin zögernd. Mit Opa im Wasser herumzuplantschen kam ihm reichlich komisch vor.

Der ältere Herr sah seinen Enkel mit hochgezogenen Augenbrauen an. „Du kannst doch schwimmen?"

„Äh, ja", kam die Antwort. Justin verkniff es sich, „Du auch?" anzufügen.

„Gut, dann wäre das also geklärt. Wir sollten uns allerdings noch ein Picknick richten. Vom Schwimmen bekommt man immer großen Appetit. Hast du einen Vorschlag, was du essen möchtest?"

Justin zog innerlich eine Grimasse. *Alles, außer Sauerkraut!* Durch seinen Kopf schossen Bilder von Pommes, Pizza, Pfannkuchen ... Die konnte er sogar selbst machen. Es war auch das Einzige. Er sagte nichts und zuckte die Schultern. „Irgendwas", gab er zur Antwort.

„Gut, dass du so bescheiden bist", schmunzelte Opa. „Wenn es dir egal ist, machen wir Pizza-Taschen ..."

Bald darauf stand Justin mit einer Schürze geschmückt am Küchentisch und rollte Teig aus. Opa brutzelte in der Zwischenzeit eine undefinierbare Mischung in der Pfanne. Sie roch jedenfalls nicht zu schlecht. Justins Teigplatte wurde in Rechtecke ge-

schnitten, mit der Mischung belegt und anschließend zusammengeklappt. Dann kam das Ganze in den Ofen.
Eine Stunde später waren sie auf dem Weg zum See. Weil Opa nur ein einziges Fahrrad hatte, gingen sie zu Fuß. Das Rad nahmen sie trotzdem mit, um ihr Gepäck zu transportieren. Opa hatte an die zwanzig Pizza-Taschen eingepackt.
Justin hatte keine Ahnung, wie weit entfernt der See war, aber wenn Opa es schaffte, dort hinzulaufen, würde er es allemal packen. Er war immerhin Pfadfinder und hatte schon ganz andere Dinge gemeistert, als mit einem alten Mann spazieren zu gehen. Doch der legte einen schnelleren Schritt vor, als Justin für möglich gehalten hätte. Er kam ganz schön ins Schwitzen. Schließlich waren sie eine Stunde unterwegs, und er fragte sich allmählich, wie weit es noch war.
Nach einer weiteren halben Stunde stellte Opa das Fahrrad ab. „So, von hier aus müssen wir unser Essen tragen“, verkündete er und begann, durch den Wald zu stapfen: über umgestürzte Bäume, durch Farnkraut und Brombeerbüsche. Es wurde immer abenteuerlicher. Ganz versteckt entdeckte Justin endlich durch die Bäume etwas Bläuliches schimmern. Und dann waren sie da. Wie ein Edelstein funkelte vor ihnen der See. Sprachlos schaute Justin über das glasklare Wasser.
Opa setzte den Rucksack ab. „Wer ist zuerst drin!“, rief er. Ruckzuck hatte er sich die Kleider abgestreift und rannte in seiner altmodischen Badehose los.
Das konnte Justin nicht auf sich sitzen lassen, und bald darauf war die schönste Wasserschlacht im Gange. Aber das war erst der Anfang. Es folgten ein Wettschwimmen zur anderen Seeseite, Springen von einem umgestürzten Baum, Steine hüpfen lassen und Tauchen. Nie und nimmer hätte Justin es für möglich gehalten, dass er mit seinem weißhaarigen Großvater so viel Spaß haben konnte.
Als sie sich ihre Pizzataschen schmecken ließen – Justin konnte sich nicht erinnern, nach dem Schwimmen je so etwas Leckeres gegessen zu haben – bemerkte er anerkennend: „Das hier schmeckt echt gut. Was ist da eigentlich drin?“
„Ein paar Schinkenwürfel, Kräuter, Schmand und vor allem Sauerkraut.“

„Sauerkraut?"
Opa schmunzelte. „Wie schon gesagt, heute ist ein besonderer Tag." Er legte sich auf sein Handtuch zurück und deutete nach oben. „Ganz schön hoch, was?" Justin schaute in den blauen Himmel hinauf. „Jesus liebt uns noch mehr als der Himmel hoch ist. Das muss doch gefeiert werden – zum Beispiel mit Sauerkraut."
Justin kicherte. So hatte er das noch nie gesehen. Er blickte weiter in das unendliche Blau. Heute Morgen ein Törtchen und jetzt Sauerkraut-Pizzataschen, weil Jesus da war und er sie so liebte. Das hatte doch was!
Gegen 20.00 Uhr waren sie wieder zu Hause. Sie hatten tatsächlich alle 20 Pizzateile verdrückt! Sobald Justin sich auf dem Sofa ausgestreckt hatte, schlief er ein.
Am nächsten Morgen wurde er davon wach, dass er Opa in der Küche hantieren hörte. Schnell zog er sich an und ging hinüber. Opa saß bereits am Frühstückstisch und aß sein Schwarzbrot.
„Oh, willst du gar nicht ausschlafen?", wunderte sich sein Großvater. „Ich dachte immer, ihr jungen Leute schlaft so gerne lang."
„Ich war ja schon um halb neun im Bett", gab Justin zurück. Sein Blick fiel auf ein liebevoll verziertes Törtchen auf seinem Platz. Er grinste. „Und was feiern wir heute?", wollte er wissen.
„Heute feiern wir, dass Jesus da ist!", kam die Antwort.
„Haben wir das nicht gestern schon gefeiert?", wunderte sich Justin.
„Doch", nickte Opa. „Aber Jesus ist heute auch da. Deswegen feiern wir es heute wieder." Sein Opa deutete auf ein kleines Holzschild neben der Tür. „Immanuel – Gott mit uns" stand darauf. „Das gilt jeden Tag."
„Na dann ..." Justin wollte sich sein Törtchen schmecken lassen. Gerade noch rechtzeitig fiel ihm ein, dass ein Tischgebet wohl durchaus angebracht war. Also neigte er kurz den Kopf. „Danke für das Törtchen, Gott. Und danke, dass Jesus da ist."
Der kleine Kuchen war wieder ein Traum.
„Hast du heute nochmal Lust auf einen kleinen Ausflug?", fragte Opa, während sie aßen.
Klein? Gestern waren sie insgesamt über drei Stunden durch den Wald gehirscht! Aber es hatte Spaß gemacht. Justin nickte mit vollem Mund.

„Wie wär‘s zur Abwechslung mit ein bisschen Klettern?“, schlug Opa vor.
„Klar, warum nicht.“
Wieder mussten sie zuerst ein gutes Stück laufen, diesmal in die andere Richtung. In einiger Entfernung gab es tatsächlich einen richtigen Kletterfelsen. Heute waren sie nicht alleine. Hier gab es auch ein paar andere Leute, die sich an der Wand entlang abseilten. Und wieder konnte Justin nur über seinen Großvater staunen. „Hast du das früher mit Papa auch gemacht?“, erkundigte sich der Junge, als sie eine Pause einlegten.
„Ein oder zwei Mal“, antwortete Opa. Er lachte leise. „Aber dein Vater lag lieber mit einem Buch in der Sonne und *las* über die Abenteuer der Kletterer und anderen Sportler.“
Justin grinste. Das machte Papa immer noch am liebsten. Mallorca war genau das Richtige für ihn.
Opa öffnete seinen Rucksack und holte eine Plastikdose mit Frikadellen und eine mit Kartoffelsalat heraus.
„Wann hast du das denn gemacht?“, wollte Justin erstaunt wissen.
„Heute Morgen. Ich bin ein Frühaufsteher.“
Entweder lag es an der frischen Luft oder Opa war ein Superkoch – jedenfalls waren es die besten Frikadellen, die Justin je gegessen hatte – herzhaft und saftig, ohne fettig zu sein. Mit denen konnte McDonalds nicht mithalten.
„Das hier schmeckt echt gut“, meinte er und griff immer wieder in die Plastikdose.
„Freut mich, danke. Das sind meine Sauerkraut-Festtags-Frikadellen“, erklärte Opa mit einer angedeuteten Verbeugung.
„Sauerkraut?“
Opa schmunzelte. „Wie schon gesagt, heute ist ein besonderer Tag: Immanuel – Gott mit uns.“ Er hielt das Kletterseil hoch. „Und Gottes Liebe ist noch stärker als dieses Seil. Sie hält jeden Fall aus. Das muss doch gefeiert werden.“
Verblüfft schaute Justin erst seinen Großvater und dann das Seil an. So hatte er das noch nie gesehen. Aber genau betrachtet, hatte Opa wohl recht. Grund genug, noch ein bisschen weiterzufeiern. Er nahm sich noch ein Klöpschen.

Großvater und Enkelsohn unternahmen viele schöne Dinge, und jeden Tag gab es etwas zu feiern: Dass Jesus da war! Gleich morgens beim Frühstück erinnerte ein neues Törtchen Justin bereits daran.
„Ich weiß, dass du das auch ohne Törtchen wüsstest. Aber an manchen Tagen kann eine sichtbare Erinnerung hilfreich sein." Opa deutete wieder auf das Immanuel-Schild. „Als ich vor zwei Jahren im Krankenhaus war, habe ich dieses Erinnerungsschild auf mein Nachtschränkchen gelegt. Der Arzt meinte, dass ich trotz meines sehr kritischen Zustandes so zuversichtlich sei, müsse wohl daran liegen, dass ich meinen Glücksbringer immer bei mir habe.
Da habe ich gesagt: ‚Da haben Sie recht, Herr Doktor. Aber damit meine ich nicht das kleine Stück Holz dort. Das ist kein Glücksbringer. Jesus ist mein Glücksbringer. Dieses kleine Schild erinnert mich nur jeden Tag daran.'"
„Und was sagte der Arzt dazu?", fragte Justin interessiert. Opa war sehr krank gewesen? Davon hatte er gar nichts mitbekommen! Wie gut, dass Opa nicht gestorben war!
„Er hat die Schultern gezuckt und ‚Wie Sie meinen' gesagt. Ich glaube, er kannte Jesus nicht persönlich. Er konnte einfach mit ‚Immanuel' nichts anfangen."
Justin sagte nichts. Bis vor Kurzem hatte er ja selbst nicht darüber nachgedacht, was es heißt, wenn Gott mit einem ist. Nachdenklich ließ er sich sein Törtchen schmecken.

Mondscheinschwimmen im See, eine Höhlenentdeckung, Wanderungen, Lagerfeuer – ein abenteuerlicher Tag folgte dem anderen. Oft kochten sie zusammen – selbstverständlich etwas mit Sauerkraut. Justin hätte es nicht für möglich gehalten, dass vergorener Kohl so vielseitig und vor allem so lecker sein konnte. Und nie hätte er sich erträumt, dass er traurig sein würde, wenn die Zeit bei seinem Großvater zu Ende ginge.
An seinem letzten Tag hatte er sich gerade angezogen, als er etwas poltern hörte. Schnell ging er in den Flur.
„Opa?", rief er. Ein Ächzen war die Antwort. Es kam von der Kellertür. Schnell lief Justin dort hin. Auf Händen und Knien da-

vor befand sich sein Großvater. Aus einer hässlichen Platzwunde an seiner Stirn tropfte Blut auf die Steinfliesen.
„Opa!“, rief Justin erschrocken. Mit einem Satz war er bei ihm.
„Halb so wild. Bin über die Teppichecke gestolpert. Sei so gut und hol mir ein sauberes Taschentuch aus meiner Nachttischschublade, ja?“, bat der alte Mann schnaufend.
Sobald das Tuch auf der Wunde war, rief Justin einen Krankenwagen. Zehn Minuten später waren die Sanitäter, sehr zu Opas Verdruss, bereits da und machten sich an dem Verletzten zu schaffen.
„Ihr Jungs seid ja schneller als die Polizei erlaubt. Viel zu viel Aufwand um einen alten Mann!“, protestierte Opa. „Das ist doch nur ein Kratzer!“
„Aber ein ziemlich tiefer“, meinte einer der Rettungsassistenten. „Um das zu flicken, wird der Arzt ein paar Stiche brauchen. Sie haben Glück, dass wir gerade in der Nähe waren. Sie wohnen ziemlich weit ab vom Schuss.“
Opa grummelte immer noch herum. „Das ist mein letzter Tag mit meinem Enkel. Den hatte ich mir anders vorgestellt.“ Er warf Justin einen entschuldigenden Blick zu. „Wirst du klarkommen?“, fragte er besorgt.
„Äh, ja, ganz bestimmt“, beeilte Justin sich zu sagen und hoffte, dass er einigermaßen zuversichtlich klang. Seine Knie fühlten sich nämlich an wie Sauerkraut.
„Mit ein bisschen Rückenwind ist dein Opa heute Mittag wieder zu Hause“, meinte ein anderer Sanitäter freundlich. Dann waren sie auch schon weg.
Justin wischte das Blut auf. Vielleicht war es doch ganz gut, dass Mama und Papa heute Abend zurückkamen.
Er wollte gerade in die Küche gehen, als das Telefon klingelte. Es war Opa. Im Hintergrund piepte irgendwas. „Justin? Vergiss nicht, dass heute ein besonderer Tag ist: Immanuel – trotz allem! Das Törtchen ist im Gefrierschrank. Bis später.“
Auf einmal hatte Justin einen Kloß im Hals. „Ja, danke, Opa“, brachte er heraus.
Es war sehr still und leer in der Küche. Nur Justin und das Törtchen waren da.
Und Jesus.

Während Justin langsam den gefrorenen kleinen Kuchen aß, dachte er darüber nach, was das bedeutete. Auf einer ihrer Wanderungen hatte Opa ihm erklärt, dass Immanuel einer der Namen von Jesus aus der Weihnachtsgeschichte sei. Jesus wurde in einem Stall geboren, um den Menschen den Weg zu Gott zu zeigen; um ihnen zu zeigen, dass der große, allmächtige Gott bei ihnen wohnen will.
Justin konnte Gott natürlich nicht sehen, aber es war toll zu wissen, dass der, der alle Macht hatte, den er immer um Hilfe bitten konnte und der ihn mehr liebte als irgendjemand sonst, bei ihm war. Auch heute. Auch jetzt. Und je länger er darüber nachdachte, desto froher wurde er.
Plötzlich kam ihm eine Idee.

Um 12.30 Uhr hielt ein Taxi auf dem Feldweg vor dem kleinen Haus. Schnell lief Justin hinaus, Opa entgegen. Er hatte einen weißen Verband auf der Stirn. „War's schlimm?", fragte Justin teilnahmsvoll.
Opa machte eine wegwerfende Handbewegung. „Viel zu viel Theater. Und die ganze Zeit nichts zu essen. Nähen einen alten Mann zusammen und lassen ihn dabei fast verhungern!"
„Das kannst du gleich ändern", grinste Justin. Sie hatten das Haus erreicht.
„Hier riecht's aber lecker", sagte Opa verwundert.
„Ich hab gekocht", verkündete Justin stolz. „Wir essen draußen. Du kannst dich schon setzen." Kurz darauf kam Justin mit einem großen Teller wieder, auf dem sich Pfannkuchen türmten.
„Oh, Pfannkuchen habe ich schon lange nicht mehr gegessen", freute sich Opa. „Die sehen aber gut aus. Möchte der Koch beten?"
Justin sah kurz in den blauen Himmel hinauf. Er nickte. „Danke, Jesus, für deine Liebe und dass Opa wieder da ist. Und für das Essen. Amen."
Gespannt beobachtete er seinen Großvater, der bedächtig kaute. Es waren nämlich keine normalen Pfannkuchen ...
Opa schmunzelte. „Köstlich!", lobte er. „Wirklich sehr gut. Wie bist du nur auf die Idee gekommen? Sauerkraut-Käse-Pfannkuchen – ein wahres Festessen!"

Justin grinste. „Heute ist Immanuel-Tag. Ich dachte, wir haben Grund, ein bisschen zu feiern ...“

Am nächsten Morgen erwachte Justin vom gnadenlosen Piepsen seines Weckers. Schule! Könnte er doch die Zeit zurückdrehen und bei Opa aufwachen. Der Gedanke an das, was ihn heute erwartete, brachte ihn nicht gerade in Feierstimmung. Bis zur letzten Sekunde blieb er im Bett liegen. Als er endlich verschlafen mit hängenden Schultern und ebensolchen Mundwinkeln aus seinem Zimmer kam, lag vor seiner Tür ein Karton.
„Für Justin“ hatte Opa in seiner Alte-Männer-Schrift außen draufgeschrieben. Justin klappte verwundert den Deckel auseinander. Auf einem in Alufolie verpackten Gegenstand lag ein Zettel: „Damit du nicht vergisst, was heute für ein Tag ist!“
Auf einmal fiel ein Lichtstrahl in Justins müdes, deprimiertes Hirn. Schnell öffnete er die Verpackung: Ein Törtchen und die Holzplakette aus Opas Küche!
Jesus ist mein Glücksbringer. Dieses kleine Schild erinnert mich nur jeden Tag daran, fuhren ihm Opas Worte durch den Kopf. Justins Mundwinkel wanderten nach oben und ebenso seine Schultern. Schule war immer noch Schule. Aber er war nicht alleine.
Den Kuchen und die Plakette in der Hand, ging er in die Küche.
„Gibt‘s was zu feiern am ersten Schultag?“, wunderte sich seine Mutter, als sie das Törtchen und Justins Gesicht sah.
„Ja, gibt‘s“, grinste Justin. „Heute ist Immanuel-Tag!“

„Ein guter Mut ist ein tägliches Fest.“
Sprüche 15,15

„Damit deine Hoffnung sich gründe auf den Herrn, erinnere ich daran heute gerade dich.“
Sprüche 22,19

Freudenberg, Esther
Ein Lied für Amelie

1979: In vielen afrikanischen Ländern brodelt es und Waffenhändler nutzen skrupellos die Unzufriedenheit der Rebellen für ihren eigenen Vorteil. Auch Kevin, dessen Eltern in der Zentralafrikanischen Republik arbeiten, ist davon betroffen. Das kümmert Amelie zunächst herzlich wenig. Nie wäre sie auf die Idee gekommen, dass das, was im fernen Afrika passiert, sie schon bald persönlich betreffen würde. Ungewollt wird sie Teil eines bösen Plans, und plötzlich scheint alles außer Kontrolle zu geraten …

Best.-Nr.: 644.109 | 187 S. | Pb. | 13,5 x 20,5 cm | 9,95 €

Freudenberg, Esther
Kevins Medaillon

Für Amelie hängt der Himmel voller Geigen – oder besser gesagt, voller Klaviere. Als sie in den Sommerferien ein paar Tage mit Kevin und seiner Familie in Amerika verbringt, möchte sie am liebsten die Minuten festhalten. Doch am Horizont braut sich bereits ein Sturm zusammen. Unaufhaltsam bewegt er sich auf sie zu – ein Unwetter, bei dem es um Leben und Tod geht.

Fortsetzung des Jugendromans „Ein Lied für Amelie"

Best.-Nr.: 644.120 | 234 S. | Pb. | 13,5 x 20,5 cm | 12,95 €

Freudenberg, Esther

In den Ruinen von Tikal

In Tikal, der bedeutenden Tempelanlage mitten im Urwald in Guatemala, treffen ein paar Teenager aufeinander, wie sie unterschiedlicher kaum sein können.
Während die meisten der Besucher des Nationalparks sich für das Erbe der Maya interessieren, hat der Aufenthalt der vier Jugendlichen dort allerdings andere Gründe. Doch sie können sich der Geschichte der Ruinenstadt nicht entziehen; denn ein grausames Ritual einer ausgestorbenen Hochkultur wird auf einmal wieder lebendig ...

Fortsetzung des Jugendromans „Kevins Medaillon"

Best.-Nr.: 644.128 | 218 S. | Pb. | 13,5 x 20,5 cm | 12,95 €

Freudenberg, Esther

Wer aufgibt, verliert?

Für Julia und ihre Eltern gehört Rinaldo längst zur Familie. Und er selbst ist sehr, sehr glücklich in seinem neuen Zuhause.
Doch während er ahnungslos einen schönen Karibik-Urlaub mit Sutherlands verbringt, baut sich in Guatemala Stadt eine andere Welle auf. Bedrohlich rollt sie auf ihn zu und plötzlich gerät Julia mitten in die Impact Zone ...

Fortsetzung des Jugendromans „In den Ruinen von Tikal"

Best.-Nr.: 644.130 | 268 S. | Pb. | 13,5 x 20,5 cm | 12,95 €

Freudenberg, Esther

(K)ein Wunder zu wenig

Zwischen Julia und Rinaldo haben sich die Dinge in letzter Minute geklärt. Was man von Laura und Max nicht gerade behaupten kann. Und ausgerechnet, als sie sich von ihm verabschieden will, kommt eine fette Spinne dazwischen! Diese Viecher versetzen Laura seit jeher in Panik. Doch ihre größte Mutprobe hat keine acht Beine.
Da nützt es auch nichts, dass sie und Max Unterstützung von Stefan bekommen. Der muss sich zum Glück über Mädchen nicht den Kopf zerbrechen. Er hat auch so genug andere Probleme. Denn im Gegensatz zu einer schönen Mathe-Gleichung geht für Stefan im Leben nicht alles auf.

Fortsetzung des Jugendromans „Wer aufgibt, verliert?“

Best.-Nr.: 644.131 | 287 S. | Pb. | 13,5 x 20,5 cm | 12,95 €

Freudenberg, Esther

Unter der Laterne

Wie weit ist Deutschland von Syrien entfernt? Weit genug, um vor Hass und Gewalt in Sicherheit zu sein?
Josua macht sich über solche Dinge keine Gedanken. Solange er mit Soraya zusammen sein kann, ist seine Welt in Ordnung.
Doch das Böse hat viele Gesichter und auch der Nahe Osten ist näher als sie ahnen ...

Best.-Nr.: 644.137 | 300 S. | Pb. | 13,5 x 20,5 cm | 9,95 €

Freudenberg, Esther
Das Vermächtnis des Professors

Mit zwei Schwestern hat frau es nicht leicht – weder was das Leben im Allgemeinen noch die Kerle im Speziellen betrifft. Dazu kommt, dass die Dinge nicht immer so sind, wie sie scheinen. Doch zum Glück (?) ist da noch Lotti, die Jüngste, die ihren beiden großen Schwestern nach bestem Wissen und Gewissen unter die Arme greift in Sachen Beziehung. Und sie ist nicht die einzige: Auch ein steinalter Professor hat Augen im Kopf und kann obendrein hervorragend kombinieren ...

Best.-Nr.: 644.140 | 494 S. | Pb. | 13,5 x 20,5 cm | 12,95 €

Esther Freudenberg

Die Autorin verbrachte einen Teil ihrer Kindheit und Teenagerjahre im Urwald. Heute lebt sie mit ihrem Mann und ihren vier Kindern in Osnabrück. Neben Jugendromanen schreibt sie Kurzgeschichten und Material für den Kindergottesdienst und engagiert sich in der Kinder- und Jugendarbeit ihrer Gemeinde.